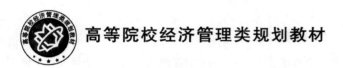

高等院校经济管理类规划教材

创业思维导论

牟焕森　徐　立　宁连举　主编

北京邮电大学出版社
www.buptpress.com

内 容 简 介

本书基于"5W2H"管理理论框架对创业的7个管理思维进行了观察和探索,这7个管理思维分别是创新思维(Why)、用户思维(Where)、产品思维(What)、过程思维(When)、团队思维(Who)、工具思维(How)和商业思维(How much)。本书适合作为大学生创新创业教育课程的教材,也可以启发或者帮助读者"重新审视"和全面理解创业管理思想。

图书在版编目(CIP)数据

创业思维导论 / 牟焕森,徐立,宁连举主编. -- 北京 : 北京邮电大学出版社,2022.11
ISBN 978-7-5635-6789-8

Ⅰ. ①创⋯ Ⅱ. ①牟⋯ ②徐⋯ ③宁⋯ Ⅲ. ①企业管理 Ⅳ. ①F272

中国版本图书馆 CIP 数据核字(2022)第 208158 号

策划编辑:姚 顺 刘纳新　　责任编辑:王小莹　　责任校对:张会良　　封面设计:七星博纳

出版发行:北京邮电大学出版社
社　　　址:北京市海淀区西土城路 10 号
邮政编码:100876
发 行 部:电话 010-62282185　传真:010-62283578
E-mail:publish@bupt.edu.cn
经　　　销:各地新华书店
印　　　刷:保定市中画美凯印刷有限公司
开　　　本:787 mm×1 092 mm　1/16
印　　　张:12.75
字　　　数:312 千字
版　　　次:2022 年 11 月第 1 版
印　　　次:2022 年 11 月第 1 次印刷

ISBN 978-7-5635-6789-8　　　　　　　　　　　　　　　　　　　　定价:36.00 元

·如有印装质量问题,请与北京邮电大学出版社发行部联系·

前　言

> 我们当下的任务是找到创新的独特方式，使得未来不仅与众不同，还更加美好，即使得未来从 0 到 1。最重要的第一步是独立思考。只有重新认识世界，如同古人第一眼看见这个世界一样新奇，我们才能重构世界，守护未来。
>
> ——彼得·蒂尔（Peter Thiel）等人，《从 0 到 1：开启商业和未来的秘密》

面向未来，创业者应该从哪几方面进行独立思考？创业者应该具有哪几方面的管理思维？对创业感兴趣的读者，应该从哪几方面学习和理解创业实践？本书将尝试回答上述问题。

已经出版发行的与创业相关的书籍大概有如下两种：其一是一些著名创业者创业经历的著述，这种书主要是谈经验，虽然案例性很强，但缺乏理论系统阐述；其二是一些理论性比较强的教材，很多都立足于"创业是一个过程"的假设，从过程论的视角写作全书（本书把这种书的假设归纳为过程思维，在本书的理论中，这种思维只是创业者应该具有的诸多思维中的一种而已）。当然，这两种书都给本书的研究和写作提供了很多的启示和帮助。本书尝试构建一种系统理论框架，提出创业者应该具有 7 种管理思维，对创业感兴趣的读者应该学习这 7 种管理思维。

善于独立思考的读者一定会问：创业者为什么应该具有这 7 种管理思维？可以从以下两个方面思考这个问题。首先，是与"定量"有关的问题：为什么是 7 种管理思维而不是 3 种、5 种或者 N 种？其次，是与"定性"有关的问题：为什么是这 7 种而不是其他 7 种？本书各章就是为回答这个与"定性"有关的问题而编写的，具体答案详见本书的系统阐述。在这里，本书对与"定量"有关的问题予以回答。研究发现，众多学者都认为创业者应该具有多种管理思维。作者采用当代著名的创业者埃隆·里夫·马斯克（Elon Reeve Musk）提出的亚里士多德"第一性原理"理论来思考创业者必须具备哪些管理思维，提出用"5W2H"管理理论框架来分析问题。所谓"5W2H"，就是从 7 个基本方面或基本要素（Why、Where、What、When、Who、How、How much）对研究对象进行观察和探索，从而系统地发现问题、分析问题和解决问题。

本书以"5W2H"管理理论框架对创业进行了全面的分析，认为创业者应该构建如下 7 个方面的管理思维：创新思维、用户思维、产品思维、过程思维、团队思维、工具思维和商业思维。

① Why：创新思维。创业者为什么要创业？本书围绕"企业家精神"这个概念来回答这个问题，与其说是总结诸多学者的学术观点、归纳还原成功创业者的创业动机或者精神气质，不如说是期待创业者在创业开始时就愿意以与众不同的方式思考世界、探索世界、改善世界。

② Where：用户思维。创业者的灵感来自何方？本书突出"设计思维"这个概念，强调当代创业者应该积极建立同理心思维，以用户为本，听其言、观其行、附其体，从用户的角度出发发现问题、分析问题和解决问题。

③ What：产品思维。创业者要做什么产品？本书从精益创业理论的视角强调最小化产品这个概念，分析最小化产品对于创业者的价值，鼓励创业者基于最小化产品勇于试错，积极与用户互动，接受反馈，快速迭代，不断创新。

④ When：过程思维。创业者创立企业时会经历哪些实践环节？本书基于"创业是一个过程"这种学术共识，指出创业不是一个线性过程，而是一个迭代交替的过程，指导创业者面对创业过程的4个基本阶段及其关键问题进行差别化管理。

⑤ Who：团队思维。创业者应该如何组建团队？本书从"团队"这个概念出发，分析组建创业团队的必要性和重要性，揭示创业团队组建中的思维误区，阐述团队领导者应该具备的素质，指导创业者基于合理的决断组建最佳团队。

⑥ How：工具思维。创业者应该掌握哪些管理思维方法？本书对"管理思维方法"进行了分类，分别从企业的宏观方法、中观方法、微观方法和基础方法4个方面，介绍了创业者应该掌握的一些管理思维工具。

⑦ How much：商业思维。创业者应该如何系统思考企业的生存与发展方式？本书基于商业模式这个概念，介绍了商业模式这种系统科学的思考模式，希望帮助创业者拥有当代典型的商业思维，从商业模式创新的视角深入思考企业的现在与未来。

管理学大师彼得·德鲁克（Peter F. Drucker）在《创新与企业家精神》这部著作中提出了创新创业有7个机遇，他通过一个精彩的比喻睿智地阐释了这7个机遇的相互关系及其独特价值："这7个机遇如同7扇位于同一建筑物不同方向的窗户，你可以把它们想象成公司办公大楼的不同窗口，每扇窗户展现的某些景致也可以从其临近的窗户看到，但每扇窗户中心所呈现的景色却截然不同，甚至别有洞天，如果你不停地打开每一扇创新之窗，最终就可以看到全景创新世界。"本书希望读者能够以德鲁克这个精彩的比喻来理解上述7种创业管理思维——打开本书，你将推开观察和理解创业实践的7扇不同的窗户。

就像《从0到1：开启商业和未来的秘密》这本书所说的，创业者最重要的第一步就是独立思考。创业者不应人云亦云，应该以"5W2H"管理理论框架重新审视创业这件事情，形成自己的而不是简单模仿别人的创业管理思想，这样才能进行科学的创业管理实践，从而开拓美好未来，守护美好未来。

本书编者包括牟焕森、徐立、宁连举、温健、赵欣艳、葛青、隆菲菲、张晓巍、陈晓。在本书的编写过程中，编者参考和查阅了大量文献，在此谨向这些作者致以诚挚的谢意。

由于编者水平有限，书中必然存在种种不足，诚请诸位读者批评指正。

编　者

目　录

第1章　创新思维 ………………………………………………………… 1

1.1　思维误区 …………………………………………………………… 1
1.2　创业的驱动因素 …………………………………………………… 3
1.2.1　当代创业的历史机遇 ……………………………………… 3
1.2.2　当代创业动机的多元激发因素 …………………………… 4
1.3　创新与创业 ………………………………………………………… 5
1.3.1　创新概述 …………………………………………………… 5
1.3.2　创业概述 …………………………………………………… 6
1.3.3　创新与创业的关系 ………………………………………… 8
1.4　创新的7个来源 …………………………………………………… 9
1.5　企业家精神 ………………………………………………………… 12
1.5.1　创新精神 …………………………………………………… 13
1.5.2　冒险精神 …………………………………………………… 13
1.5.3　责任感 ……………………………………………………… 14
1.5.4　学习精神 …………………………………………………… 15
1.5.5　合作精神 …………………………………………………… 17
1.5.6　执行力 ……………………………………………………… 18
本章重点内容小结 ……………………………………………………… 19
思考题 …………………………………………………………………… 19

第2章　用户思维 ………………………………………………………… 22

2.1　思维误区 …………………………………………………………… 22
2.2　设计思维 …………………………………………………………… 24
2.2.1　发展历史 …………………………………………………… 24
2.2.2　定义 ………………………………………………………… 24
2.2.3　设计思维与传统思维的区别 ……………………………… 25
2.2.4　设计思维的步骤 …………………………………………… 26

2.3 同理心 ... 27
2.3.1 同理心理论的发展 ... 27
2.3.2 同理心的特点 ... 28
2.3.3 同理心思维的培养 ... 28
2.3.4 同理心的关键作用 ... 30
2.3.5 同理心工具 ... 31
2.4 定义问题 ... 34
2.5 创意 ... 37
2.6 原型设计 ... 39
2.6.1 原型设计的定义 ... 39
2.6.2 原型设计的意义 ... 39
2.6.3 原型设计的形式 ... 40
2.6.4 原型设计的原则 ... 41
2.7 测试 ... 42
本章重点内容小结 ... 43
思考题 ... 43

第3章 产品思维 ... 45
3.1 思维误区 ... 45
3.2 产品思维概述 ... 47
3.2.1 产品 ... 47
3.2.2 产品思维的概念 ... 49
3.3 MVP ... 50
3.3.1 MVP的内涵 ... 50
3.3.2 MVP的特点 ... 53
3.3.3 MVP的三大必备条件 ... 54
3.3.4 MVP的类型 ... 55
3.4 精益创业 ... 56
3.4.1 精益创业的概念 ... 56
3.4.2 精益创业的三大理论基石 ... 56
3.4.3 精益创业的5项基本原则 ... 57
3.4.4 精益创业的逻辑架构 ... 58
3.4.5 精益创业中MVP的试错验证 ... 61
3.5 MVP的4种思维 ... 65
3.5.1 用户思维 ... 65
3.5.2 简约思维 ... 66
3.5.3 迭代思维 ... 67

3.5.4　极致思维 ·· 68
　本章重点内容小结 ·· 69
　思考题 ·· 70

第4章　过程思维 ·· 72

　4.1　思维误区 ·· 72
　4.2　过程思维的概念 ·· 74
　　　4.2.1　过程思维的内涵 ·· 74
　　　4.2.2　创业过程的特点 ·· 74
　　　4.2.3　创业过程四阶段论 ··· 75
　4.3　机会的识别与评价 ··· 75
　　　4.3.1　创业机会的概念与特点 ··· 75
　　　4.3.2　创业机会的来源 ·· 76
　　　4.3.3　影响创业机会识别的因素 ··· 77
　　　4.3.4　创业机会的评估 ·· 78
　4.4　创业计划的创建 ··· 81
　　　4.4.1　创业计划书的概念与作用 ··· 81
　　　4.4.2　创业计划书的组成要素 ··· 82
　　　4.4.3　创业计划书的撰写技巧 ··· 87
　4.5　创业资源的获取 ··· 89
　4.6　新创企业的成长管理 ·· 93
　　　4.6.1　企业成长的生命周期 ·· 93
　　　4.6.2　新创企业的战略选择 ·· 96
　　　4.6.3　新创企业面临的危机 ·· 100
　本章重点内容小结 ·· 102
　思考题 ·· 102

第5章　团队思维 ·· 105

　5.1　思维误区 ·· 105
　5.2　创业团队 ·· 107
　　　5.2.1　创业团队的概念 ·· 107
　　　5.2.2　异质性团队与同质性团队 ··· 107
　　　5.2.3　创业团队的作用 ·· 108
　5.3　创业团队领导者的5种素质 ·· 108
　5.4　打造优秀创业团队的关键步骤 ·· 109
　　　5.4.1　确立团队目标 ··· 109
　　　5.4.2　选择创业合伙人 ·· 111

5.4.3　做好团队激励 ································· 113
　　　5.4.4　建立团队制度 ································· 116
　　　5.4.5　建设团队文化 ································· 118
　5.5　处理创业团队冲突的方法 ··························· 121
　　　5.5.1　沟通管理 ····································· 122
　　　5.5.2　股权管理 ····································· 124
　　　5.5.3　冲突管理 ····································· 125
　本章重点内容小结 ··· 129
　思考题 ··· 129

第6章　工具思维 ··· 131

　6.1　宏观方法 ··· 131
　　　6.1.1　外部环境分析：PEST分析法 ···················· 131
　　　6.1.2　行业环境分析：波特五力模型法 ················ 133
　　　6.1.3　内、外条件综合分析：SWOT分析法 ·············· 135
　6.2　中观方法 ··· 137
　　　6.2.1　竞争对手分析法 ································ 137
　　　6.2.2　目标市场分析法 ································ 139
　　　6.2.3　企业全面发展分析法 ···························· 142
　6.3　微观方法 ··· 144
　　　6.3.1　决策管理分析：3种决策方法 ···················· 144
　　　6.3.2　计划管理分析：鱼骨图分析法 ·················· 150
　　　6.3.3　财务管理分析：杜邦分析法 ···················· 152
　6.4　基础方法 ··· 153
　　　6.4.1　思维导图法 ··································· 154
　　　6.4.2　六顶思考帽法 ································· 155
　本章重点内容小结 ··· 158
　思考题 ··· 158

第7章　商业思维 ··· 160

　7.1　思维误区 ··· 160
　7.2　商业模式 ··· 164
　　　7.2.1　商业模式的定义 ································ 164
　　　7.2.2　商业模式的特点 ································ 166
　　　7.2.3　商业模式的重要性 ······························ 167
　7.3　商业模式画布 ··· 167
　　　7.3.1　商业模式画布的九大构造模块 ···················· 167

目　录

　　7.3.2　典型案例分析——支付宝 …………………………………………… 176
7.4　商业模式的类型 ……………………………………………………………… 179
　　7.4.1　非绑定式商业模式 ……………………………………………………… 180
　　7.4.2　长尾式商业模式 ………………………………………………………… 180
　　7.4.3　多边平台式商业模式 …………………………………………………… 181
　　7.4.4　免费式商业模式 ………………………………………………………… 182
　　7.4.5　开放式商业模式 ………………………………………………………… 182
7.5　商业模式的创新 ……………………………………………………………… 183
本章重点内容小结 …………………………………………………………………… 187
思考题 ………………………………………………………………………………… 187

参考文献 …………………………………………………………………………… 190

第1章 创新思维

> 创新是企业家精神的灵魂。
> ——约瑟夫·阿洛伊斯·熊彼特(Joseph Alois Schumpeter)

本章介绍创新思维,从揭示创新思维相关的一些常见误区出发,主要分析有关创新思维的几个重要问题:创业的驱动因素、创新与创业的关系、创新的7个来源以及企业家精神。

学习目标

1. 了解创业的种种动机。
2. 理解创新与创业的关系。
3. 熟悉创新的7种来源。
4. 理解企业家精神的内涵。

1.1 思维误区

创业者或打算创业的人经常陷入5种思维误区:创业是年轻人干的事;利润比创新重要;必须创造出改变世界的产品;创业精神在大公司里得不到重视;创业就是一场赌博。

1. 创业是年轻人干的事

许多创业者的故事给人留下的印象似乎都是创业是年轻人干的事:比尔·盖茨(Bill Gates)、史蒂夫·乔布斯(Steve Jobs)和迈克尔·戴尔(Michael Dell)都是从大学退学以后就开始创业;谷歌和Facebook(现改名为Meta)的创始人都是在其学生时期开始创业;硅谷优秀企业家本·卡斯诺查(Ben Casnocha)在14岁的时候创办了Comcate公司,在17岁的时候被《公司》杂志评为年度创业人物,在19岁的时候就出版了一本有关创业指导的书。但并不是所有的创业者都是年轻人。赫布·凯莱赫(Herb Kelleher)在约40岁时才创办西南航空公司,这家公司开创了美国经济型航班的先河;哈兰·山德士(Colonel Harland Sanders)在60多岁时才创办第一家肯德基;任正非在43岁时才创办华为;雷军在41岁时才创办小米科技。

一家致力于推动创业的大型基金会——考夫曼基金会曾研究了1995年到2005年美国本土出生的创业者,发现他们在创业时的平均年龄是39岁,而且超过50岁的人的数量是小于 25 岁的人的两倍。

2. 利润比创新重要

利润是创业者普遍追求的目标,然而有许多创业者认为创新要冒很大的风险,因而为了追求利润就忽视创新甚至不敢创新。

事实上,新创企业在市场上所处的位置就如同处于斜坡并要向上移动的一个球体,由于存在外部市场竞争激烈、企业内部能力不足等问题,其时刻有向下滑落的倾向。为了保证企业在斜坡(市场)上的位置,需要两个动力:要保证它不向下滑,就需要强化内部管理这一止退力;要促使它向上移动,就必须通过创新产生驱动力。一个新创企业如果不能创新就不能进步,就会面临被市场淘汰的危险。

新创企业只有不停地创新才能够保持活力,才能够活下去、活得好、活得久。

"不创新,就死亡"这句话对新创企业而言绝对不是一句口号,而应成为创业者的座右铭。

3. 必须创造出改变世界的产品

创业时必须创造出像 iPhone 手机那样颠覆性的产品才算创业成功吗?其实不然。创业者往往面对的是大公司做而不专的市场。对于这样的市场,大公司可以做,也想过做,但是由于其当前的规模小,因此大公司往往不会投入太多精力,甚至不屑去做。例如,婚恋服务就属于这类市场,几家婚恋网站(如百合网、珍爱网、世纪佳缘网等)就是抓住了机会,创业获得成功。

做而不专的市场有很多,创业者需要做的是发现需求,然后将需求落地,而不是总空想取得巨大的成就。

4. 创业精神在大公司里得不到重视

人们通常用小规模创业公司的数量来衡量一个区域的创业繁荣程度,这也许有些道理。刚起步的小规模创业公司可能会比已经建立起市场地位的大公司更具有创业精神,因为它们必须快速进入市场,找到自己的位置,这样才能活下来。有研究表明,在创业精神方面,个人创业者会比某些大公司职员做得更好。

但是,许多优秀的大公司也非常重视并努力保持创业精神。20 世纪 90 年代,约玛·奥利拉(Jorma Ollila)执掌诺基亚。诺基亚那时只是一家经营木材、橡胶和电缆的公司,并购两家电视机厂的错误行动使之深陷亏损泥潭。约玛·奥利拉敏锐地意识到移动通信行业正处于从模拟转向数字的变革潮流中,于是他果敢地放弃了公司传统的核心业务,把资源集中到移动通信行业,尤其是手机业务。就这样,约玛·奥利拉将一个经营木材、橡胶和电缆的老公司转变为一个移动通信行业的巨头。

5. 创业就是一场赌博

有些人混淆了冒险和赌博,认为创业就是一场赌博,看到某个一夜暴富的机会就认为自己掌握了成功的秘籍,便以赌徒的心态去创业,最终一败涂地。以赌徒心态代替实干精神的唯一结果就是创业失败。

很多人在创业初期盲目地把大量资金投入高风险的项目,想通过放手一搏直接达到成功的目的。但是,赌场中没有永远的赢家,生活中的赌徒会倾家荡产,创业时的这种赌徒心理会酿成不可挽回的败局,这是需要十分警惕的。

面对创业的不确定性,创业者要敢于冒险,勇于尝试,并且要对自己选择的创业领域和自身优势等有一个清晰的认识,既敢于挑战又能谨慎行动、随机应变,这样才可能把握住机会,创业成功。

1.2 创业的驱动因素

创业意味着进入市场、参与竞争,因此讲究天时地利人和。在当前的国际国内形势和社会经济背景下,创业者有着良好的外部创业环境和较多的内部创业动机激发因素。

1.2.1 当代创业的历史机遇

1. 创业活动有利于国家发展

一个国家的创业活动可以促进经济增长、创造就业机会、提升国际竞争力。

自2008年以来,面对金融危机带来的失业和经济萎靡等问题,很多国家把促进创业活动提升至国家战略高度。在全球人口结构改变及新科技不断涌现等多种因素的影响下,各国政府对创业活动的关注持续升温。

(1) 促进经济增长

在信息和网络时代,科技型创业企业站在新技术、新经济的前沿,是重大科技创新产业化和市场化的关键主体,对提升全社会生产效率、确保经济持续增长起到积极作用。这往往表现为创业活动多的国家的人均GDP增速更快,对抗经济下行的能力更强。

(2) 创造就业机会

一系列经济学研究表明,创业企业在创造新的就业机会方面起着至关重要的作用。以OECD国家为例进行说明,将OECD国家的创业指数与其总就业率相比,两者的正相关关系非常明显:国家的创业指数越高,其总就业率越高。这说明创业活动对就业的带动作用十分显著。

(3) 提升国际竞争力

创业企业特别是拥有自主知识产权的高科技创新企业,是构成一个国家国际竞争力的重要元素。国家的创新指数、创业指数越高,其国际竞争力越强。

2. 人类社会转型带来创业机会

当前,人类社会面临着重大转折,正在从工业化社会向以互联网为核心的智能化社会转变。未来新技术、新应用、新产品、新产业、新模式将快速爆发,这能带来很多创业机会。许多国家都已经意识到创业的重要性,以技术创新驱动经济社会发展是未来国家发展的必然选择。

为抢占未来科技发展的制高点,在新一轮国际经济竞争中获取优势,世界上很多国家都已经部署了面向未来的科技创新战略和行动。美国一向重视前沿科技创新带来的战略机遇,如20世纪60年代的"阿波罗计划"、20世纪80年代的"星球大战计划"、20世纪90年代的"信息高速公路计划"。自奥巴马政府开始,美国连续3次推出国家创新战略,将建设聚焦一流劳动力培养的教育体系、保持基础研究的领先地位、建设先进基础设施和信息科技生态系统作为国家战略重点。欧盟、日本以及俄罗斯等新兴经济体也在积极酝酿新的国家创新发展战略或规划。欧盟2014年正式启动"地平线2020"科研计划,其中德国还制定了广为人知的"工业4.0"战略。日本在2001年推出"e-Japan"战略,在2004年推出"u-Japan"战略,又在2009年推出"i-Japan战略2015"。2012年,俄罗斯发布了《2018年前信息技术产业发展规划》。从这些国家战略布局来看,信息化、网络化、智能化正在或将要重塑全球经济格局。

1.2.2 当代创业动机的多元激发因素

1. "大众创业,万众创新"的政策驱动

在中国,创业活动正在呈现新的高潮。随着政府的积极推动、产业资本和金融资本的大量涌入,"大众创业,万众创新"具备了更多的政策资源和资金支持。在政策动力和市场动力的双重作用下,创业活动未来还将进一步升温。

2016年5月,中共中央、国务院印发《国家创新驱动发展战略纲要》,提出"三步走"战略目标:第一步,到2020年进入创新型国家行列(现在已经进入);第二步,到2030年跻身创新型国家前列;第三步,到2050年建成世界科技创新强国。为了全面推动创业活动的繁荣发展,中央和地方政府陆续出台了一系列的扶持政策和计划,为创业的繁荣发展营造了良好的政治和社会环境。在这些利好政策的激励下,创业者的创业动机得到前所未有的激发,创业者与创业公司数量实现井喷式增长。

2. 美好生活需求的驱动

根据亚伯拉罕·马斯洛(Abraham H. Maslow)的需要层次理论,只有在人的低层次需要得到相对满足后,较高层次的需要才会成为主导需求,并最终形成优势动机,成为推动行为的主要动力。创业者的需要层次不同,由此产生的创业动机也存在差异。

我国学者曾照英和王重鸣基于德尔诺夫舍克和格拉斯的研究,提出了中国情境下创业动机的二维模型:创业动机可分为事业成就型(主动创业)和生存需求型(被动创业)两大类。事业成就型包括获得成就认可、实现创业想法、扩大圈子影响力、成为成功人士、控制自己的人生5个维度,生存需求型包括提高薪酬收入、获得经济保障、希望不再失业3个维度,如表1-1所示。

表1-1 创业动机类型

创业动机分类	包括的维度
事业成就型(主动创业)	获得成就认可 实现创业想法 扩大圈子影响力 成为成功人士 控制自己的人生
生存需求型(被动创业)	提高薪酬收入 获得经济保障 希望不再失业

党的十九大报告指出,我国社会主要矛盾已经转化为广大人民日益增长的美好生活需要和不平衡不充分的发展之间的矛盾。在解决这种矛盾的社会潮流的驱动下,基于上述两种创业动机选择创业的人得以发现和获得符合自己需求的创业机会,从而实现自己对美好生活的梦想。

> **柳传志说：创业者都是"奔日子"的人**
>
> 柳传志谈及当年为何想创业时，曾说过：
>
> 我的想法就是，不愿意庸庸碌碌地活着。人通常分两种：一种是"过日子"的人；另一种是"奔日子"的人。一些人出于自己和家庭的考虑，在实现一些目标后，按部就班地过日子，享受家庭的乐趣，这些人是"过日子"的人；一些人宁可冒着风险，也要向前冲，寻求更大的人生价值，这些人就是"奔日子"的人。当年我就觉得自己是"奔日子"的人，有了这个想法后，再回想自己之前 40 年的沉默生活，就觉得很憋屈，于是我坚决地要自己创业。

1.3 创新与创业

彼得·德鲁克(Peter F. Drucker)在《创新与企业家精神》中说过，企业家要以创新为利器进行创业。

1.3.1 创新概述

> 创新是对新想法的成功探索。
>
> ——英国《创新国家白皮书》，2008

1. 创新的定义

创新的英文为 innovation，它是指人们为了发展的需要，运用已知的信息不断突破常规，发现或产生具有某种新颖、独特的社会价值或个人价值的新事物、新思路的活动。

创新的本质是突破，即突破旧的定势思维和常规戒律。创新活动的核心是"新"，它可以是产品结构、性能和外部特征的变革，造型、表现形式的设计，内容的丰富和完善，流程和商业模式的重新再造，企业战略模式的转变，甚至可以是社会责任的转变等。

2. 创新的类型

对约瑟夫·阿洛伊斯·熊彼特的"创新理论"进行扩展，可归纳出当代创新包括如下 6 类。

(1) 产品创新

产品创新即开发一种新的产品(也就是消费者还不熟悉的产品)，或开发一种产品的一种新特性。

(2) 技术创新

技术创新即采用一种新的生产方法(也就是在企业中尚未通过经验验证的方法)，这种新的方法可以不必建立在科学新发现的基础上。

(3) 市场创新

市场创新即开辟一个新市场(也就是企业以前不曾进入的市场)，不管这个市场以前是否存在过。根据市场创新的不同维度，可以将其分为以下 3 种类型。

① 开辟地域意义上的新市场：指企业将产品销售到以前不曾进入的市场，包括老产品进入新市场，如老产品由国内向海外拓展、由城市向农村拓展，也包括新产品进入新市场。

② 开辟需求意义上的新市场：在企业现有的产品和服务都不能很好地满足市场消费者潜在需求时，企业推出新产品以满足市场消费者已有的需求欲望，如向农户推销廉价、功能较少的彩色电视机、向工薪阶层推销低价位汽车等。

③ 开辟产品意义上的新市场：将企业原有的产品通过创新变为在价格、质量、性能等方面具有不同档次、不同特色的产品，从而满足不同消费层次、不同消费群体的需求。例如，通用汽车公司变换汽车式样，向其顾客供应不同档次的汽车：向富豪推荐凯迪拉克；向一般人推荐雪佛兰。

DHL 快速传递公司的市场创新

美国人艾德里安·戴尔西(Adrian Dalsey)、拉里·希尔布洛姆(Larry Hillblom)和罗伯特·林德(Robert Lynn)，取3个人姓氏的第一个字母为名，组成了 DHL 快速传递公司。他们将美国西海岸海运公司的发货单据等重要资料用飞机专程送往夏威夷的接货点，亲自交给收货单位，大大简化了所需办理的中间手续。这使得货船抵港后能迅速卸货、交货及返航，减少了运输公司在港口所花费用，从而创造了一种大受运输公司及个体客户欢迎的快递业务。这种新的快递业务开辟了一个新的服务市场。

（4）生产创新

生产创新即发现原材料的一种新的供应来源，并不问这种来源是已经存在的还是第一次创造出来的，或者对生产的某些环节做出改变以提高生产效率或产品品质。只要对生产过程而言产生了新的且有效的模式，就是生产创新。

（5）组织创新

组织创新即实现任何一种工业的或商业的、内部的或外部的新组织方式。例如，通过生态系统联盟造成一种垄断地位、通过业务外包专注核心组织能力，以及开放组织边界连接一切有价值资源等，都是组织创新。

"罗辑思维"的社群组织形式

在"用户就是上帝"的互联网传媒思维中，"一对多"的粗放型组织形式必将被打破，而"点对点"的社群组织形式将被更多的企业采纳。

"罗辑思维"利用自己在内容上的影响力和与用户之间建立的亲密关系，逐渐构建了依靠自己平台建立起来的社群会员网络。2013年8月，"罗辑思维"推出付费会员制，仅仅花费5小时，售价高达三四位数的会员名额就被抢购一空。

罗振宇善于利用群内互动和社群电商等方式吸引和凝聚高忠诚度会员，通过创新的社群组织形式实现了潜力巨大的盈利模式。

（6）商业模式创新

这类创新的介绍详见第7章。

1.3.2 创业概述

1. 创业的定义

创业研究者对创业给出了各种不同的定义。研究发现，各种定义中出现的关键词频率较高的是开始、创建、建造、新事业、新企业、创新、新产品、新市场、追逐机会、风险承担等。

概括地说,创业有狭义和广义之分。狭义的创业是指创办一家企业;广义的创业是指开创新的事业,在英文中常用 entrepreneurship 一词。在广义的创业概念中,除强调创业行为以外,还强调在创业行为中创新精神的重要性。创业是一个寻找机会、开发产品、利用资源、制订和实施计划的不断试验和往复循环的过程,在这个过程中包含很多思考和推理的行动和方法。

2. 创业思维和打工思维的比较

创业思维和打工思维是人们对待工作甚至人生的两种态度,可以从以下 3 个方面比较具有创业思维的人和具有打工思维的人。

(1) 面对问题时的态度

具有打工思维的人在遇到问题时,通常表现得比较被动,缺乏对问题本质的深度思考。而具有创业思维的人在遇到问题时,一切行动以解决问题为导向,会积极想办法,会深度思考问题的根源是什么,怎么解决问题,以及如何预防问题。

(2) 面对合作时的态度

基于竞争关系,具有打工思维的人对优秀的同事常有所戒备,而具有创业思维的人总是渴望能够找到比自己能力高的人,这样才能相互借鉴学习,才能让自己获得成长。

具有打工思维的人一般只关心自己的个人业绩,而具有创业思维的人想做的是提高整个团队和公司的业绩水平,并寻找有效机制激励利益相关者一起努力实现共同目标。

具有打工思维的人往往注重与人合作带来的短期收益,而具有创业思维的人往往注重合作的长期价值,包括利益、关系、社会价值等。

(3) 面对资产的态度

具有打工思维的人简单地认为拥有钱才算拥有了资产,而具有创业思维的人则认为资产的内涵很宽泛,可以通过提升个人才能和构建良好的人际关系帮助自己不断积累有形和无形资产。

具有打工思维的人从个人利益出发,考虑自己付出多少劳动应该获得多少回报;而具有创业思维的人则从整体利益出发,考虑自己为公司做出多少贡献,并据此评估自己应该获得多少回报。

综上,具有创业思维的人与具有打工思维的人的核心观念存在巨大差异,即主动还是被动、长期导向还是短期导向、关注个人利益还是关注整体利益。

周鸿祎:把自己当成打工的,一辈子都是打工的

以下内容摘自周鸿祎语录:

很多人认为,我加入别人的公司,那我不就成一个打工的了吗?给别人打工,谁认真干呀!错了,如果你觉得自己是打工的,那你一辈子都是打工的。别人觉得你是不是在打工,这个不重要。重要的是你自己千万不要把自己当成打工的,可以换个角度去想,是公司给你发工资,给你机会锻炼能力和积累经验。当你遇到产品经理、技术专家或者公司创始人时,可以从他们身上学到成功的经验,甚至是失败的教训。

如果你怀着创业的心态,那么你在任何状态都可以算是在创业。等到有一天,当你有一股强烈的冲动要去创业时,你有可能会发现,人各有所长,你不一定能成为很好的CEO,但你可能是优秀的CTO、很好的销售主管,这个时候你就知道找什么样的合伙人一起去创业了。

经常听到身边有种声音:我不想给别人打工,我想自己创业。我也曾一度不屑于在别人手下打工,一心只想创业。说真的,我习惯于将每一份工作作为自己的事业来做。这样做的好处便是能够全情投入,快速积攒经验;坏处就是常常会站在老板的角度看问题,便很难容忍企业往一个明显错误的方向前进。

我也曾一度认为自己不适合在职场生存,至今也是。不过我明白一点,不管话语权在不在自己手上,决定你价值的最关键因素依旧是能力。若一个企业的胸襟无法容纳更多的个性,那么其规模便很难发展得更大,至少在这个时代是如此。

即便只是一个别人看起来微不足道的职位,只要你在用创业者的思维做事,用心在做,那你也是在创业。例如,你会想尽各种方法去获取用户,去寻找用户需求,去让用户喜欢你的产品,去思考更多更好的商业模式。

1.3.3 创新与创业的关系

创新与创业的关系无疑是紧密的。对成功创业而言,创新的重要性无论怎么强调都不过分。此外,从更广阔的视角来看,创新是国家经济增长和企业持续发展的原动力。

1. 创新是创业的核心特征

创新很重要,但创新的发生需要一定的场景和条件。创业过程意味着对使一个好想法得以实现的各种因素(如远见、激情、能量、热情、判断力和不懈努力等)进行了有效结合,这个过程离不开创新驱动。

创新是创业的核心特征,也是成功创业的手段。识别机会、创造新方法去开发和利用机会是创业过程的核心工作。因此,创新是创业的底层逻辑,没有创新,创业就是无源之水、无本之木。

2. 企业是创新的重要主体

(1) 政府重视并鼓励企业创新

① 不投资创新的公司在未来将会面临风险。如果不针对新出现的问题搜寻创新性的解决方案,那么公司的业务不太可能快速增长,它也不会获得竞争力。

——澳大利亚政府网站,2006

② 创新是现代经济的引擎,它把新想法和知识变成产品和服务。

——英国科学和技术战略办公室,2000

③ 在加拿大,很多中小企业的成功显然与创新有关。加拿大统计报告显示:

a. 创新是企业能够成功的重要因素;

b. 创新性企业比缺乏创新的企业发展更快;

c. 市场份额或者利润快速增长的企业一般都是创新型企业。

——曼尼托巴省政府,加拿大,2006

④ 坚持创新在我国现代化建设全局中的核心地位,把科技自立自强作为国家发展的战略支撑。深入实施科教兴国战略、人才强国战略、创新驱动发展战略,完善国家创新体系,加快建设科技强国。

——我国"十四五"规划,2021

许多国家都认识到了创新的重要性,创新逐渐成为国家财富增长的源泉,成为国家经济政策的中心点。许多经济学家都认为创新能够促进经济增长。威廉·杰克·鲍莫尔(William Jack Baumol)指出,自18世纪以来,世界经济的增长最终都应该归功于创新。

(2) 创新是企业持续发展的原动力

① 我们拥有最强大的创新项目,在宝洁30年的职业生涯中我一直记得这件事,我们也一直投资创新以驱动业务的增长。

——鲍勃·麦克唐纳(Bob McDonald)(宝洁)

② 创新是我们身体中的血液。

——西门子官网

③ 创新是领导者和追随者的重要区别。

——史蒂夫·乔布斯(苹果)

创新与企业生存和发展密切相关。商业世界中有些公司之所以得以生存,是因为其具有创新的紧迫感和强大的创新能力。

1.4 创新的7个来源

创新是创业的特定工具,是发掘不同产品与服务变化机会的方法。创新可以被列为一个学科,是能够学得的,也是能够练习的。

——彼得·德鲁克,《创新与企业家精神》

德鲁克认为创新有7个来源或机遇,这7个机遇如同7扇位于同一建筑物不同方向的窗户,如果你把每一扇创新之窗都打开,则可以看到完整的创新世界。

1. 意外事件

意外事件包括企业内、外部的意外事件,而企业内部的意外事件分为意外的成功事件和意外的失败事件。

(1) 内部的意外事件

① 意外的成功事件

出乎意料的成功事件是创新的征兆,往往意味着该组织趋向或转向一个新的或更大的市场。须找出成功的原因,开发新产品或新服务来利用这一机遇。

创业者必须带着问题看待每一个意外的成功事件,以最大限度发挥它的作用:①利用它将对我们有何意义?②它会引导我们走向何处?③我们如何做才能使它转化成机遇?④我们如何着手进行?如果能够深入分析这些问题,那么意外的成功事件可能会带来回报最高、风险最小的创新机遇。

意外的成功事件:3M"便利贴"

3M率先推向市场的便利贴就得益于意外的成功事件。3M的斯宾塞·西尔弗（Spencer Silver）博士本想发明一种超强的粘贴剂,但经过几个月的研究后,所得到的粘贴剂的黏度依旧不够。他的同事在参加教会礼拜唱诗时,无意中想到作为标识夹在歌本中的纸条应具有轻微的黏性,并想起了西尔弗博士的粘贴剂。因此,3M用这种粘贴剂制造了便利贴,在市场上获得了意想不到的成功。

② 意外的失败事件

意外的失败事件同样需要引起创业者的注意。如果计划经过精心设计、细心规划以及小心执行后仍然失败,那么这种失败事件常常预示着根本的变化,以及随之而来的机遇。

意外的失败事件:福特爱德赛小汽车

爱德赛汽车曾经是一个很失败的案例。很少有人知道,爱德赛的失败为福特日后的成功奠定了基础。当福特穷尽其策划、市场研究、设计等各方面的力量而未能成功营销爱德赛时,它意识到自己犯了一个根本的错误,那就是美国的汽车市场已不再围绕收入来细分消费群体了,而是围绕着生活方式来细分消费群体。基于这一认识,福特推出了野马跑车。野马这个品牌赋予福特独特的个性,并使福特重新成为美国汽车行业的领跑者。

(2) 外部的意外事件

一个出乎意料的或突然的外部意外事件同样可能创造一个重大的机遇。但是,要想成功地利用外部的意外事件有一个前提,即它必须和所在行业的知识和技巧相吻合。如果企业现有的专家不能利用这个事件,说明这个事件不大可能导致创新的出现。

外部的意外事件:IBM与个人计算机

20世纪70年代,IBM管理者和工程师均认为未来属于集中化的"主机"（mainframe）计算机时代,于是,IBM将所有力量和资源投注于"主机"计算机市场以保持其在该市场的领导地位。但在1975—1976年,美国个人计算机市场迎来了春天,在短短的5年间（1979—1984年）美国的个人计算机市场的销售额是"主机"计算机市场30年来的总和,即150亿～160亿美元。而IBM较早地洞察了市场的变化,所以成立了相互竞争的任务攻关小组来开发个人计算机。很快,IBM生产出了自己的个人计算机,正好赶上这一市场开始蓬勃发展的时期。IBM因此获得了个人计算机市场的领先地位,如同它在"主机"计算机领域取得的成就一样。后来,IBM又推出了自己的微型家用电脑（home computer）——"花生"（peanut）。

当时,IBM的每一个人都非常肯定个人计算机市场不可能蓬勃发展,但又是什么原因使IBM能将这种变化视为一种机遇呢？IBM的员工说出了答案："就是因为我们知道这种事情根本不可能发生,而且毫无意义,所以,当这种变化真正来临的时候,它才使我们大为震惊。我们认识到,我们从前所做的假设以及我们十分确信无疑的每一件事情突然间被全盘否定了。因此,我们必须走出去,重新组织自己,充分利用我们以前确信不会发生却实实在在正在发生的变化。"

2. 不协调的事件

当某些事件与创业者设想的不同或创业者对某些事件无法理解时,这通常表明该事件里存在着一种有待认识的变化,而这种变化就是创新创业的重要信号。

不协调的事件有以下 4 种情况:

第一,某个产业(或公共服务领域)的内部经济现状之间的不协调;

第二,某个产业(或公共服务领域)的现实与假设之间的不协调;

第三,某个产业(或公共服务领域)付出的努力与客户的价值和期望之间的不协调;

第四,程序的节奏或逻辑的内部之间的不协调。

在所有不协调的事件中,最普遍的就是现实与假设之间的不协调。生产商和供应商非常容易误解顾客真正想购买的产品或服务,因此,只要听到顾客的抱怨,就有理由去寻找符合顾客要求的创新产品或服务。

宝丽来

美国人埃得温·赫伯特·兰德(Edwin Herbert Land)有个娇生惯养的女儿。1943年的一天,他们全家到美国西南部去度假,兴致勃勃地拍了不少照片,但是这些照片要等很多天才能冲印出来。性急和任性的女儿恨不得马上就看到照片,于是气鼓鼓地对爸爸发了牢骚。

兰德很疼爱自己的女儿,也很理解女儿想早点看到照片的心情。同时作为一名实业家,他对社会需求十分敏感,从女儿的牢骚中发现了改造传统照相机的机会:如果能够制造一种拍照后马上就可以见到照片的照相机就好了,它一定会受到很多人的欢迎。

发现传统商品的缺陷之后,兰德一头扎在这种照相机的研制上。经过反复试验,1947年,他已经基本上完成了设计工作。不久,这种十分轻便、照完几秒钟后马上就可以见到彩色照片的"宝丽来"照相机就问世了,并在市场上走俏起来。

兰德从女儿的牢骚中发现了传统照相机的不足,明确了创新的方向。这件事情虽小,但给我们的启示是很大的。

---

3. 程序需要

程序需要通常十分明显,创业者总在力图解决某个产业、企业或服务过程的瓶颈或薄弱环节。有时,针对程序需要的创新可以利用新技术知识或更好的程序代替原来较为烦琐的程序。

评估程序需要时,须考虑 3 条要求:清楚地了解该需要;所需知识是能够获得的;解决的办法与操作者所企盼的是一致的。

阿尔康公司

阿尔康公司创始人之一的比尔·康纳(Bill Connor)成功地利用程序需要实现了白内障手术的创新。他发现,在白内障手术中增加一种酶可以明显降低手术失败的风险。康纳提取了这种酶,最重要的是他在这种酶里加入一种防腐剂,从而延长了它的保存期。这一变化使得外科医生可以随时从阿尔康公司订购这种酶为手术之用。

为了降低手术风险,美国的眼科医生很快就接受了这项新的辅助技术,而阿尔康公司也很快就取得了该技术的全球垄断权。这样,通过增加一个有价值的程序以提高手术成功率的创新方案便成为绝佳的创业机会。

4. 行业和市场变化

一个稳定的行业或市场结构可能突然地、出乎意料地发生变化,对变化的正确处理方式也是创新的重要来源。创业者需做出创新以适应变化后的新环境。近年来,"互联网+"概念受到热捧,各行各业都和互联网紧密联系。例如,海尔 HOPE 平台于 2013 年 10 月正式上线,上线第一年就聚集了超多创新资源,上百万的用户、创客、极客每月产出数百个创意,成功孵化了各类项目 200 多个。这样的开放式创新平台正在逐渐改变传统的产业结构。

5. 人口统计数据变化

人口统计数据通常包括人口数量、年龄结构、就业情况、受教育状况以及收入情况等数据。它在所有外部变化中最为清晰易懂,几乎不会造成任何混淆,而且有些数据能够预测。创业者可以从人口统计数据的变化中获得非常可靠且效率很高的创新机遇。

例如,随着我国"三孩政策"的放开,教育行业、房地产行业、玩具行业、医药行业等均呈现出高速发展的态势。创业者纷纷以此为切入点进行创业或产品创新。以汽车行业为例,"三孩政策"再度催生了"七座车"热潮,七座 SUV 和 MPV 已成为汽车市场的"新蓝海"。

6. 认知上的变化

彼得·德鲁克曾用"半满的杯子"和"半空的杯子"来描述认知变化的过程。创业者对杯子从半满到半空的认识转变将带来新的创新机遇。不管是什么原因使得认知发生变化,这种变化将带来大量的创新机遇。

曾经人们只追求吃饱穿暖,随着社会的发展,这种认知在过去几十年中发生了巨大的变化,人们除追求吃饱穿暖以外还越来越重视健康。因此,近年来智能手环等穿戴式智能设备开始火爆。通过智能手环,用户可以记录日常生活中的锻炼、睡眠和饮食等实时数据,并将这些数据与手机等移动设备同步,从而起到通过数据指导健康生活的作用。

随着移动互联网和社交媒体的普及,"共享"概念被越来越多的人所认知。"共享"的本质是使用权和所有权的分离。"共享经济"的兴起意味着人们成功完成了拥有产权到分享使用权的观念转换。由此催生的是各种创新创业活动。其中,全球"订房"服务提供商 Airbnb 就是很典型的代表之一。Airbnb 充分利用共享的概念,引导人们对闲置资产(房屋)进行重新利用,对沉没成本进行挖掘和利用,最终创业成功。

7. 新知识

在创造历史的创新中,基于新知识的创新占有非常重要的位置,而新知识并非特指科学和技术。不同于基于其他来源的创新,基于新知识的创新所需时间最长,且需要融合多种知识,具有很大的风险。

基于新知识进行创新的要求不同于以往任何形式的创新。首先,要求对知识本身、社会、经济、认知等方面所有必要因素进行细致的分析;其次,要有清晰的战略定位,创业者只要走错一步就可能会被他人赶超;最后,要学习并实践创业管理。鉴于基于新知识的创新风险很大,因此它需要财务和管理上的远见,更应注意市场定位。

1.5 企业家精神

创新是创业的基础,是企业发展的原动力,但有创新并不等同于可以创业。创新与创业的关联需要借助于一个关键因素——企业家精神。企业家精神是创新精神、冒险精神、责任感、学习精神、合作精神和执行力等的集成。

1.5.1 创新精神

企业家往往具有创新精神,具体表现为用一种不同的方式表达自己的想法、用一种新方式处理老问题等,即乔布斯所强调的独立思考、创造性思考。创业者不一定要成为人类最新思想之父,但创业者需要采用不同的方式去做一件件小事和实事,逐渐实现自己的创业目标。

培养创新精神最简单的办法就是,在观察并仔细研究大多数人在一般情况下的做法之后,尝试换一个方式去做。要与众不同,要推陈出新,要超过别人,成功的创业者往往就是这样脱颖而出的。

1.5.2 冒险精神

美国著名经济学家理查德·坎蒂隆(Richard Cantillon)和弗兰克·奈特(Frank H. Knight)将企业家精神与风险或不确定性联系在一起,一个人没有甘冒风险和承担风险的魄力,就不可能成为企业家。企业创新要么成功,要么失败,没有第三种可能。在美国3M有一个很有价值的口号:"为了发现王子,你必须和无数个青蛙接吻。""接吻青蛙"常常意味着冒险与失败,如果你不想犯错误,那么什么也别干。同样,对在美国硅谷成立的惠普、在日本东京成立的索尼、在中国台湾成立的宏碁、在北京成立的联想和在青岛成立的海尔等众多企业而言,虽然这些企业创始人的成长环境和创业机缘各不相同,但无一例外他们都是在条件极不成熟和外部环境极不明晰的情况下,勇敢跳出来创新的人。

1. 冒险不等于赌博

企业家的冒险与赌博中的冒险不可混为一谈,纵观所有创业成功的企业家可发现,他们的冒险都是建立在对市场的调查分析上的,并且对市场的发展有敏锐的洞察力和远见卓识,其结果是在提升个人价值的同时为社会谋福利、创造财富。而赌博中的冒险纯粹是机会主义,参赌者在其自身的欲望支配下,完全靠运气,其目的是为自己个人赢利,其行为对社会造成不利影响,甚至会危害家庭、危害社会。

徐磊说:我冒险但不是赌徒

如何看待创业者的冒险精神,曾任 Bankcoo CEO 的徐磊给出了答案:

创业有时候的确是赌一把,但是创业者不能有赌徒的心态!我是一个非常具有冒险精神的人,但是我并非一个赌徒,我不认为冒险性就是赌性。我创业不是为了赢,而是为了做一份能够让自己乃至我的儿孙可以延续下去的事业。我创业时最初的想法其实是让我和我的3个好朋友能够在一个公司里上班,我们工作和生活能够天天在一起,就是基于这么简单的一个想法,才让我去创业的。当时这样做的确很冒险,我就想,假如失败也无所谓,我要做的就是让创业晚一天失败,那样我们能够在一起多一天就是成功。

因为媒体和社会近几年对"创业"这个词很追捧,所以有些人对创业的认识出现了误区,理所当然地把创业当成赌博,带着赌徒的心态去创业,也有些人随波逐流,想着反正大家都创业,那我也去创业吧。其实这都是很不可取的。创业不像想象得那么伟大,更不像媒体天天说得那么光彩照人。摆个小地摊、做个小买卖也是创业,关键是要看看自己能做什么,不要打着"我要赌一把"的高尚口号好高骛远,……我们从现在的强者和成功人士来看,不难得出一个结论,他们很多都是从小地摊、小买卖中一路走来的。

所以,创业有风险,需谨慎对待。创业绝对不是脑门一热、一拍脑袋的事情,别人可以认为你是个赌徒,但是自己千万不要有赌徒的心态!赌徒最终是要出局的。

2. 冒险需要坚持

曾任英特尔总裁的安迪·葛洛夫(Andy Grove)有句名言:"只有偏执狂才能生存。"这意味着只有持续不断地创新,以夸父追日般的执着,咬定青山不放松,创业才可能稳操胜券。正所谓"锲而不舍,金石可镂;锲而舍之,朽木不折"。

哈罗德与克莱斯勒牌微型货车

哈罗德是福特公司的产品工程师,他坚决主张生产一种微型货车。但是公司领导人亨利·福特二世(Henry Ford Ⅱ)不想在微型货车上冒风险,于是哈罗德去了克莱斯勒公司。在这个公司,他设想的新产品得到了总裁李·艾柯卡(Lee Lacocca)的支持,艾科卡坚持制造这种新产品。后来,哈罗德和艾柯卡主导的新产品——克莱斯勒牌微型货车成为非常畅销的车型。

1.5.3 责任感

企业是重要的社会组织,企业家要有责任感和使命感,包括对企业自身的责任和对社会的责任。

1. 对企业的责任

企业家的责任感、使命感的首要表现就是让企业能够持续经营下去。如果企业的生存都成了问题,那么其他责任无从谈起,尤其是对于处于创业期的企业,企业家要把维持企业的生存作为最基本的责任。

(1) 对员工的责任

企业是由员工组成的,员工选择加入一家企业并为之奋斗是有自己的期待的,除有基本的物质需求以外,还有更高层次的精神需求。企业家在创立企业、组建团队的时候,就应该清醒地认识到员工的这些需求,并担当起满足这些需求的责任。

最大的成功是与员工彼此分享

星巴克创始人霍华德·舒尔茨(Howard Schultz)2017年4月在清华大学做了一次以"一个关于梦想与责任的故事"为主题的演讲,称星巴克成功的秘诀是对员工保持信任,并以此来不断满足并超越顾客的期待。在演讲中,他多次强调了身为企业家对员工的责任,强调珍视伙伴价值的企业理念:"不管在中国市场还是全球其他市场,最好的成功就是彼此分享。""在星巴克金字塔的顶部不是股东,而是员工,在中间的是顾客,在底部的才是股东。"

1987年,星巴克成为美国第一家为包括临时工在内的所有员工提供"咖啡豆"股票和全额医疗保险的企业。2017年的4月11日,星巴克又在中国发布了一项新的员工投资计划:为符合条件的星巴克中国全职员工的父母全资提供重疾保险。"这一计划可能要每年付出数百万美元,但并不是每个商业决定都是基于经济考量做出的。"霍华德·舒尔茨解释说,"星巴克的职责就是不断超越员工的期望,和员工建立起相互信任的关系,这样才能为消费者提供远超出预期的产品与服务。"

(2) 对股东的责任

企业家在保证资产保值增值的前提下,要实现股东利益最大化,进而实现企业的可持续发展,为实现其他利益相关者的合法利益提供基础。企业家获得投资的目的不是圈钱,而是利用这笔投资去践行自己的想法,并为投资人获得相应的回报。

(3) 对用户的责任

企业必须为用户创造价值才能够生存。发掘用户需求,抓住用户痛点,解决用户问题,是企业的经营之道,更是企业家的使命和责任。

2. 对社会的责任

(1) 树立榜样

企业家通常都是经营管理的高手,也是大家竞相学习的楷模。为此,企业家应该严格要求自己的言行,为大家树立良好的榜样,对企业的一切经营管理行为不但要遵纪守法,而且要符合社会道德规范,进而对整个社会道德水平的提高做贡献,甚至做示范。

(2) 回馈社会

企业的成长成功离不开社会的支持,在有能力的情况下,企业家应充分发挥自身优势,回馈社会,如支援社区教育、医疗健康、人文关怀、文化艺术、城市建设等项目的发展,帮助社区改善公共环境,自愿为社区服务。

SpareFoot:我们当园丁,我们做义务劳动

SpareFoot 是一个很大的自动储存服务网站,它所拥有的仓库遍布全球几十个国家。其创始人查克·戈登(Chuck Gordon)说:"我们要回到群众身边,要通过各种慈善组织为世界贡献自己的力量。"戈登和马里奥·费加利(Mario Feghali)在2008年创建了SpareFoot,当时两人还在新加坡念大学,他们意识到,人们需要地方来存放自己的东西,但是在大城市里人们很难找到地方。从新加坡回到美国后,两人就创建了这个网站。

SpareFoot 做了许多慈善活动,如帮助儿童福利院的孩子们种植植物,为小学做义务支教服务,发起对癌症患者的募捐,为贫困大学生设立了最高5 000美元的奖学金。

1.5.4 学习精神

学习精神指的是企业家通过创业实践愿意持续学习,不断提升自己的见识和能力,从而提高个人乃至企业的认知水平和有效行动能力。企业家的学习强调干中学,边学边做,在实

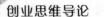

践中不断试错、不断完善。实践是检验真理的唯一标准,将想法落实到行动上,让自己的行动更为有效才是学习的出发点和落脚点,也是学习的根本目的。

推动企业家不断学习的关键动力主要包括两方面:其一是为了企业能够存活下去;其二是带动企业不落后,能够抓住市场新机遇,成为行业领先者。

许多企业家都强调"终生学习"的观点。企业家只有时刻充电、即学活用,才能展现自己的独特能力,战胜周边的一切困难,成为市场上的"常胜将军"。

> **车建新:在阅读中学习**
>
> 在进行企业模式改革的同时,车建新也对企业进行了更名。当时在各行各业,叫作"红星"的企业不胜枚举,对于这个"土气"的名字,车建新首先想到的是它与自己未来的筹划"全球家居卖场"不沾边。车建新说:"直到今天,还有很多人问他'红星美凯龙'名字的由来。多年前,我在报纸上看到一篇关于麦德龙的报道,题目叫'洋装虽然穿在身,卖的却是中国货'。我很受启发,既然洋超市穿洋装,卖中国货,那为什么我们不能穿洋装呢?"于是车建新给企业重新起了一个"洋气"的名字"红星美凯龙",这个名字既时尚又不忘传统。爱思考、爱阅读是车建新身上最大的特点。随着企业变大,车建新的事务繁多,因此他可专门用来读书的时间并不太多,但是他见缝插针,把坐车时间、候机时间等可利用的一切时间用来学习。在他随身携带的物品中,书和光碟是必不可少的两样东西,只要逮着空隙,他就会看上一段。车建新自身酷爱阅读,多年来也力图将"学习型组织"的理念植入公司的 DNA 中,这是当年他读完彼得·圣吉(Peter M. Senge)的《第五项修炼:学习型组织的艺术实践》后的感悟之一。除主动阅读以外,他每年还要听几十位教授的演讲。在哈佛总裁班的时候,他了解到通用公司每年有 10% 的费用花在学习上,因此受到了很大的启发。在他看来,一种自上而下的学习氛围能使公司更好地适应不断变化的外部环境。

1. 从自己的经验中学习

"吃一堑,长一智""前事不忘,后事之师"讲得正是学习的重要方式——从经验中学习。

组织学习大师彼得·圣吉曾讲过,从本质上看,我们人类只能通过"试错法"进行学习。大卫·库伯(David Kolb)提出的"经验学习"模型也是成人学习领域中很重要的基础理论。虽然按照麻省理工学院奥托·夏莫(Otto Scharmer)博士的说法,仅仅向过去学习是不够的,我们还需要向正在涌现的未来学习,但是不可否认的是,当下最主要的学习来源仍是过去的经验。

成功企业家往往都能结合实际总结出一套适合自己的"从经验中学习"的方法论。

> **柳传志:复盘是最好的学习方式**
>
> 柳传志说,联想打破商学院教科书里的常规,跨行业进行非相关多元化,从计算机领域跨到投资、房地产乃至农业领域,并且都获得了一定程度的成功,这主要得益于联想推崇复盘文化。
>
> 所谓复盘,就是把一件事做完了以后再重新演练一遍。例如,思考以下问题:当时的目标是什么?当时做的时候以为环境会怎么变化?怎么做的战略?怎么执行的?最后结果如何?只要不断地总结,慢慢地就会总结出一些带有规律性的东西。

第1章 创新思维

> 杨元庆刚接手联想的计算机业务时,开始考虑接下去是专注在计算机领域把市场份额做得更大,还是开始相关多元化。在充分地论证之后,联想他选择了相关多元化战略,从计算机终端、硬件出发,向与计算机相关的数码相机、打印机以及互联网软系统集成等方向进行多元化扩展。
>
> 后来相关多元化战略被认为彻底失败。对于这次战略失误的核心原因,联想在复盘的时候总结,制订战略的其他条件都没问题,问题出在杨元庆时间和精力不够。由于杨元庆在计算机领域经验丰富、判断敏锐,因此他过去形成的工作习惯就是重要问题他自己决策,大家只负责执行他的决策。当联想进入新的多元化领域时,工作习惯还是像以前那样需要杨元庆决策,他在这些新领域的经验以及他个人的时间、精力都不足以支持继续做出有效的决策。总结了这次战略失误的教训之后,复盘的结果是,联想集团由杨元庆主持,专注做计算机,于是有了今天的成功;而联想集团的母公司联想控股用一种新的投资控股的组织模式来开展多元化经营,最终也获得了成功。

2. 向竞争对手学习

在创业的过程中找一个适合自己学习并模仿的榜样是很重要的,因为榜样的作用是无穷的。要想成为一名成功的创业者,模仿是第一步,但不能局限于学习模仿别人,而要博采众长,总结出拥有自己特色的经验方法。

> **华为"拿来主义"的变迁**
>
> 追溯华为的发展历史可发现,早期它的实践应用主要是主张"拿来主义",并在"拿来"的同时有所创新。而当华为真正进入通信行业,有了一定的技术和经验积累后,就开始大力提倡自主研发,完成了向"技术华为"的转型。
>
> 与大多数技术公司刚创业时一样,华为的各项技术还不够成熟,所以它只能通过"拿来主义"获得公司发展所需的技术。在那个时期华为利用体制差异和待遇优势,聘请成熟的技术人才。华为利用这些人才本身掌握的技术进行二次开发,将借鉴的技术转变为自己的知识产权。
>
> 严格地说,早期华为在技术研发上采取的这种"拿来主义"其实就是一种跟随策略,即跟随既有的技术,并在其基础上跟进,逐渐积累自己的研发实力。这无疑是一种提升自身核心竞争力的有效办法。
>
> 但仅靠"拿来主义"是不足以令企业在高风险的通信行业存活下来的。任正非一直坚持将"技术开发"作为华为的发展方向。他要求华为紧跟世界先进技术的潮流,立足于自主研发,提高公司的核心竞争力,实现占领国内市场,开拓海外市场。
>
> 1997年以后,华为涉足的产品除电话交换机以外,还有数据业务、无线通信、GSM(全球移动通信系统)等领域中的主导产品。这些都标志着华为已经拥有了相当多的技术积累,具备了形成世界级技术能力的基本要素,并且在这些要素上拥有局部优势,这也使得华为成为中国企业中的典范。

1.5.5 合作精神

一个成功企业的背后必有一个强大的团队,一个合作默契的团队将创造出巨大的价值,成功的企业家往往都深知这一点。

1. 慎重挑选团队成员

创业团队组建需要非常慎重。首先,创业者需要明确自己需要的人才;其次,创业者需要愿意花时间去挑选人才。乔布斯曾花费大量的时间招募人才,并有着自己的用人法则。雷军也说过,他在成立小米科技之初非常明确"要找一群相当靠谱的人",为此他拉了一个名单,打了近百通电话。

2. 给予团队足够的信任

作为企业家,在审慎挑选了合伙人之后,就必须做到用人不疑。保持团队成员之间的信任,维护团队成员的团结一致对新创企业来说是非常重要的。调查发现,企业倒闭之后,原来的创业伙伴基本上分道扬镳,继续共事得相当少。创业团队既然能够为了共同的目标而艰苦奋斗,也一定能够解决信任的难题。只有团队之间足够信任,创业时才能同甘共苦,保证创业善始善终。

潘石屹:团队间的信任是创业最大的困难

潘石屹回顾自己的创业历程时说:"合伙人之间的信任无论在任何时候都是最重要的事,也是最困难的事。"

潘石屹说:"我第一次创业是在1991年,跟另外5个朋友走在一起,他们5个人把所有的钱都交给我管。那时候没有会计、出纳,也没有审计,我给他们管了几年的钱,后来大家分开了。分开以后,我才知道在创业的过程中,有很多合伙人在闹矛盾,就是因为钱分得不均匀。"潘石屹对此很感慨,他一直想对创业伙伴说一句话:"在我管钱的四五年时间里,我没有多占1分钱,哪怕是一张出租车票。"

潘石屹称:"他讲这个故事是想说创业过程中相互之间的信赖是特别重要的。做任何事情时,单靠一个人是不可能完成的,要把大家联合在一起才行,因为每一个人的能力,每一个人的聪明程度、智慧程度都不一样。创业时最重要的基础是相互信任,只有信任才可以一步一步地往前走。我现在看到好多的失败不是因为项目的问题,不是因为发展方向的问题,而是因为合伙人之间不够信任。这种不够信任实际上跟自私这些东西有很大关系。"

---

3. 建立良好的合作机制

成功的企业家往往善于管理,管理就是能够用一系列的合作机制约束和激励团队,包括创业动力机制、约束机制和收获分配机制等。

1.5.6 执行力

在当今激烈的市场竞争中,衡量一个企业、一个团队、一个员工的执行力,关键是看执行速度和执行效果。如果一个团队能以远远快于同行的速度完成一个任务,那么这个团队将会所向披靡,其所在企业也将前景无限;反之,如果团队执行任务的速度很慢,就会很容易贻误战机,再完美的计划也会因此失去价值。所以,成功的企业家都倡导"现在、立刻、马上"执行任务,并始终坚持在实践中检验真理。

每个企业都渴望高效的团队执行力,但是执行力的提高并不是简单的事情。企业要想提高执行力,必须建立一套完善的管理制度。这套制度要为执行任务排除不必要的障碍,如减少繁杂的程序,祛除官僚主义等。这套制度要求每个管理者带头落实,每个员工严格遵守,并且还要求大家相互协作,只有这样,团队才能提高执行力。

本章重点内容小结

1. 创新是指人们为了发展的需要,运用已知的信息,不断突破常规,发现或产生某种新颖、独特的社会价值或个人价值的新事物、新思路的活动。
2. 在广义的创业概念中,除强调创业行为以外,还强调在创业行为中创新精神的重要性。
3. 当某些事件与人们设想的不同时或创业者对某些事件无法理解时,这通常表明该事件里存在着一种有待认识的变化,而这种变化就是创新创业的重要信号。
4. 一个稳定的行业或市场结构可能突然地、出乎意料地发生变化,对变化的正确处理方式是创新的重要来源。
5. 企业家的创新精神具体表现为用一种不同的方法表达自己的看法、用一种新方式处理老问题等。
6. 企业家的冒险精神建立在对市场的调查分析以及对市场发展的敏锐洞察上。
7. 企业家的学习强调干中学,边学边做,在实践中不断试错、不断完善。

思 考 题

1. 创新创业的驱动因素有哪些?
2. 创业动机有哪些类型?
3. 创新的类型有哪些?
4. 谈谈你对创业的理解。
5. 创业者思维和打工者思维有何不同?
6. 创新的来源有哪些? 如何运用?
7. 企业家精神包括哪些内容?
8. 企业家如何进行学习?

综合案例

埃隆·里夫·马斯克(Elon Reeve Musk)的传奇不仅在于他先后成功创立和运营了3家大名鼎鼎的公司——Paypal、SpaceX、Tesla,还在于这3家公司分别革新了3个领域——金融、航天、新能源。

(1) 年轻的实践者

马斯克于1971年出生在南非一个普通人家,父亲是工程师,母亲是模特。马斯克从小酷爱读书,在10岁的时候拥有了自己的第一台计算机。然后他开始自学编程,12岁的时候把自己做的一个太空小游戏软件卖掉了。马斯克从小便很独立,怀揣着一个"美国梦",努力地寻找机会逃离南非。因为母亲是加拿大籍,所以他在高中毕业后带着一点钱独自去加拿大闯荡,四处打工,后来进入皇后大学读书,最后如愿以偿地转学到美国的宾夕法尼亚大学。在拿到宾夕法尼亚大学的经济学和物理学双学士学位后,马斯克获得奖学金前往斯坦福大学攻读博士学位。

1995年,马斯克看到了传统媒体进入互联网时代的机会,于是在进入斯坦福大学学习的第二天,便决意退学创业。他叫来他的弟弟,投入2 000美元。

(2) 不安分的创业者

没有朋友帮忙,兄弟俩夜以继日地开发了6个月的程序。最后马斯克创立了Zip2网站。4年后,这家公司以3.07亿美元的现金加上3 400万美元的股票期权被康柏收购。1999年,马斯克在他28岁的时候收获了人生的第一桶金。他没有花钱去买下一座小岛,只是奖励了自己一辆当时世界上最贵的跑车,因为他酷爱赛车。

(3) 拥有敏锐行业洞察力的创业者

马斯克对Zip2的成功并不感到满足,在他看来,这对人类的影响太小了。于是,马斯克马不停蹄地开始了第二次创业:Paypal。马斯克发现当时的金融业在互联网领域缺乏创新,用户之间的支付极不方便。于是他结合自己的互联网经验,创立了X.com,其后更名为Paypal。Paypal最终被eBay以15亿美元的价格收购,收购前马斯克持有公司11%的股份。2002年,他赚了2亿美元。但他仍然没有挥霍他的时间和金钱,一直在思考着下一件大事。

(4) 理想主义的梦想家

卖掉Paypal以后,马斯克开始思考太空领域的探索和能源领域的创新(即可再生能源的生产和消费)。于是马斯克先后于2002年、2003年创立了全球首家私人航天公司SpaceX和全球首家纯电动汽车公司Tesla,并投资成立了太阳能全服务供应商SolarCity。SpaceX和Tesla这两家公司涉足的领域和将要开发的产品皆是很多人不敢尝试的。硅谷的风险投资人们倾向于投资"轻资产",即能快速实现产品商业化的公司。虽然马斯克在互联网领域已有两次成功经验,但是没人会相信他的SpaceX能完成美国航空航天局(NASA)的使命,没人会相信他的Tesla能突破美国通用汽车公司无法突破的创新。

SpaceX要做世界上最先进的火箭和宇宙飞船,誓将人类的足迹从地球拓展到其他星球,让人类去一次火星的成本降到50万美元;Tesla要靠着电力驱动,跑得比法拉利还快;SolarCity要实现每家每户装太阳能板像装计算机一样容易。对此马斯克一意孤行,给SpaceX首次投了1亿美元,成为Tesla主要的投资人,又投资他的表兄弟创立了SolarCity。

(5) 一个优秀的CEO(也是一个优秀的产品经理)

对于SpaceX和Tesla这两家公司,马斯克都亲自上阵担任CEO。马斯克甚至超越了一个CEO的角色。凭借电子工程的背景,他深入地参与SpaceX火箭的架构设计和建造。也许你会好奇马斯克怎会知道火箭的设计,他会神定自若地告诉你,他读了很多相关的书籍。同时,马斯克也担任Tesla的产品架构师,负责汽车的设计。作为产品经理,马斯克并不专横,除运用物理学的框架进行推理认证以外,他还认真听取周围人的意见,特别是对产品的负面反馈。马斯克誓将Tesla汽车打造成"艺术+技术"的完美化身,高薪聘请了为宝马和阿斯顿·马丁设计过多款经典车型的汽车设计大师亨利克·菲斯克(Henrik Fisker)担纲设计师。然而马斯克并不满意其设计方案并推倒重来,双方甚至就Henrik Fisker把真正给 Tesla 的设计方案用在了他后来成立的 Fisker 电动汽车公司的汽车设计上而对簿公堂。

（6）孤注一掷的冒险家

马斯克雄心勃勃，然而 SpaceX 和 Tesla 的创业过程并非一帆风顺，几经折戟沉沙。Tesla 电动汽车最大的障碍是电池技术：电池续航能力的局限和电池制造成本的高昂。这也是 Tesla 一开始推出高端跑车的主要原因。到 2007 年，投资给 Tesla 的钱用光了，而此时公司的商业模式还未成立。这时，没人愿意再投钱，马斯克只能把从 Zip2 赚的钱都放进公司，然后进行人员调整。随后，马斯克飞到德国找奔驰谈合作，推销 Tesla 的电池系统，结果失败了。后几经周折，他总算拿到了 7 000 万美元的奔驰电动汽车 Smart 的电池系统订单。

2008 年，无疑是马斯克人生中最黑暗的一段时间。马斯克对工作的疯狂投入，让他的婚姻亮起了红灯。在经历离婚变故之后，接踵而至的是 SpaceX 首次火箭发射失败，Tesla 被迫裁掉三分之一的员工并关掉 Tesla 在底特律的分支机构，SolarCity 也出现问题。与此同时，美国爆发了历史性的金融危机，让"步履维艰"的公司雪上加霜，濒临倒闭。2008 年的圣诞节前夕，面对妻离子散的凄凉和自己的 3 家公司不约而同地陷入困境，马斯克回忆说，"我经常在午夜醒来，发现眼泪淌在枕头上。"

（7）坚持不懈的企业家

马斯克在和他的命运搏斗，他的信念战胜了恐惧。马斯克孤注一掷地把他所有的钱投入他深信不疑的事业中。终于，所有的付出换来了 SpaceX 第三次火箭发射成功，别的公司要用二三十年做成的事情，SpaceX 只用了 6 年，同时也换来了 NASA 16 亿美元的订单。

2009 年 6 月 Tesla 获得了美国能源部 4.65 亿美元的贷款，并于 2010 年 6 月在纳斯达克成功上市。

SolarCity 也在快速成长，它成为很成功的太阳能服务提供商，为美国东西部数以万计的家庭提供服务。

思考：

1. 马斯克几次创新的来源分别是什么？
2. 马斯克具备哪些企业家精神？请举例并谈谈你的感受。

第2章 用户思维

> 彻底站在顾客的立场上来思考和实践。
>
> ——7-11便利店创始人，铃木敏文

本章研究如何站在用户的角度全过程、全方面思考问题。创业者如果不以用户为中心，将很有可能创业失败。本章从用户思维中常见的思维误区入手，结合大量案例，分析以用户为中心的科学创业思维方法。

学习目标

1. 了解设计思维的概念，熟悉设计思维的常见步骤。
2. 理解同理心思维，培养从用户角度思考问题的管理思维。
3. 掌握设计受用户欢迎的产品的方法。

2.1 思维误区

"用户是上帝"这个观念似乎已经是老生常谈，但仍有许多创业者对此不以为然，结果创业失败。本节揭示3种思维误区：以产品为中心；以自我为中心；没有目标，漫天撒网。

1. 以产品为中心

创业者不针对顾客和市场的需求盲目推出产品，必然创业失败。

PlayPumps

非洲旋转游戏水泵创业项目（PlayPumps）开始时设想，每个水泵造价仅14 000美元，建造4 000个水泵就能满足整个非洲人的需要。但是这个项目有个非常大的缺陷：儿童们需要在PlayPumps上"玩耍"27个小时才能提供足够2 500人一天的用水量。创业者发现当儿童们不在PlayPumps上玩耍时，需要打水的妇女们的整个打水过程变得更复杂、更辛苦。同时由于高额的维修成本，很多村庄坏掉的PlayPumps供水系统无人更换。

迫于舆论和资金的双重压力，PlayPumps创业者将该项目转卖，该项目宣告失败。

PlayPumps醉心于自己的产品,没有考虑儿童玩乐的习惯,且没有考虑到儿童玩耍时间不足时需要打水的妇女们的操作难度,最终导致创业失败。

对创业者来说,要从用户行为的角度设计问题解决方案。

2. 以自我为中心

许多创业者过于沉迷于自己的想法,未能客观冷静地分析和评估想法的可实行性,脱离当时市场的实际状况,却误以为每个人(用户)都喜欢他们的想法。

美国在线家政企业Homejoy

总部位于旧金山的企业Homejoy成立于2012年7月,由Adora Cheung(阿多拉·常)和Aaron Cheung(阿伦·常)姐弟两人联手创办,主要是为用户提供高效、高质量的房屋清洁服务。自成立以来,这家在线家政企业的发展速度一直很快,据报道,仅用6个月的时间,Homejoy的服务就成功拓展至美国和加拿大的30多个城市,并在2014年4月宣布了国际化进程,随后陆续进军英国、德国、法国等国家。企业一年之内完成了种子轮、A轮和B轮融资,融资金额为千万美元级别。

筹得巨额资金就要向投资者提交成绩单,让投资人看到业务的增长。因此,创始人过分强调新客户增长率,却忽略了现有客户的保持(留存率)。据报道,Homejoy为其高速增长付出了巨大的代价。为了获取新客户,它通过Groupon等团购网站进入新市场,或在自己的网站上打折促销。该企业75%的预订都是靠这些优惠折扣换来的,而不是好的口碑。最终,Homejoy在2015年7月31日关闭,不再接受新的订单。

Homejoy失败的关键原因是:自以为靠打折可以获取用户,但实际上获得的不是真正的目标用户,客户忠诚度值得怀疑。

轻单

轻单的创始人是伍嘉贤。他创立轻单是为了推广结构化的内容,让写作变得更简洁,让碎片化时间的阅读更高效。换句话来说,就是试图通过结构化,将当今互联网中繁杂的内容精简为列表的产品,用户可以创建清单,通过微信、微博等方式进行分享。尽管许多人都认为这是一个非常不错的想法,但这个"非常不错的想法"最终没有获得更多投资的支持而最终走向沉寂。

轻单失败的最核心问题在于,创业者理想地认为,人们更喜欢清单式的信息呈现方式。然而,人们喜欢哪种信息呈现方式其实是要根据场景来区分的。在学习和工作场景中,清单有助于总结归纳信息,提高认知效率,所以在学习和工作场景中清单广泛流行。但是在娱乐化场景下,清单却显得很苍白无趣,因为清单只是对内容的概括,去除了细节描述,有时不方便理解。

---

3. 没有目标,漫天撒网

很多创业者为获得更多的用户,定位不明确,强调提供多元化产品或服务,难以准确获得最合适的客户,这将导致创业失败。

> **亿唐公司**
>
> 亿唐由哈佛商学院毕业的唐海松创建于1999年。凭借创始团队的背景和优秀的创业方案,亿唐很快拿到共5 000万美元左右的融资。亿唐宣称自己不仅是一个互联网公司,还是一个"生活时尚集团",致力于通过网络引进国际上的生活时尚产品,全力服务18~35岁的人。
>
> 据报道,2000年年底,亿唐资金花光了大半资金,仍然无法赢利。从2001年到2003年,亿唐不断通过与专业公司合作,推出了手包、背包、安全套、内衣等物品,并在线上、线下同时发售,同时还悄然尝试手机无线业务。2005年9月,亿唐决定全面推翻以前的发展模式,推出一个名为hompy.cn的个人虚拟社区网站,最终这个网站也在2008年被关闭,亿唐也无奈地走下了互联网的舞台。

亿唐失败的最大问题就是产品定位不清晰,多方面尝试,频繁转型,不愿意沉下心来解决特定用户的实际问题,所以,即便拿到大额融资,最后也无法摆脱被淘汰的命运。

2.2 设计思维

> 设计思维是在满足技术可实现性和商业可行性的前提下,以人为本的、利用设计师的敏感性以及设计方法,来满足人的需求的设计精神与方法。
> ——IDEO设计公司的总裁,蒂姆·布朗(Tim Brown)

设计思维又称设计思考,是用户思维的当代突出方法论。本节将具体介绍设计思维的发展历史、定义及步骤等。

2.2.1 发展历史

20世纪八九十年代在斯坦福大学任教的罗夫·法斯特(Rolf Faste)在罗伯特·麦金(Robert McKim)的著作《视觉思维的体验》的基础上,首次把"设计思维"作为创意方式进行了定义和推广。后来设计思维得以被知名的设计公司IDEO及苹果所采用。

哈佛大学前设计学院院长彼得·罗(Peter Rowe)于1987年出版的《设计思维》首次引人注目地使用了"设计思维"这个词语,它为设计师和城市规划者提供了实用的解决问题的系统依据。1992年,理查德·布坎南(Richard Buchanan)发表文章《设计思维中的难题》,展示设计思维在处理设计棘手问题方面具有越来越高的影响力。

知名的设计公司IDEO将设计思维应用于商业用途,得到苹果、IBM、宝洁、百事可乐、微软、西门子、DHL、奥迪等客户的赞许。IDEO的创办者之一大卫·凯利(David Kelley)于2004年在斯坦福大学创办了哈素·普拉特纳设计学院,该学院简称为"D. School",并于2005年开始为工程系的学生教授"设计思维"课程。

2.2.2 定义

设计思维是指从用户的角度出发,利用创造性思维,事先对设计的产品、项目、流程、商业模式或者某个特定的事件等,通过观察、探索、头脑风暴、模型设计等方法制订目标或方向,然后寻求富有创造性的解决方案。其主要目标是站在客户需求或者潜在需求的角度发现问题,解决问题。

设计思维是以解决方案为导向(即解决用户的需求)的思维方式,不是从某个问题入手,而是从目标或者要达成的成果入手,通过对当前和未来的关注,同时结合问题中各种相关因素的变化,找出解决方案。

正如IDEO设计公司的总裁蒂姆·布朗所说,设计思维利用设计师的敏感性以及设计方法,在满足技术可实现性和商业可行性的前提下来满足人的需求,即设计思维以"人""商业""科技"三要素的密切结合为出发点和目的地,如图2-1所示。

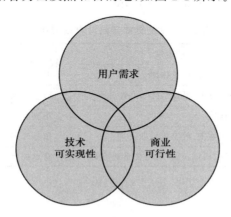

图2-1 设计思维的三要素

"人"指的是用户需求。设计产品最终目的依旧是满足用户需求。但是对于"满足需求"的定义已经发生了相当大的变化——相比用户说了什么,要更注意用户做了什么。从用户的认知、行为和动机层面分析用户需求,并确定新的可能性,而不仅仅通过用户的嘴或设计师来了解用户需求。

"科技"指的是技术可实现性。一个创意能否落地还需要在技术层面做充分的技术可行性分析。通过技术可行性分析,设计师和决策者可以明确组织所拥有的或有关人员所掌握的技术资源条件的边界。团队需要充分考虑科技发展水平和现有制造水平、团队的技术开发能力、所需的工作人员数量和开发时间。

"商业"指的是商业可行性。产品需要考虑商业可行性。

只有兼顾用户需求、技术可实现性和商业可行性的产品才能推向市场,获得成功。图2-1中3个圆圈的交集就是设计思维寻找的创新之路。

2.2.3 设计思维与传统思维的区别

传统的思维以现状和问题导向,强调逻辑的推理和分析,专注于执行方案和规则,人们解决问题的方式通常是直线式的:分析问题—寻找解决方案—逐一分析评估解决方案—选择最佳解决方案。而设计思维则是交错反复的。

设计思维谈论的都是关于"做"的内容,而传统商业思维往往花费很多时间在"说"的阶段。

设计思维是将问题视为机会,不断寻找创新的可能性,而传统思维是把问题当作困难去解决。

设计思维讲述的是真实的故事,解决的是真实的人的问题,而传统思维解决的是脑中假想的问题。

设计思维是真正基于人的需求来设计产品和服务的,而传统思维只是基于人口统计学特征(如年龄)来划分市场的。

设计思维是基于未来的不确定性探寻解决方案,而传统思维习惯基于过去的历史数据判断将来。

传统思维与设计思维的比较如表 2-1 所示。

表 2-1 传统思维与设计思维的比较

不同点	传统思维	设计思维
基本假设	事实是不变的、可量化的	事实是社会人建构的
方法	通过分析寻求"最佳"答案,线性思维	通过试验不断迭代,寻求"更好"的答案
过程	不断做计划	不断动手做
决策	依靠逻辑推理、数字模型做决策	依靠情感洞察、经验模型做决策
价值观	追求控制、稳定,对不确定性感到不安	追求创新,不满足于现状

2.2.4 设计思维的步骤

在设计思维的方法论中,比较通用的是 D. school 所教授的方法论。下面将以 D. school 学员课程项目设计作为例证,简单介绍设计思维 5 个阶段中的每一个阶段。

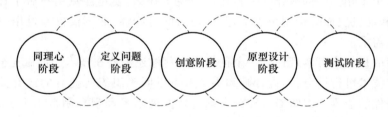

图 2-2 设计思维的 5 个阶段

1. 同理心阶段

设计思维从深入了解解决方案的使用者(可以是个人或群体)开始,对可能使用解决方案的人进行观察、访谈。"创业者"可以是团队领导者,也可以是团队成员。以 D. school 中研究缓解美国贫困群体饥饿感的方案为例进行说明。项目组会先行派出一个创业团队参与食物分发站和施食处的工作,在那里,很容易观察到这类服务的运作方式、用户选择什么样的食品以及将什么样的食品带回家的情况。这种现场观察,不但可以密切注意用户的言语和行为,而且还能关注用户的情感和身体语言。这期间项目组需要与典型用户充分互动,以便更深入地了解解决方案如何与多种类型的用户接轨,如与 40 多岁的无家可归者交流。项目组也希望与单身母亲、年老的寡妇或者失业的父亲等非典型用户交流并观察他们,以便了解他们的需求。

同理心阶段是设计思维的核心,将在 2.3 节更加详细具体地介绍。

2. 定义问题阶段

这个阶段要阐述一个观点(Point of View,POV),用很简单的话阐释创业团队正在做什么事,这些事的价值是什么。这不仅可以让更多的人关注到创业产品,还可以激励整个创业团队,促进团队本身的价值观塑造。总的来说,这个阶段就是定义企业的立足点,让别人清楚地明白创业者要用什么方案来解决什么问题。

3. 创意阶段

在理想的情况下,由各类成员构成的设计师团队在这个阶段已经对用户以及要解决的问题有了深入的了解,可以通过头脑风暴提出很多解决方案。有些方案看似无法实施,但也要把它们罗列出来。团队的最终目标就是提出一个让团队成员以及用户都深表认同的解决方案。

一个典型例子就是 D. light Design 公司的创业。D. light Design 公司作为世界上很成功的社会企业之一,设计了一款廉价的太阳能灯,给很多非洲的家庭带去了光明。2007 年,D. light Design 创始人内德·特津(Ned Tozun)和其团队花费了几周时间在东南亚的一些极其贫穷的村庄里做调研、访问村民。他们发现很多家庭花费了辛苦得来的一大部分收入购买柴油用于照明,但柴油却是一种极其危险的照明燃料并且价格昂贵。面对这种问题,他们进行头脑风暴,联想到当前太阳能和 LED 技术方面的革新可以为当地居民提供更清洁、更安全、更明亮和价格上更易接受的照明产品,而且当时还没有人研制出一款产品使这些没有电力供应地区的人们的生活得到改变。这些事实成为他们的灵感来源。

4. 原型设计阶段

在想到解决方案之后,要用最短的时间和最小的成本设计出产品原型;在设计产品原型的同时,也要积极地反思和发现新的问题。平时要多思考和记录优秀的想法,积极地去实践这些想法,在行动中学习,在失败中受教。

5. 测试阶段

设计思维需要对原型进行测试。一旦在测试后获得了反馈信息,就应该再次进行头脑风暴,以便改善原有计划或者开发一个全新计划,并寻求更多的反馈信息。在这个过程中,如果事实证明最初提出的设想行不通,那么,应该欣然彻底抛弃那些想法,并不断调整思路。

2.3 同 理 心

2.3.1 同理心理论的发展

拥有同理心,即移情、换位思考,原是美学理论家用以形容理解他人的方法。美国心理学家爱德华·布雷福德·铁钦纳(Edward Bradford Titchener)认为同理心源自身体上模仿他人的痛苦,从而引发相同的痛苦感受。20 世纪 80 年代以前,同理心主要在认知和情感两个领域发展,之后才慢慢转向多维度的应用,并越来越受到人们的重视。在 2006 年出版的

《全新思维：决胜未来的 6 大能力》一书中，美国著名趋势专家丹尼尔·平克（Daniel H. Pink）认为，同理心能力是新时代下人们必须具备的 6 种能力之一。

咨询心理学家路易斯·霍夫曼（Louis Hoffman）等人在 God Image Handbook for Spiritual Counseling and Psychotherapy 中认为同理心是通过简单的联系与复杂的观点采择过程理解别人的感受体验。这一取向把同理心界定为一种认知特质。依据这一观点，具有同理心特质的人能够想象出他人的感受，这使他们能够理解和预知别人的想法、感受和行为。

美国哈佛大学心理系教授亚瑟·乔拉米卡利（Arthur Ciaramicoli）和凯瑟琳·柯茜（Katherine Ketcham）指出，同理心是一种将心比心的推论，发生在其他人身上的苦难也有可能发生在自己身上，这会让人产生想要改变自己与他人生活的力量。正是这种对他人感情的强烈共鸣，使一个人能够与他人共同经历快乐和悲伤。

美国彼得·摩霍兹（Peter Merholz）等人在《应需而变——设计的力量》中提出，设计师应该抓住复杂性，培养同理心，注重用户体验，培养同理心的思考方法进行用户调研，提高设计的能力。

2.3.2 同理心的特点

同理心与所谓的"己所不欲，勿施于人"是同样的道理。拥有同理心能够体会他人的情绪和感受、理解他人的立场和想法，并能站在他人的角度思考和处理问题。有无同理心的具体表现如表 2-2 所示。

表 2-2 有无同理心的具体表现

无同理心之表现	有同理心之表现
以自我为中心	心中有他人
争辩	商讨与沟通
否定、不接纳或批评	肯定、接纳、好沟通、能自省
抗拒、轻视或不屑	接纳、关怀与尊重
疏忽他人的感受	设身处地地为别人着想

2.3.3 同理心思维的培养

第一步是对人进行关注。以积极友善的心态去倾听，下意识去观察，带着好奇心去思考：他是谁？他在表达什么？他的感觉如何？他是怎么想的？对他来说最重要的是什么？这些都是同理心要去探索的问题。

第二步是学会放下自我。如果不放下自我，虽然也在听，但其实是"听不到"对方的，或者只是有选择地听；虽然也在想，但很容易带入自我的观点。每个人的家庭环境不同，每个人的成长经历、性格、喜好等也不同，哪怕两个人在同一个课堂上课，对老师的评价和课堂的感受也不尽相同。在运用同理心思维的初期，很容易在他人讲述故事的时候联想到自己的经历和体验，然后产生一些结论或者疑问，这时候可能会做出打断对方说话这样不合适的行为。放下自我时,先要注意营造一个不被干扰的环境,如做几个深呼吸,清空脑海中存留的杂念和前一刻还带着的情绪,让意识达到平静的状态。

第三步是倾听、观察。倾听、观察和感知能够真正进入对方的内心。积极倾听是有效理解的前提,倾听不仅是听而已,还要用语言和动作来回应对方,鼓励对方继续说下去。在倾听的时候给予对方充分的尊重、情感的关注和回应,并且要心耳并用,用耳朵听内容,用心感受对方的情感。当然还要注意既要能与对方的情绪产生同理,又要不被其情绪所影响。倾听是一门艺术,按照层次从低到高可分为听而不闻、敷衍了事地听、有选择性地听、专注地听、带有同理心地倾听。如果有心的话,可以在每次对话结束后给自己评估一下,看自己做到了哪个层次的倾听。除听以外,还要用眼睛观察非言语信息。检验倾听这一步做得效果怎么样,可以问自己几个问题:我有跟他产生共鸣的感觉了吗?我是否激发了他的灵感?我收集到了更多关于他的信息吗?整个倾听过程是否流畅?总体收集信息的质量如何?我是否发现了一些值得深入思考的点?就观察来说,第一是要专注。除观察人以外,还要注意观察周围的环境,捕捉到每一个可能帮助理解对方的细节。例如,从一个人在听什么类型的歌曲可以粗略判断一个人的音乐偏好,以及当下的心境。人的心理是不能直接观察到的,可以把注意力放在观察人的行为上,即用眼睛去观察正在发生的事情,并推测人的动机,甚至用直觉感知对方。例如:看到一位坐着轮椅的老人在酒店门口的台阶下徘徊,推测他可能是要找到合适的通道上台阶;过了好几分钟,看到老人还在门外,推测他应该是没有找到合适的通道,此刻他一定很着急,想要寻求帮助。第二是要站在对方的视角去观察,不然可能无法准确理解对方的处境。正如同站在不同的高度,看到的风景不一样,要理解对方,就要站在对方的位置上观察。在建造迪士尼乐园时,为了更好地从儿童的视角来进行规划设计,设计师是半蹲在地上,以和儿童同样高度的视线来观测的,而不是按照自己的主观猜测和想象来进行设计。

第四步是真正地理解对方的感觉和需求并将其准确描述出来。准确解读他人的感觉,看似简单,其实不易。对于同一个描述感觉的词汇,不同的人在同一个情景或者同一个人在不同的情景下说出来,意思也会有差别。例如:在医院排队打针的小学生说"我很紧张",这个"紧张"的感觉里是含有"害怕"的意思;对于两个素未谋面的网上恋人,女方在见面日期临近的时候觉得"很紧张",这个紧张更多是带有"害羞"而又"期盼"的矛盾心理。此外,还需要学会区分"想法"和"感觉"的不同。例如,对于"我觉得这次考试凶多吉少"这句话,虽然有"觉得"这个动词,但其实这只是想法,而不是感觉。再如,对于"做完这件事,我觉得我该回家了"这句话,这并不是说当事人有"回家"这种感觉,而可能是当事人觉得想家、感到疲倦等。有一个区分的小技巧就是,描述感觉的词语通常都可以用"我很……"的句式来改写。

第五步是做出符合对方期望的回应。这个回应有很多种,如口头上的、行为上的等。在口头上做出同心理回应的一个秘诀是:根据对对方感觉的辨识,加入情感,重复对方话语中的信息,将他的感觉说出来。例如,一个顾客说:"你们专卖店的服务人员态度很差,稍微多问几句就不耐烦了。"那么有同理心的回应可以是:"专卖店的服务人员态度不好,让您觉得没有受到尊重,是吗?"在前文讲的坐着轮椅的老人的案例中,当觉察出老人需要帮助了,可以立刻走上前去帮助老人。

设计思维的最终目的就是为了解决某一个群体的问题,使他们的需求得到满足。这个解决方案可以是产品、服务、流程等。如何检验自己是否做出了符合对方期望的回应呢?可以想象一下当人的需求被满足了之后,会有什么样的反应,他可能会非常开心、大笑、握着你的手表示感谢,对你止不住地点头等。要注意收集这些反馈,作为前进的信息来源。

2.3.4　同理心的关键作用

对于传统的设计流程,在设计研究阶段,设计者通常会做 3 个方面的调研——市场研究、用户研究与技术研究。其中:市场研究主要是对目标产品目前面对的市场进行研究,主要包括行业的趋势、主流产品的分布、目标产品在市场上的占位以及期望占据的位置;用户研究则是对用户的基本生活形态、需求或者用户在使用产品时遇到的困难进行研究;技术研究则是针对目前的技术框架进行研究。基于这些研究的结论,设计者会结合企业本身战略来制订相应的设计策略。同理心阶段最直接的理解就是用户研究的部分。或许读者会感到疑惑,在上文说的用户研究中,不是已经对用户进行系统研究了吗?在对用户已经有了解的基础上,提出同理心概念的目的是什么?

先来理解用户研究的目的和方法。用户研究的首要目的是明确目标用户群体、细化产品概念,并通过对用户的研究,使用户的实际需求成为产品设计的导向,使产品更符合用户的使用习惯和期待。用户研究经过用户访谈、情景实验、问卷调查和数据分析等步骤,可以建立用户模型,从而指导设计。传统的管理方法都是如此。但是在进行这些步骤的过程中,对于加上同理心的操作方式与没有加上同理心的一般操作方式,即使两者进行同样的步骤,得到的结果也是有巨大差异的。那是因为,通过表面的访谈和问卷调查,很难挖掘到用户的真实需求。传统的管理方法在用户调查时通常得出的结论是性别、年龄、收入和居住地址等基本信息,并依靠为什么购买该产品、一般平时如何使用该产品、在什么时候使用该产品、在使用该产品中有什么困难等数据进行"用户画像",甚至会针对用户的期望做出产品的调整和改进。很多大公司还有专门的用户研究团队。但是通过这种研究得到的方案推向市场后,得到的效果往往不好——目标用户不买账。因此就只能不断改变产品功能,改变目标用户,有些产品最终甚至退出市场。究其原因,用户在考虑产品功能时,往往不会想到实现的难度,甚至不会考虑这个功能真正推出来之后,是不是真能满足自己的需求。如果直接问用户的意见,他们可能会说很多需求,但是照办之后,却发现用户并不会用到。这种时候同理心就非常重要了,只有设计师体验和感受用户,通过目标用户的生活方式或者把自己换位思考,"将心比心"地理解用户的感受,才能挖掘到用户的真实需求。例如,很多概念设计师设计的针对盲人的作品,看似非常人性化,实际上并不好用。针对这一问题,有两个方法可以验证其设计是否符合盲人用户的实际需求:与盲人交朋友和真正体会盲人的感觉。可以用眼罩蒙住眼睛体验一天,或者跟盲人一起生活,感受他们内心的真正需求。这些是无法通过医学数据和用户画像得到的。

德国一些企业家在世界各地设计了一些特别的场馆,场馆内一片漆黑,参观者必须由服务人员引领才能前行。在这样一个被称作"黑暗中的对话"项目中,让公众体验黑暗环境中的生活，促进他们对视力障碍人士的理解和帮扶。

美国银行"保存零头"

美国银行在着手帮助客户增加储蓄的时候，发现问题不在于该银行的服务，而在于客户的储蓄习惯难以改变，客户很少会主动增加存款。

利用同理心思维，美国银行测试了不同的想法，站在用户的角度思考。最后，美国银行推出了一种借记卡，可以自动将每笔交易的支付金额取整，然后把支付完剩余的"零头"直接存进客户的储蓄账户。这项服务是自动进行的，而且只涉及多余的"零头"，因此客户几乎不会注意到这种变化。保存"零头"服务使美国银行获得了 500 万个新客户、700 万个新开支票账户和 100 万个新开储蓄账户，同时帮助客户总共增加了 5 亿美元存款。

金佰利（Kimberly-Clark）公司婴幼儿产品设计

金佰利公司针对家庭进行了实地研究，以帮助他们进行两款"好奇"婴幼儿产品（婴幼儿湿纸巾和婴幼儿沐浴露）的设计，研究人员发现，妈妈在带宝宝外出和为宝宝洗澡时会努力地去抱住宝宝。很明显，很多家长必须一只手抱着宝宝来保证其安全，另一只手做其他事情；或将宝宝安排在一个安全的地方，才会去做其他事情。这种不经意间的小动作也被称作下意识行为，能体现用户的潜在需求。基于该种观察结果，金佰利公司对"好奇"婴幼儿湿纸巾旅行装和婴幼儿沐浴露进行重新设计，以适应家长单手操作的需求，最终这两款产品获得了市场的广泛好评。

百事薯片

很多男性在快吃完一袋薯片时，会把袋子底部剩下的薯片全部倒入口中，但很多女性不会这样做，因为她们怕食物弄脏自己。百事基于以上观察推出了一款薯片，它的外包装是小圆筒，筒内的塑料托盘装满薯片。女性消费者吃薯片的时候可以拉出塑料托盘，吃里面的薯片，吃完后她还能将塑料托盘推回去。这款以用户为中心的产品受到了顾客的好评。

2.3.5 同理心工具

D. school 针对同理心提出了三步法：观察——互动——沉浸。

第一是观察：这里讲的观察不仅强调观察用户行为，还强调"从一个新的角度"观察，把观察用户行为作为观察者自身生活的一部分。这一过程中，除了要知道用户都做了什么、都怎么去做的外，还要知道用户的目的、用户这个行为所产生的连带效应。

第二是互动：与用户交谈，做调查，写问卷，甚至要不以设计师或者研究者的身份去跟用户"邂逅"，尽可能地了解用户的真实想法。

> **万豪酒店与"舒口气时刻"**
>
> 万豪酒店认为客人登记入住是客户进入酒店后最重要的时刻,所以在此时给客户提供最佳的服务应该是良好的开始,也是让客人感到宾至如归的时刻。这就要求设计师设计一个登记入住的优质服务。设计师着手进行了观察,发现客人对酒店的印象确实有一个关键时刻,这个关键时刻并不是登记入住的时刻,而是进入房间"舒口气"的时刻。在像家一样的环境下,将整个旅程的疲惫在这里"冲洗掉"才是关键时刻,所以设计师的设计重点放在"舒口气时刻",从而设计出像家的感觉。

第三是沉浸:通过模拟甚至创造用户的生活情境,有意识地把自己假想为用户,从而获得最真实的体验感受。

> **帕特里夏·摩尔**
>
> 帕特里夏·摩尔(Patricia Moore)是美国一位杰出的工业设计师,同时也是老年病学家和作家,她曾经被 The International Design Magazine 杂志评为世界上"40个最有社会意识的设计师"之一。有一天,在针对新型冰箱设计的头脑风暴会议上,摩尔问了一个很简单的问题:"我们难道不能设计一种让双手有关节炎的老年人也能轻易打开的冰箱吗?"上司看着她,不以为然地说:"我们不为那些人设计。""什么叫作那些人?"愤愤不平的摩尔很不甘心。
>
> 她把自己的脸弄得布满皱纹,然后戴上厚重的眼镜来模糊自己的视线,并且戴上耳机让自己听不清楚,还在身体上绑上支架,在腿上缠上夹板,穿上高低不平的鞋子,把自己假扮成一个驼背、行动不便、必须依靠拐杖才能行走的85岁的老太太。接着,她以这种装束亲自走访了美国100多个城市,找出老年人每天所遭遇的现实困境,如费力地推开百货公司厚重的门板、赶在信号灯变换之前穿过马路以及艰难地打开冰箱门等。
>
> 正是这场假扮老年人的体验,让摩尔成为"为大众而设计"的开创者,她所设计的产品的使用者覆盖了5岁到85岁的人群。比如,她设计的一个产品——橡胶把手的削皮器,让患有关节炎的老年人也能轻松使用,如今这个产品几乎已成为美国每个家庭的标配。

针对上述三步法,D. school 在《设计思维手册》中介绍了几种同理心工具,如表2-3所示。

表2-3 同理心工具

工具	焦点	主要步骤和结果
用户影像研究	观察	给用户提供记录影像的设备,让用户去记录自己认为重要或有趣的事情
访谈准备研究	互动	设计大量问题从而发问
粉丝用户研究	互动	定义粉丝用户,从而跟踪观察粉丝用户并与粉丝用户互动
类似移情研究	沉浸	模拟环境,体验过程
同理心地图	沉浸	对用户"说什么、做什么、想什么、感觉怎样"进行分层次剖析

下面重点介绍同理心地图。设计思维强调可视化思考(visual thinking),同理心地图就是一个很好的可视化工具。

第2章 用户思维

同理心地图(empathy map)又称移情图,是由 XPLANE 公司所开发的工具。它在设计流程的起始阶段非常有用,可以帮助创业者跨越消费者的人口统计特征的调查资料,深度了解消费者的内在需求。

同理心地图的具体操作步骤如下。

① 初步确定一个目标群体,列出这个群体中可为其提供服务的所有细分群体(利益相关者)。

② 选出3个最有希望的客户候选人。

③ 开始进行客户描述分析。

- 给客户命名并找出客户的一些人口统计学特征。
- 通过询问和回答图2-3中的6个问题,在便签上描述你新命名的客户。

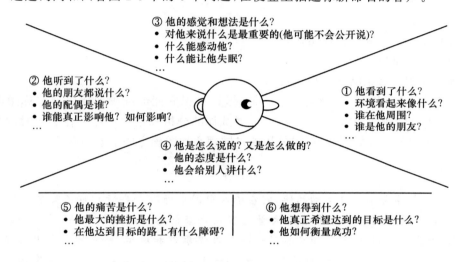

图 2-3 同理心地图

图2-3中6个问题主要的关注点如下。

① 他看到了什么?描述客户在他的环境里看到了什么。

- 环境看起来像什么?
- 谁在他周围?
- 谁是他的朋友?
- 他每天接触什么类型的产品或服务?
- 他遭遇的问题是什么?

② 他听到了什么?描述客户环境是如何影响客户的。

- 他的朋友在说什么?他的配偶是谁?
- 谁能真正影响他?如何影响?
- 那些媒体渠道能影响他吗?

③ 他的真正感觉和想法是什么?描述客户所想的内容。

- 对他来说什么是最重要的(他可能不会公开说)?
- 什么能感动他?
- 什么能让他失眠?

- 他的梦想和愿望是什么？

④ 他是怎么说的？又是怎么做的？想象客户可能会说些什么或者在公开场所会做什么。

- 他的态度是什么？
- 他会给别人讲什么？
- 他所说的和他真正的想法与感受之间潜在的冲突是什么？

⑤ 他的痛苦是什么？

- 他最大的挫折是什么？
- 在他达到目标的路上有什么障碍？
- 他会害怕承担哪些风险？

⑥ 他想得到什么？

- 他真正希望达到的目标是什么？
- 他如何衡量成功？
- 他可能用什么策略来实现其目标？

制作好同理心地图后，需要对它进行测试，以确保它能够准确地代表那些你想吸引的人。采访一个可信赖的期望者和支持者，以测试你的分析和结论。然后在必要时调整同理心地图的一些细节。最后，你就可以使用通过同理心地图确定的信息辅助创业。

TNF

TNF是美国著名户外运动品牌，它在进入中国市场时需要新的市场策略。TNF并没有通过调查同类对标企业或者发大量的市场调查问卷来收集数据，而是把关注点放到了"人"身上。TNF的研究团队找了一些户外俱乐部和城市"暴走团"，与其成员进行长时间的深入交流、参与他们的活动、和他们一起体验一段旅程。同时，研究团队也采访了那些似乎并不爱好户外运动的消费者，探索怎样的户外活动会对他们有吸引力。然后，他们获得了对标分析和调查问卷无法得来的洞察结果：在西方，人们追求冒险、喜欢挑战极限运动，而在中国，对"户外世界"的追求更多的是一种社交活动，与大自然建立精神层面上的联系。同时，中国消费者的户外活动往往涉及运用大量的社交媒体和其他互联网平台，这意味TNF如果想在中国赢得更多的市场份额，就必须从互联网和手机等线上方式来吸引消费者。

在利用同理心思维考察后，研究团队为TNF提出了全新的市场策略，更好地把握了品牌传播的信息。其中的关键就是：鼓励中国消费者远离都市喧嚣，享受户外世界带来的自由和"重生"。借此，TNF在中国取得了很大的成功。

2.4 定义问题

正确地定义问题，才能带来对的解决方案。

——D. school,《设计思维手册》

在设计过程中,定义问题阶段是不可或缺的,因为它清楚地表达出了问题的关键点。

定义问题有两个目标,首先是对用户和设计背景进行深刻了解,然后在此基础上提出一个可操作的问题陈述:你的观点(Point Of View,POV)。POV 是一个设计指南针,它围绕同理心阶段发掘出的信息开展。POV 并不是简单事实,而是基于所收集的事实推导提炼而得到的。明白所要解决的关键问题和能够用于设计过程中的洞察点,对成功设计方案是至关重要的。

定义问题的步骤分为以下 4 步,如图 2-4 所示。接下来,将具体分析各步骤的关键环节和重要工具。

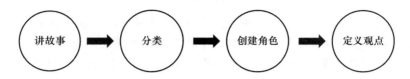

图 2-4　定义问题的步骤

1. 讲故事

对客户进行访谈后,应把访谈的内容尽可能"原汁原味"地复述给整个团队成员听,这样可以使大家处于同一"频道"上。在这一环节中,多以讲故事的方式开展。讲故事的优势在于能赋予人物、地点和动作生命,有助于洞察设计构想中需要包含的任务属性、用户关注的东西、用户在达成目标的过程中觉得对他们有帮助或有障碍的东西。

讲故事的方式有很多,包括直接口述、通过照片和视频讲述等方式。

情景故事的基本要素有 3 个:人、场景和活动。故事要虚实结合,"虚"是指这个任务可能是虚构的,"实"是指这个任务的产生过程是基于对事实的观察。然后在观察的基础上提炼出这个任务的一些典型特征。

一个完整的故事包含几个关键点:人物、人物的需求(目标)、场景、人在场景中的行为(人和物及环境发生了哪些互动关系)、人的体验、最终的结果。

2. 分类

在讲故事这一环节中,整个团队都记录了很多的重点。通过聚类分析,团队可以把相同或相似的问题整理到一起,有助于理解和观察问题。

3. 创建角色

角色是一个从客户访谈等数据中抽象出来的虚拟用户代表,通过考虑目标、需求、限制等帮助做出设计决策。

这一环节可借助于人物角色完成。在大量调研的基础上,从经过处理的真实有效的数据中,抽象出角色、场景、剧情的特征,形成一个或多个虚拟角色。

4. 定义观点

定义观点必须立足于实践工作中新洞察的内容来重构问题。这个被重构的问题之后就会成为设计方案的设计跳板。

通常,定义观点采用"3 个要素"来结构化地表述,即观点(POV)=用户+需求+洞察点。

一个好的 POV 具有如下特点:

- 体现出问题所在,并指出关键之处;
- 给团队带来灵感;
- 提供衡量其他方案的参照;
- 让团队成员能够作出决定;
- 通过"如果我们这样做"的陈述来点燃头脑风暴;
- 能吸引很多人;
- 引导创新实践。

Embrace

Embrace 是 D. School 最引以为傲的产品,是斯坦福大学的学生在完成设计思维的课程之后,利用设计思维设计的一款专门为早产儿保暖的低成本保温箱。

Embrace 设计团队首先收集了有关婴儿死亡的资料,他们震惊地发现:每年约有 1 500 万早产儿或者低体重婴儿出生,其中 100 万婴儿因为体温太低在出生后 24 小时内死亡。这些宝宝因为没有足够的脂肪维持身体的体温,在室温下,他们感觉像泡在冰水中。医院的婴儿保温箱能够在宝宝刚出生后的关键几天内,给宝宝提供温暖,但这些保温箱的使用费用高达至 2 万美元一个。

为更好地理解用户,Embrace 设计团队的成员之一——计算机专业的 Linus Liang 得到了一笔资助用于去尼泊尔实地调查婴儿保温箱的问题。这次实地调查改变了团队的思路。

Linus Liang 在参观尼泊尔某家城市医院的时候发现:很多保温箱空着,没有婴儿用。为什么医院的保温箱空置,而当地的早产儿死亡率又很高呢?访谈当地医生后,Linus Liang 了解到很多早产儿出生在离医院百里之外的村庄里。刚生完孩子的母亲需要在家人的支持下带着宝宝赶到医院,她和家人还需要待在医院数周,这样他们便不能处理家里的事情和做农活,这很难做到。

在充分移情用户之后,Embrace 设计团队用 POV 重新定义了他们要解决的问题:设计和提供一个婴儿保暖装置,帮助偏远地区的母亲让早产儿活下来。通过 POV,他们明确了要帮助的是偏远地区早产儿的母亲们,不是在医院的母亲们。考虑用户都来自偏远地区,如何降低产品成本也是目前急需解决的问题。团队结合之前的洞察点,用 POV 明确表达了他们接下来的任务核心。

定义观点时,人物角色和客户旅程地图有助于具象化 POV 中的用户对象。客户旅程地图把用户放在组织思考的前沿和中心,讲述了用户经历的故事。客户旅程地图并无固定的形式,可以使用任何能够清晰表达出整个故事的形式。它可以关注故事中特定的部分,或给出一个完整体验的全貌。它总是在确定用户与组织的关键交互行为。它讲述了用户的感受、动机等,可帮助研究者更好地定义目标用户。

使用客户旅程地图的过程如下。

了解用户:收集和评估所有已有的关于用户的知识。这一步在同理心阶段已完成。

找出知识差距:明确哪些是还不知道或者不确定的事情(主要是关于用户的)。分析已有资料,将分析出来的结果补充到对用户的理解中,为下一步客户角色模型创建提供基础。

创建客户角色模型:一个客户角色模型应当完整地描述出客户使用产品的目标和行为。

(若已采用用户画像,可跳过以上3个步骤。)

绘制客户旅程地图:一个客户旅程地图应当描述出操作流程,以及每一个流程上用户的需求、感受。一个产品中,可能会有多个客户旅程地图(一个客户角色对应一个客户旅程地图),每一个图要注重完整地呈现内容,不宜将重点放置在图本身的设计上。

2.5 创　　意

> 为了有个好主意,必须有很多想法。
> ——诺贝尔和平奖获得者,纳莱斯·卡尔·鲍林(Linus Carl Pauling)

创意阶段是构思多个创新方案的过程。它着重于探索尽可能多的概念和结果,更需要思路的"分散"而不是"集中"。

创意阶段的目标是发现尽可能多的解决方案。创意阶段由过渡、创意发散和创意汇聚3个环节组成。

1. 过渡环节

> "怎样"(How)这个词代表了解决方案是存在的——它提供了创造的自信;"可以"(Might)意味着我们可以把想法抛出来,可能有用也可能没用——无论怎样都没关系;"我们"(We)则意味着我们要一起做这件事,相互补充,相互促进。
> ——IDEO设计公司的总裁,蒂姆·布朗

定义问题之前的步骤属于研究阶段,而从创意这个阶段开始就进入设计阶段。HMW是"How Might We"的缩写,对于重复出现的用户痛点,常用问句的形式来思考用户在哪些地方需要什么帮助,从而提供设计的起点。HMW可以顺利地把创业者带入设计阶段:How代表怎么做;Might代表可能性,就是说各种方法都可以;We代表我们,说明了是我们,不是别人。HMW用"我们应该如何"的句式写出自己的想法,可将前面的POV分解为多个可执行部分,帮助大家进行头脑风暴。

做HMW要注意的方面如下:
- 每个HMW不太局限,也不太宽泛;
- 每个HMW的细化程度相似;
- 每个HMW只涉及一个点。

举个例子,如果创业者思考的问题是顾客到了一家餐厅不知道吃什么,那么创业者就可以使用"How might we..."的句式,从所有可能的角度来分解这个问题:
- 如何让点菜的过程变得有趣(既然点菜的过程很麻烦)?
- 如何不去餐厅(不去餐厅也就不存在点菜的问题了)?
- 如何让大家不吃饭呢(不吃饭也就不存在点菜的问题了)?
- 如何知道大家最爱吃什么?
- 如何让大家口味都变得一样(这样就解决了众口难调的问题了)?
- 如何事先知道这个菜大家喜欢不喜欢?
- 如何点主菜、素菜、汤(点一整桌菜可能很麻烦,但是如果只点一个汤就简单多了)?
- 如何让大家进入餐厅就自然知道点什么菜?

……

可以从 3 个维度对 HMW 进行评估:
- 这个 HMW 是可以用科技手段解决的,还是要通过改变流程(很大程度上是改变人)来解决的?
- 这个 HMW 对商业模式的影响有多大?
- 这个 HMW 对用户的个人影响有多大?

通过评估,从中挑选出最重要、最亟待解决的 HMW 问题,将其作为接下来的思考重点。

2. 创意发散环节

通过前一个的环节,创业者已经整理出亟待解决的 HMW 问题了,而发散阶段的目的就是针对 HMW 问题,产生尽可能多的想法。要想找到好的解决方案,前提一定是先拥有大量可供选择的方案,所以这一阶段通常使用头脑风暴法。

这个环节最为关键的一点就是"寻找可能性"。既然是寻找可能性,那么一切会损害可能性的做法都要被禁止。所以在整个创想的过程中,有一个非常重要的原则就是"延缓评判":不能对他人的观点做评论,对自己头脑中萌生的想法也不要轻易怀疑和打压,让想法尽可能自由地产生和生长,同时,还要想办法刺激更多的想法产生。

头脑风暴法的一般准则:
- 在他人的基础上建立新想法;
- 不要急于评价;
- 不要跑题;
- 不断试错,早失败常失败;
- 一次一个人说话;
- 以用户为中心;
- 注重质量;
- 疯狂给出想法。

3. 创意汇聚阶段

汇聚环节是指,在一堆的创意中,通过投票等方式决定最后的方案。贴纸投票是个不错的方式:小组外部人员对小组的方案进行投票,同时每个小组内部决定出想要做的几个方案,结合两方面的评价,就可以明确哪个方案可以继续做下去。

如图 2-5 所示,创意的发散与收敛是一个规律交替的过程,经过交替的过程我们能关注更多的细节。在发散环节,会出现新选项;在汇聚环节,会淘汰选项,避免出现不必要的功能。

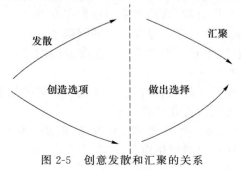

图 2-5 创意发散和汇聚的关系

2.6 原型设计

> 一个产品原型抵得上1 000个会议。
> ——IDEO

原型设计作为设计思维的重要环节,创业者在这个阶段需要将创意表达出来,寻求反馈以验证创意。

2.6.1 原型设计的定义

原型设计是将创意阶段的想法和方案进行物化的过程。它可以是任何实在的形式——可以是一扇黏满便利贴的墙、一个角色扮演活动、一个空间、一件物品、一个交互界面或者一个故事板。原型的精致度应该和设计进度相关联。在早期,可以将原型做得粗糙些,并可快速迭代以尽快获取相关信息,在短时内对一系列不同的可能方案进行考察。需要注意的是,原型用来传达一个想法,而不是精致完美无误地展现产品,设计的原型能够验证你的想法即可。

在设计原型的过程中需要思考如下这些问题:你想让这个原型看起来是什么样子?这个原型与用户有怎样的互动?这个原型能起到什么作用?一个可以让人(设计团队、用户等其他人)进行互动和体验的原型才是成功的。从这些互动中得到的信息可以帮助设计团队设身处地地考虑问题,从而得出最佳方案。

2.6.2 原型设计的意义

原型设计的意义不是制造一个能工作的模型,而是赋予想法具体的外观。这一阶段最重要的价值就在于让脑海中的疑问得到解答,让解决方案的方向得到校正。设计思维强调在这个做原型的过程当中发现问题,找到新的可能出现的问题。

原型设计有以下几点价值。

① 增加同理心:原型是一个有力的工具,可以帮助创业者加深对设计情境和受众的理解。

② 探索方案:原型设计可以给创业者带来新思路,帮助创业者探求不同的解决方式。

③ 测试:设计出的原型(并创造情境)可以在使用者中测试,并且得到完善方案。

④ 启发:用原型来展示创业者的见解,可以启发他人(团队成员、用户、投资者)。

⑤ 解决分歧:原型设计可以让创意可视化,去除沟通上的盲点,有利于解决方案的形成,减少无效沟通。

⑥ 低成本试错:快速设计出的粗糙原型可以让创业者对不同的方案进行测试,而不用事先投入过多时间和金钱。

HBO

2004年,HBO电视网(简称HBO)开始意识到电视领域正在发生变化,像互联网电视、视频点播这样的播放平台注定会变得越来越重要,HBO想了解这些变化会带来什么

影响。在和IDEO合作的项目中,IDEO的设计师们将各种播放平台制作了原型,让受众通过这些原型就能体验到效果,并且让HBO的管理层看到用户是如何在不同平台上收看电视节目并参与互动的。正是这些原型让HBO的管理层直观地看到了未来的机遇和挑战,帮助管理层在解决战略层面的问题时达成了共识。

2.6.3 原型设计的形式

原型并不局限于实物物理模型,它是一种代指,所有由想法演化而成的、可被感知和用来测试的东西都可以叫作原型。值得一提的是,埃里克·莱斯(Eric Ries)在《精益创业:新创企业的成长思维》中提出的最小可行产品(Minimum Viable Product,MVP)与设计思维中的原型设计有异曲同工之处。MVP我们将在第3章产品思维具体阐述。常见的原型设计形式有以下几种。

1. 简易原型

简易原型包括手绘原型、物理原型等。其主要使用简单的物料和工具,如旧海报、纸板、胶带、泡沫塑料、木头,甚至是身边任何可供使用的物件,只要能够具体展示出一个概念即可。

在IDEO与美国药物连锁店Walgreens的合作个案中,他们为了展示一个有关零售药房的新概念,不惜成本,做出了1∶1的实物原型,让所有人能设身处地掌握这个新概念的实际情况。

Dropbox

Dropbox是一款免费网络文件同步工具。Dropbox的创意始于安德鲁·豪斯顿(Andrew W. Houston)上下班时的痛点:无法用移动设备获取计算机中的文件。为此他希望招募一群天才来共同实现这个有些前卫的想法。但他并没有急于马上动手开发,因为这需要克服重大的技术障碍,且投入成本暂时无法预估。他选择在目标人群高度集中的新闻推荐平台Digg上发布了一则宣传视频,认真地向科技爱好者"虚构"了Dropbox的产品功能,以此判断是否有人为这个创意买账。结果这段3分钟的视频引起了网友的兴趣,经过投票很快便蹿升到当日热文榜单首位,吸引了几十万人访问视频中显示的着陆页。愿意排队等候产品问世的用户数量从5000猛增至75 000。正是在这样积极的反馈下,安德鲁·豪斯顿最终确定要让Dropbox诞生。

2. 故事板

故事板是指用故事的形式,加上文字、图片、录像或声音来描述一些可能出现的情节。

国家地理频道制作了一个纪录片,这个纪录片的名字叫《人群控制学问多》(Crowd Control),他们通过隐秘摄影机,记录社区中的一些经常出现的情况,如酒吧附近的街道上很多醉酒人士向墙壁撒尿,正常人占用残疾人的停车场位置,行人没有耐性等候绿灯等,然后通过不同的原型测试,找出可以解决问题的方案。

3. 角色扮演

角色扮演是一种情景模拟活动。角色扮演让人们得以亲身体验各种处境,从而用感同身受代替主观臆测。这种思考方式比先入为主的"我以为"思考方式要更深刻。

第 2 章 用户思维

> **聚美优品**
>
> 聚美优品的移动开发团队在探索如何实现"陪用户一起变美"的目标时,其中的一个备选方案叫"女神进化史",即鼓励用户分享自己变美前后的对比照片给大家看,并且将这些上传的照片按照热度排序。这是一个听上去颇有噱头的想法,但实现该方案需要投入开发、推广、运营团队的人力,还需要找到一批愿意分享照片的高颜值女性。
>
> 经过讨论,团队决定先用一个原型来验证创意是否可行。他们利用聚美优品的微信公众号发布了一篇文章,内容是一些女生变美前后的照片和变美的方法,文末鼓励广大粉丝分享自己的照片并附上活动详情链接。经过观测,事实很残酷,虽然有 22.51% 的人对这篇文章感兴趣,但没有人点击链接查看活动细则,更别提参与和传播了。
>
> 这次失败的尝试让聚美优品团队认识到:女性用户对这类分享照片的活动兴趣不大,或许她们并不愿意晒出自己真正的丑照。这个方案最终作罢,团队并没有把宝贵的资源投入在一个不靠谱的设想上。

2.6.4 原型设计的原则

1. 快速

早期的原型应该是粗糙且便宜的,原型设计得越快越好,不用花费太多时间做出细致原型,原型只为沟通想法。对一个想法投入得越多,人们就越难放弃这个想法。

> **捷锐士花费为零的原型设计**
>
> 捷锐士公司在手术器械制造方面技术一流,而且是开发微创手术技术的领头羊。2001 年它与杰洛斯合作开发一种用来对娇嫩鼻腔组织进行手术的新器械。项目刚开始时,设计团队与 6 位耳鼻喉外科医生见面,了解他们如何施行这一手术,现有器械有哪些问题,以及他们希望新系统具有哪些特性。其中的一位医生用不太准确的语言和笨拙的手势,描述他希望新器械上有一个手枪柄似的东西。
>
> 这些医生离开后,一位设计师抓过一支白板笔和一个胶卷盒,并用胶带把它们黏在一个塑料衣夹上,然后紧握这个像扳机的衣夹。这个简陋的原型让讨论得以继续深入,让每个人都同时了解了目前的项目进展,并节省了很多时间和金钱。而这个原型在人力和物力上的花费几乎为零。

2. 适度

在一个原型上投入的时间、精力和资金,只要足以获得有用的反馈并推动想法前进就足够了。设计原型的目的,不是设计一个能工作的原型,而是赋予想法具体的外观,这样就可以了解这个想法的长处和短处,并找到新方向来搭建更详细、更精密的下一代原型。

创业者要时刻提醒自己,成功的原型不是那个完美无缺的原型,而是那个能教会某些知识的原型。随着项目的推进,原型的数量会减少,而且每个原型的精度会提高,但是目的仍然不变:原型就是为了帮助提炼并改进创意的。

3. 可视化

可视化也是设计思维强调的一种思考方式。每一个好的创意都需要通过适当的媒介表达出来并展示给别人,这样才能获得反馈。设计原型就是为了让创意可视化。

2.7 测　　试

测试阶段提供了一个很好的机会,让创业者可以更深入地了解用户,并且可以为修正解决方案提供依据,但这并不意味着距离成功已经仅有一步之遥。

1. 测试的定义

测试就是与用户一起,进一步对基于原型提供的解决方案进行验证,以推进原型的发展或者发现新问题,不断优化解决方案。在测试之后,有可能需要重新设计原型,然后反复测试、不断迭代,还有可能发现当初的需求点没找对,需要重新定义问题,于是从定义问题开始又进入一个再循环的过程。但无论怎样,测试可以帮我们距离正确的方向更近一步。

2. 测试的方式

针对不同形式的原型,测试的方式有所不同。如果是实物原型,可以让用户尝试使用;如果是体验设计的原型,则可以在一个合适的空间做场景模拟,也可以让用户以角色扮演或完成指定任务的方式来进行体验。

3. 测试的规则

在测试时,有一些规则需要遵循:

① 让真实的用户来参与测试;
② 一次只测试一个方面;
③ 更多地问开放性问题,鼓励用户提出建议;
④ 让用户在不同原型之间做比较,而非只对单一的原型进行评论;
⑤ 营造良好的环境让用户体验感受;
⑥ 除注意用户说的话以外,还要观察其身体语言。

4. 反馈图

当反馈的信息收集回来之后,应迅速整理。

在这一步中,同样可以用到一个可视化的工具——反馈图(如图 2-6 所示)。具体应用如下:

- 在图左上方,列出原型中起到作用且对用户有意义的点(好的方面);
- 在图右上方,列出根据用户反馈需要改进的内容(坏的方面);
- 在图左下方,列出用户提出的疑问和不理解的地方(新问题);
- 在图右下方,列出用户给出的建议、想法等(新想法)。

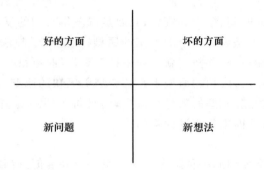

图 2-6　反馈图

在这些反馈的信息全部视觉化呈现之后,团队内部需要进行讨论、评估,选出对项目成功至关重要的建议,然后将这些建议融入解决方案的设计当中,再重新设计新的原型。

如果对反馈的信息分析之后发现需求都没有找准确,那么需要重新回到同理心阶段,整理所得的信息,重新定义问题。

尽管经过前面一系列的步骤,设计师付出了非常多的努力设计原型,但不要把注意力过多地放在原型本身,如关注用户是否喜欢它,或用它来证明自己的想法很棒。或当收集来的反馈信息已经证明这个原型的方向是错误的时候却不舍得放弃等,这些都不是测试阶段积极心态的表现。

原型是用来测试并获取认知的,因此应尊重每一个反馈,不管你喜欢与否。如果说在原型设计阶段要假想自己是对的,用强烈的信念促使自己想出更多的解决方案,那么在测试阶段就要假想自己是错的,抓住机会去倾听反馈信息。只有当东西被"打破"时,学习才真正开始。也就是说,要正确地看待行为和目标、过程和结果之间的关系,始终以用户为中心,以需求为导向,相信自己距离成功越来越近。

本章重点内容小结

1. 用户思维是站在用户的角度,全过程、全方面思考问题。
2. 用户思维的当代典型方法论是设计思维。
3. 设计思维分为 5 个阶段。
① 同理心阶段:通过换位思考,收集用户的真实需求。
② 定义问题阶段:分析收集到的各种需求,提炼要解决的问题。
③ 创意阶段:进行头脑风暴,创意越多越好。
④ 原型设计阶段:把想法动手制作出来以进行讨论和验证。
⑤ 测试阶段:对原型进行测试,不断优化解决方案。

思 考 题

1. 什么是设计思维?
2. 设计思维的特点是什么?
3. 设计思维的 5 个阶段是什么?
4. 同理心的特点是什么?
5. 如何培养同理心思维?
6. 请阐述同理心在设计思维中的运用。
7. 如何定义问题?有哪些方法?
8. 原型设计的原则及常用形式有哪些?
9. 如何进行测试?

综合案例

IDEO解决肥胖症的设计思维

IDEO是一家设计公司,以设计绝佳的科技产品成名。全世界第一台笔记本计算机以及苹果第一个鼠标的设计都出自IDEO。

1. 美国疾控中心与IDEO的合作

在美国,患肥胖症的人数逐年上升。儿童肥胖症的发生在很大程度上源自不均衡的营养摄取,并涉及基因、行为和环境方面的因素,肥胖症会造成儿童严重的健康问题,这对美国的未来而言将是严峻的威胁。

美国疾控中心希望采取一种全新的方式来解决此问题,于是找到了IDEO。与美国疾控中心传统的搜集和分析科学数据的方式截然不同,IDEO以人为本的设计方法能够帮助美国疾控中心的成人进入儿童的世界,以一种包容的方式了解儿童的所感所想,从而提高儿童对水果和蔬菜的摄取量,推动儿童肥胖症的预防工作。

2. IDEO的工作

IDEO的团队与很多孩子和成人进行了对话,并就健康饮食问题采访了很多专业人士,从中获得了很多重要的信息,如相较孩子们是否在学校吃蔬菜,父母们对孩子的安全和学习成绩更为关心。其中最重要、最有启发的见解产生于和孩子们的对话。

IDEO的团队选择在田纳西的孟菲斯和旧金山湾区进行采访。这两个地方在食品环境方面有很大的不同。孟菲斯是儿童肥胖症非常严重的地区之一,不如旧金山湾区富裕,其自然资源也远不如旧金山湾区丰富,居民们无法获得很多新鲜的蔬菜和水果;旧金山湾区位于美国西海岸,盛产各种蔬菜水果,总体来说居民生活水平较高。研究身处不同食品环境下的人们对于健康饮食和生活方式的看法,为团队带来了极为深刻的见解。

蔬菜是正餐的一部分,不是零食。当孩子们不吃蔬菜时,父母们很容易就责怪蔬菜本身的味道不好,而不是反省自己的烹饪技巧。而父母们高明的烹饪技艺会唤起孩子们对蔬菜的热情。对孩子父母来说,孩子吃不吃蔬菜并不是他们头等关心的事情,他们在生活中要操心的事儿简直太多了:孩子在学校是否安全,成绩怎么样,性格是否合群,会不会和坏孩子们搅在一起,毕业了能不能找到好工作,……与这些事相比,孩子吃不吃蔬菜就显得不那么重要了。

IDEO在与美国疾控中心分享了这些信息之后,开发了26个概念,并最终选取了其中的3个分别制作原型,通过推动政策和社会改革,令食品环境更为"健康"。其中的一个原型为一个面向青少年的网站和视频,视频名为"我吃了什么?",该视频可轻松下载并分享,可用于提升青少年的健康饮食意识。此外,IDEO还开发了一个行业工具包、一个针对公共健康部门与私人企业合作的新协议,以及一套提交给政策制定者的工具。

思考:

1. IDEO是如何运用设计思维解决青少年肥胖问题的?
2. 结合案例说明同理心在设计思维中的运用。

第3章 产品思维

> 快速迭代,不断试错,逐步走向成功的彼岸。这是互联网时代的王道。
>
> ——小米科技创始人,雷军

本章阐述产品思维——开发出成功产品的管理思维。一个新创企业若要创业成功,必须重视产品创新,开发出具有核心竞争力的成功产品。本章基于精益创业理论,重点分析最小化可行产品(Minimum Viable Product,MVP)这种科学的产品思维。

学习目标

1. 了解产品思维的概念与意义。
2. 理解 MVP 的概念,理解用于研发 MVP 的精益创业思维的内涵。
3. 掌握基于 MVP 的产品思维,培育能够研发 MVP 的管理思维。

3.1 思维误区

本节主要介绍开发产品的三大思维误区,具体包括多产品齐头并进式创业、火箭发射式创业、早期产品虚假繁荣式创业。

1. 多产品齐头并进式创业

这种误区指的是创业者在创业初期就致力于求大求全,设计并开发多种产品以谋取发展。

医药企业——三株

从 1994 年至 1996 年的短短三年间,三株的销售额从 1 亿元跃至 80 亿元。从 1993 年年底 30 万元的注册资金到 1997 年年底 48 亿元的公司净资产,迅速崛起的三株不仅达到了自身发展的顶峰时刻,还创造了中国保健品行业史上的纪录,其年销售额 80 亿元的业绩至今在业内仍然无人能及。

正如其迅速崛起一样,三株的失败来得也那么突然。

1995 年 10 月,三株设想,到 20 世纪末,完成 900 亿元到 1000 亿元的销售额,成为中国第一纳税人,其勃勃雄心溢于言表。为了实现这一理想,三株开始实施全面多元化的发展战略,向医疗电子、精细化工、生物工程、材料工程、物理电子及化妆品6个行业渗透。与此同时,三株在全国范围内收购了几十家亏损医药企业,这令三株背上了巨大的债务压力。

后续发展:1999年3月,三株已经陷入全面瘫痪的状态。三株的200多个子公司停止营业,绝大多数工作站和办事处都关闭了,全国销售基本停滞。

三株在早期发展阶段盲目扩张,并采取不切实际的多元化战略,试图向多个行业渗透,而未考虑自身的实际情况,从而导致企业债务累累,最终瓦解。

2. 火箭发射式创业

这种误区在于创业者不是以用户为中心,而是以自我为中心。创业者以为"能够高度控制创业环境",以为"参数是有限的,数据是已知的",以为"可以对未来进行准确的分析和预测",强调两个"完美":完美的计划和完美的执行方案。

美国生鲜杂货电商Webvan

Webvan是美国生鲜杂货电商,进入的市场是生鲜蔬果类市场。

Webvan于1996年12月成立,成立3个月后,获得第一笔融资1 000万美元,紧接着又获得多轮融资。在见到第一个用户之前,Webvan花了4 000万美元在旧金山地区建立了第一个仓库中心,为旧金山全市区方圆60英里(1英里=1.61千米)范围内的居民服务。同时Webvan计划在其他15个城市"复制"这个仓库中心。1999年5月,Webvan仓库中心开始正式运行,同年6月接到了第一个订单,一个月之后它和一个大供应商签订了10亿美元的合约,准备和这个供应商在全美建立26个大型仓库,总共需花费大约10亿美元,每个仓库的花费大约是3 000万~4 000万美元。之后,1999年8月,Webvan首次公开募股(Initial Public Offering,IPO),即使是在互联网泡沫时期,这也是当时影响很大的IPO案例。从1999年8月到2001年7月,大约两年间Webvan"烧掉"了12亿美元,最终以破产告终。

经历这次失败后,Webvan的创始人路易斯·鲍德斯(Louis Borders)并没有从中吸取教训。他在受访时说道:"我不认为我们做错了什么,创立公司就像发射火箭一样。发射之前,你需要把可能想到、可能遇到的每件事都想清楚,你不可能在火箭升空的过程中再去给它添加燃料。"

后续发展:2001年7月,Webvan正式进入破产程序。在这之前的两周,路易斯·鲍德斯以6美分一股的价格卖掉了4 500万股,从中只拿回了大概270多万美元,可谓损失惨痛。

Webvan在创业初期就一厢情愿地、大规模地建立仓库中心,铺设整个仓储系统,主张无差别地覆盖整个地区的所有居民,从而极大地增加了配送压力。事实证明,采取这种火箭发射式创业的策略必然导致创业失败。

3. 早期产品虚假繁荣式创业

创业者在产品起步阶段面临着很大的困难,当产品的用户量增长面临瓶颈时,都会选择不断迭代产品、打磨产品,提升用户体验。这个思维确实没有问题,但一不小心就容易陷入"产品繁荣但是死循环"的怪圈。如图3-1所示,这个死循环是这样的:没人用我们的产品→

询问用户产品缺少的功能→开发产品缺失的功能。

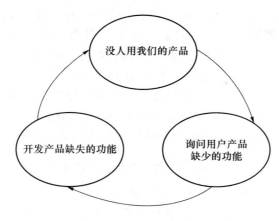

图 3-1　产品死循环

复盘这类死循环创业产品的失败,得到的是极其简单的结论:若缺乏核心产品功能做依托,再强力的"打补丁"和推广也无济于事。创业者在展开野心勃勃的扩张计划前,应该先小心地为产品验证市场,确保达到产品-市场匹配(即 Product-Market Fit,PMF)状态再增加产品功能为宜。更加稳妥的做法应该是先选取若干目标用户试点推广、跟踪反馈,尽可能减少繁杂的功能而有所专攻。

3.2　产品思维概述

3.2.1　产品

产品是指可提供给市场的、可供用户使用或消费的、可满足用户某种欲望和需求的东西。产品是满足用户需求的复杂利益的集合。

下面主要从产品的 4 个要素、产品的生命周期、产品的类型这 3 个方面进一步理解产品。

1. 产品的 4 个要素

产品具有 4 个要素,主要包括内涵、形式、外延、理念。

(1) 产品的内涵

产品的内涵指产品为用户提供的基本效用或利益,满足用户的本质需求。

(2) 产品的形式

产品的形式指实现产品的内涵所采取的方式,包括产品的功能、内容、设计等。

(3) 产品的外延

产品的外延指用户在使用或购买产品时所得到的附加服务或利益。

(4) 产品的理念

产品的理念指产品的信念和宗旨,以及用户使用或购买产品时期望得到的价值。

以苹果为例,如果苹果跟其他公司一样,其市场营销信息就会是这样的:"我们做最棒的电脑(What),设计精美、使用简单、界面友好(How),你想买一台吗?"实际上苹果的市场营销信息是这样的:"我们做的每一件事都是为了突破和创新,我们坚信应该以不同的方式思考(Why),我们挑战现状的方式是把我们的产品设计得十分精美、使用简单、界面友好(How),我们只是在这个过程中做出了最棒的电脑(What),你想买一台吗?"事实已经证明:用户买的不是你做的产品,用户买的是你做产品的信念和宗旨。

"现代营销学之父"菲利普·科特勒(Philip Kotler)说:星巴克卖的不是咖啡,是休闲,是一种氛围;法拉利卖的不是跑车,是一种"近似疯狂"的驾驶快感和高贵;劳力士卖的不是表,是奢侈的感觉和自信;希尔顿卖的不是酒店,是舒适与安心;麦肯锡卖的不是数据,是权威与专业。

"360安全卫士"的4个要素

① 产品的内涵:解决用户的网络安全问题。

② 产品的形式:查杀"流氓"软件,通过打补丁的方式修复Windows系统的漏洞,查杀木马,拦截钓鱼欺诈网站,保护用户账号安全,构建全面防御体系,等等。

③ 产品的外延:开机加速、流量监控、计算机垃圾清理、软件管家等功能。其中开机加速和计算机垃圾清理等功能可以理解为从性能角度满足用户的需求。用户使用"360安全卫士"既可以解决网络安全问题,也可以解决性能问题,这就是附加价值。

④ 产品的理念:微创新。周鸿祎概括了微创新的3个方面:第一,产品设计要从小处着眼,贴近用户需求心理;第二,产品功能要专一,不求大而全;第三,产品更新速度要快,不断试错。

---

2. 产品的生命周期

产品的生命周期(Product Life Cycle,PLC)是指产品的市场寿命。一种产品进入市场后,它的销售量和利润都会随着时间的推移而改变,呈现一个由少到多,再由多到少的过程,就如同人的生命一样,由诞生(进入市场)、成长到成熟,最终走向衰亡(最终退出市场),这就是产品的生命周期现象。产品只有经过研究开发、试销并且进入市场,它的市场生命周期才算开始。产品退出市场,则标志着产品生命周期的结束。

典型的产品生命周期一般可分为4个阶段,即导入期、成长期、成熟期和衰退期。

(1) 导入期

新产品投入市场便进入导入期。此时,顾客对产品还不了解,只有少数追求新奇的顾客可能购买,销售量很低。为了扩展销路,需要大量的促销费用,以对产品进行宣传。在这一阶段,由于技术方面的原因,产品不能大批量生产,因而成本高,销售额增长缓慢,企业不但得不到利润,反而可能亏损,产品也有待进一步完善。

(2) 成长期

这时顾客对产品已经熟悉,大量的新顾客开始购买产品,市场规模逐步扩大。产品大批量生产,生产成本相对较低,企业的销售额迅速上升,利润也迅速增长。竞争者看到有利可图,纷纷进入市场参与竞争,使同类产品供给量增加,产品价格随之下降,企业利润增长速度逐步减慢,最后达到利润的最高点。

(3) 成熟期

市场需求趋向饱和,潜在的顾客已经很少,销售额增长缓慢直至转而下降,这标志着产品进入成熟期。在这一阶段,竞争逐渐加剧,产品价格降低,促销费用增加,企业利润下降。

（4）衰退期

随着科学技术的发展，旧产品的替代品或新产品的出现将使顾客的消费习惯发生改变，顾客转向购买其他产品，从而使原来产品的销售额和利润迅速下降。于是，产品进入衰退期。

3．产品的类型

在现实生活中产品的类型成千上万，以下仅仅列举互联网产品的分类情况，如表 3-1 所示。

表 3-1　互联网产品的分类

分类标准		类　型	特　点
互联网产品	服务对象	面向用户（2C）的产品	更注重个人用户体验，简单明了，富于特色
		面向客户（2B）的产品	更注重满足特定组织的用户价值，有明确业务指标作为用户价值的衡量依据
	运行平台	移动端产品	移动端是最大、最有活力的产品运行平台，但信息展示区域小，网络信号不稳定，移动端产品多为即时性强、信息量较少的产品
		PC端产品	PC端信息展示区域大，外部连接设备丰富，PC端产品多为即时性较弱但信息量大、功能操作复杂的产品
		其他智能设备端产品	包括在 iPad、Apple Watch 等设备上使用的产品，并非主流产品
	用户需求	交易类产品	"离钱最近"的产品形态，业务内容包括买卖实体商品、虚拟商品以及各类服务，业务模式有 B2B、B2C、C2C 以及衍生的 O2O、OTA 等
		社交类产品	核心三要素为信息、关系链、互动
		内容类产品	存在明显的内容生产者和内容消费者，用户黏性较大
		工具类产品	注重解决用户在某种特定环境下的即时性需求，需求明确，产品逻辑较简单
		平台类产品	注重满足某一大领域内用户多个方面的需求，较为复杂
		游戏类产品	用户需求复杂而多面，在发展迭代过程中可与其他形态的产品结合

3.2.2　产品思维的概念

思维是指人用头脑进行逻辑推导的能力和过程。

产品思维的本质在于如何利用现有资源，在最恰当的时机和领域，提供一个解决方案，解决一部分人的需求，并能从这部分人的角度出发，不断完善这个解决方案。

产品思维的要求：对用户有足够深刻的理解，对用户需求有真知灼见，对产品定义有恰到好处的把控，以及对产品的核心结构有坚定的坚持。

因此，掌握产品思维，需要注意以下 4 个方面。

1．对用户的剖析与认知方面

（1）分解用户

根据产品的核心价值，将用户分解成不同角色。

根据"硅谷教父""高科技营销魔法之父"杰弗里·摩尔（Geoffrey A. Moore）的《跨越鸿沟》，用户可以分为技术爱好者（极客）、产品尝鲜者、实用主义者、保守主义者、怀疑主义者。市场中的"有远见者"〔技术爱好者（极客）、产品尝鲜者〕愿意最早接受新技术。一般来说，实用主义者构成了主流大众市场，他们更在意价格、质量、便利程度和售后服务等因素。

（2）变成用户

认识到同理心的重要性：①你认为≠用户认为，要符合用户已有的使用认知，应抛弃自己的主观意识，变成"傻瓜"来体验流程；②别人应该知道的≠别人真的知道，只有真正置身于用户的使用情境，才能看到产品真实的使用价值。

要知道用户的真实诉求：用户为什么会使用这个产品？它解决了用户的什么核心痛点？解决的程度如何？竞争的优势在哪里？

要懂得如何持续满足用户的需求，要不断地迭代改进产品，挖掘和创造更多的用户价值。

2. 挖掘和分析需求方面

需求的本质是对现状的不满。人们如果对现状不满，往往就会产生很多的需求，从而产生创新。

3. 对产品进行定义的把控方面

用户决定产品的定义。正如微信创始人张小龙所认为的那样，研发就是要找到所有复杂东西的共性，然后围绕共性进行产品研发。他没有给微信制订标准的定义，而是观察用户如何使用微信，分析微信对用户而言到底是什么。不给产品制订标准的定义，这样一来可以让产品更自由地发展，也可以给不同的人不同的想象空间，因为产品最终是什么是用户决定的。

4. 确定产品的核心功能结构方面

要专注于打造稳定产品的核心功能结构，要避免由于各种要求（用户要求、关键绩效指标压力等）而不断增加产品的功能。

引用微信创始人张小龙的产品观来做说明：微信从一开始到现在，一直保持着其核心功能结构，即一套包含众多对象和消息的 I/O 系统。其他功能结构几乎都以插件的形式存在，甚至像是根本不存在。像摇一摇、漂流瓶这些功能其实都是可以从微信里拿掉的，它们的有无对系统的结构是没有很大影响的。同理，公众号这个功能也不会让微信复杂化，用户如果微信里不关注公众号，就不会感受到公众号的存在。

3.3 MVP

本节主要介绍 MVP 的内涵、特点、三大必备条件以及类型。

3.3.1 MVP 的内涵

MVP 是用户验证过程中一个最关键的工具，是针对天使用户的最小功能组合。天使用户对创业者来说至关重要。所谓天使用户，就是一个产品最早那批使用者中最认同这个产品并希望更多人认同这个产品的人。对创业者来说，他们就像天使投资人一样，对产品和企业的存亡有着重要的意义。

MVP的定义包含两个关键信息点。

① 它不针对所有用户,而只针对天使用户。

② 它不是一个庞大的复杂功能组合,而是一个最小功能组合。

上述两点是MVP最核心的两个方面。总而言之,MVP是针对最小用户级的一个最小产品集。

对此,《精益创业:新创企业的成长思维》的作者埃里克·莱斯反复强调两个观点。

① MVP只针对早期的天使用户,这群人对产品有更高的容忍度,能够看到产品的未来,愿意和企业互动,愿意与创业者一起改进产品。

② 在产品功能上,建议创业者把想象中的产品尽量细化,才可能达到真正的最小功能组合。

由此可见,MVP在用户和产品上都选择了最小的切入点。

关于MVP的概念,可以从3个关键词——产品、最小以及可行进行理解。

(1) 关键词1:产品

MVP即最小可行产品,这说明MVP已经是一种特殊的产品了。那么它特殊在什么地方呢？普通的产品做出来是为了销售,帮助企业赚钱,这是通常意义上产品的价值所在。但是MVP是一种特殊的产品,它的目标根本不是通过大规模的市场投放帮助企业赚钱,而是验证之前的想法或假设是不是对的。例如,现在创业者看到一个创业方向,认为人们对某个需求非常在意,非常有可能购买满足这个需求的创新产品,但是,创业者不应马上就投入巨资研发这个产品,而是应该去验证人们是否真的需要这个产品。这样,创业者就需要通过一个特别的方式来验证自己的想法对不对,也就是通过MVP来观察用户是不是真的在意这个新产品。这就是MVP与普通产品最大的差异所在。

(2) 关键词2:最小

这个"最小"指的是产品的体积不能做得特别大吗？不是。这个"最小"是指在用MVP验证假设的时候,要尽量让付出的代价最小。换句话说,如果能够用5元验证假设,那就不应该用5 000元验证。如果能用一个功能就验证这个假设,那就不应该用10个功能验证。因为如果用一个功能就可以完成验证的话,多余的9个功能就是额外的浪费。所以"最小"这两个字在不断地提醒我们要控制代价,使其最小。所以在设计MVP的时候,它的产品功能肯定不是越齐全越好,设计它要付出的研发成本也不是越高越好。设计MVP时也无须像做普通产品一样一定要精益求精,因为如果这样做的话,就是用非常大的代价去验证一个假设,这样就得不偿失了。同时,"最小"的代价不仅指资金,还指时间。如果一个大公司花了3年时间才发现一个做法是错误的,那么即使有再多资金,最好的机遇也可能错过了。

(3) 关键词3:可行

最小可行产品必须能够验证所做的假设。换句话说,如果最小可行产品已经简化到根本不能验证之前提出的假设,那么这个MVP的研发是没有价值的,它的出现没有意义,因为它的使命就是验证假设。所以"可行"要求"小"是有一定范围内的,控制代价也是要有一定范围的。

MVP 应该从"杯形蛋糕"(cupcake)开始

一提到精益创业和 MVP,我们脑海中立刻闪现出来的当然就是:越早将创意变成产品,并将其投放市场让用户进行验证,创业就越有可能获得成功。所以说市场验证是很重要的环节。

图 3-2 包含上、下两个流程图,这幅图来自"博客之父"彼特·莫霍兹(Peter Merholz)的一个演示稿,它描述了制作一个创新型婚宴蛋糕的两种不同的做法。图 3-2(a)描述的是传统的典型流程。人们在烘焙该蛋糕之前会首先关注烘焙该蛋糕所需的各种材料,而这些材料如果单独提供给用户却又对用户没有任何价值。在该流程中人们会先把蛋糕底给做出来,然后把蛋糕配料在蛋糕底的基础上慢慢垒高,根据婚宴蛋糕的模型把蛋糕刻画出来,最后加上糖霜等。所以只有最后一个阶段完成了,这个蛋糕才能拿出来在婚礼上食用,也就是说,到最后整个产品(婚宴蛋糕)都做出来了,才能将它投放市场(婚宴),然后才能根据市场的反应进行学习。

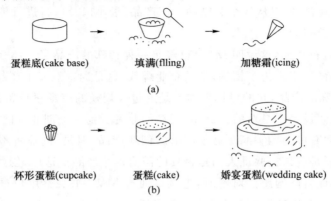

图 3-2 MVP 应该从 cupcake 开始

图 3-2(b)描述的是另一种制作创新型婚宴蛋糕的方法。该方法会从一个简单的杯形蛋糕(cupcake)开始。先用最短的时间把一个小型的杯形蛋糕按照自己的创新思路做出来,并立刻给用户品尝,然后收集用户的反馈,再根据用户的反馈去调整原料,之后再次给用户品尝并收集反馈,如此反复循环直到找到了制作婚宴蛋糕的秘方。最后就可以趁热打铁,用刚找到的秘方来制作一个正常大小的婚宴蛋糕了。最后的成果就是可以将该婚宴蛋糕提供给婚宴的食客们享用了。

这两种方法的关键区别就是获得用户反馈的速度快慢。

产品每次参加迭代的每个功能点都必须要带来价值,包括用户需要的使用价值和创业者需要的商业价值。

以上这个制作蛋糕的例子其实完全吻合著名的 Galls 法则:一个可行的复杂产品毫不例外都是从一个简单的可行系统发展起来的。这个法则如果反过来说的话,也是正确的:一开始就从头打造一个复杂的系统是不太可能行得通的,你需要从头开始,先从一个简单的可工作系统着手。

成功没有捷径,只能在艰难的创业道路上摸索学习。

3.3.2 MVP 的特点

1. MVP 不仅是一个产品或一种方法,还是一个过程

MVP 不仅是一个功能不完善的产品或一种把产品更早推向市场的方法,还是一个过程。如图 3-3 所示,很多创业者认为 MVP 的发展过程是直线式的,其实 MVP 真正的发展过程如图 3-4 所示,是一个迭代交替的过程,最后才能达到成熟、稳定的状态。创业者要一遍一遍地经历这个过程:提出最大胆的假设,找到最容易的方法验证假设是否成立,然后用实验结果来校准。

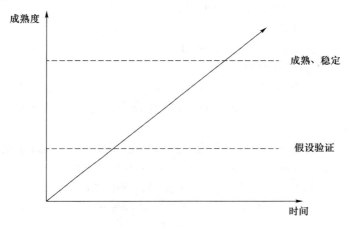

图 3-3 创业者以为的 MVP 的发展过程

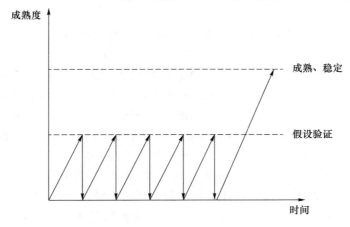

图 3-4 MVP 真正的发展过程

在研发产品的时候,创业者会有很多假设:假设自己知道用户的需求是什么,用户喜欢什么样的设计,应该采取什么样的市场策略,用什么架构最有效,如何持续地赢利,哪些法律和规定是必须遵守的。实际上,不管创业者思考得有多全面,总有一些假设是错的。问题在于,创业者无法在事前知道哪些假设是错的。

在对 100 多家失败的初创公司进行事后分析时,CB Insights(一家风险投资数据公司,会定期预测一些经济发展趋势以及发布"独角兽"公司的名单)发现创业公司倒闭的首要原因(占比42%)是"没有人需要"。接近一半的初创公司花了几个月甚至几年的时间才搞清楚:没有人需要他们的产品。

搞清楚是否有人需要某个产品的唯一方法就是把产品尽快推向市场。当创业者这么做了之后,很可能会发现需要重新开发产品。事实上,很可能需要一次又一次地重新开发产品。

在一个需要不断试错的世界中,谁能先找到错误,谁就能笑到最后。在TripAdvisor(猫途鹰,是全球最大、最受欢迎的旅游社区之一)中,这种观点被称为"以速度取胜"。不管叫什么,这种观点的核心是尽快从真实的用户那里获取反馈,搞清楚哪些假设是错的。

创业者开发产品时,应该先问自己两个问题:
① 最大胆的假设是什么?
② 最容易验证假设是否成立的方法是什么?

2. MVP不是单一的产品形态

MVP不是单一的产品形态,可以是一个只有基本功能的App,也可以是一个微信公众号、一个微信群,甚至可以是一款纸面原型、一个视频。只要它可以让用户直观地感知到和实际使用起来就行。

MVP的作用是判断需求,而不是作为真正的产品,例如,Dropbox最初的MVP只是一个宣传视频,它告知用户Dropbox的功能,了解用户的付费意愿。

以国内的视角来看,微信公众号就是一个非常出色的MVP。它有自定义的板块、留言机制、推送机制,以及软件无关机制,可以满足MVP的要求,并且成本几乎为零。

3.3.3 MVP的三大必备条件

开发一个MVP除了考虑待验证的基本功能外,还有3件事必须考虑:反馈渠道、官方公告、自动升级。

① 反馈渠道:创业者应该尽可能为MVP用户提供产品内部的反馈渠道(如网站顶部的留言板入口、移动应用中的提交反馈页面),而不仅是在产品体外设置独立的反馈渠道(如微博、微信、QQ等)。用户希望在遇到问题的那一刻尽快将自己的问题反馈给开发团队。这些最终采取了行动的少数派用户极有可能出于两种初衷:第一,他们的确遇到了棘手的麻烦;第二,他们真的是产品的忠实粉丝,以苛求的眼光审视任何一个不完美的细节,热忱地为开发团队带来改善意见。无论用户出于哪一种初衷,都绝不能令其失望。反馈渠道的门槛过高会令他们望而生畏,提出反馈的冲动也会随之烟消云散。

② 官方公告:包括群体公告和针对单个用户的定向消息通道。公告的目的是向用户传递来自产品官方的信息,包括团队动态、运营公示、反馈回复,以及应对突发情况的紧急通知等。对网站而言,公告可以是首页一条醒目的横幅、个人中心的系统消息等,而对App而言,公告则可能更加醒目,如能够轻易吸引用户注意力的推送通知(push notification)。并非每个用户都有看公告的习惯,然而对试图主动了解官方信息的用户而言,找到入口的方式必须简单易行。

③ 自动升级:网站的优势是可随时部署,用户打开浏览器看到的永远是最新的内容,而对于移动端的App,如果用户每次获取新版本都要经历一次手动搜索、下载和安装的过程,那么许多想偷懒的用户宁愿选择继续维持在老版本,而最终看不到迭代出的升级版。这与

快速迭代的开发策略背道而驰。最佳策略是在产品启动时提示用户有可用的新版本,当用户确认升级后,通过内置的下载模块在后台完成更新,整个过程无须用户介入,而是"傻瓜式"地完成。

除了上述提到的条件外,针对不同用户设置不同的后台功能开关,进行新功能的灰度发布,也是避免失败的一种方式。微信有一套动态运营的完整方法论,设计了大量的后台开关,每次完成新功能时,总是先让一小部分用户先使用,若效果好则再扩大受众范围,若效果不好则修改甚至删除。实行下来发现,大约有70%的功能最终未能通过市场的检验,真正让所有用户看到的功能可能不到30%。

3.3.4 MVP 的类型

1. 碎片化的 MVP

所谓碎片化的 MVP 是指利用现成的工具和服务做产品的功能演示,而不需要完全自己开发。例如,在团购网站 Groupon 成立的早期,创始人们使用了 Wordpress(一种使用 PHP 语言开发的博客平台)、Apple Mail 和 AppleScript(苹果开发的一种脚本语言)等工具,将网站收到的订单手动生成 PDF 并将其发送给用户。自己花时间和金钱搭建各种基础设施远不如利用现成的服务和平台,通过这种方式,开发者可以更高效地利用有限的资源。

2. 虚构的 MVP

在产品制作的早期,除了制作视频和搭建代码框架外,还可以利用虚构的 MVP 在产品开发出来之前人工模拟真实的产品或服务,让消费者感觉他们在体验真实的产品。

鞋类电商 Zappos 刚刚起步时,其创始人把本地商店鞋子的照片放在网站上,来衡量人们在线购买鞋子的需求。当有人下单时,他再去把鞋买回来。这种方法虽然会限制企业的发展规模,但是能够在产品设计的关键阶段跟消费者保持良好的交流,了解消费者使用网站时的一手信息,更快捷地发现和解决现实交易中消费者遇到的问题。对消费者来说,只要产品够好,没人在乎背后是怎么运作的。Zappos 最终非常成功,在 2009 年以高价被亚马逊收购。

3. 贵宾式 MVP

贵宾式 MVP 和虚构的 MVP 类似,只不过不是虚构一种产品,而是向特定的用户提供定制化的产品。

服装租赁服务平台 Rent the Runway 在测试其商业模式时,为在校女大学生提供面对面服务,每个人在租裙子之前都能够试穿。Rent the Runway 通过这种方式收集到大量顾客的真实反馈以及付费的意愿。

4. 数码原型

数码原型可以展示产品的功能,模拟实际的使用情况。这些原型既可以是低保真度的框架,也可以是展示实际用户体验的截图。

5. 纸质原型

纸质原型与数码原型类似,既可以是剪切画,也可以是在纸上手绘的框架以及纸质实物模型,可用来展示用户使用产品的体验。

纸质原型的优势在于,不论是产品经理还是设计师、抑或是投资者、最终用户都可以利用,而且不需要太多的解释,因为它呈现的就是实际产品的缩影。

6. 单一功能的 MVP

在做最小可行产品时,专注于某个单一功能会更加节省开发时间和精力。要避免用户的注意力被分散,要让他们关注到产品的主要功能。

Foursquare(一家基于用户地理位置信息的手机服务网站)在上线之初只是为了让用户可以在社交媒体上签到,其第一个版本的 App 仅有这一个简单的功能。Buffer 最初就是用于让用户定时发 Twitter,每个用户只能绑定一个 Twitter 账号。

专注于某个单一功能可以帮助创业者缩小早期用户的范围,关注更重要的问题,如测试产品是否适应市场等。

3.4 精益创业

精益创业思维可用于研发 MVP。本节主要分析精益创业理论:精益创业的概念、精益创业的三大理论基石、精益创业的 5 项基本原则、精益创业的逻辑架构以及精益创业中 MVP 的试错验证。

3.4.1 精益创业的概念

精益创业是一种服务和产品创新的方法,是指企业或机构应该减少在产品发展过程中时间和金钱的浪费,创造真正符合用户需求的服务或产品。它的方法是先在市场中投入最小可行产品,然后通过验证式学习和用户的有价值反馈,对产品进行快速迭代优化,使之适应市场需求。这种创业方法的优点是快速、低成本、高成功率。通俗地说,精益创业其实就是用最低的成本、最快的速度去不断试错,找到每一阶段最核心的问题并予以解决。

3.4.2 精益创业的三大理论基石

在精益创业的逻辑框架中,用户探索和用户验证有三大理论基石。

第一大理论基石是杰弗里·摩尔的《跨越鸿沟》。这本书被誉为"高科技产品推广的圣经",是此领域非常重要的一本书。杰弗里·摩尔本人也将精力投入在高科技产品的开发与推广上。

第二大理论基石是麻省理工学院教授埃里克·冯·希波尔(Eric von Hippel)的"领先用户"理论。

第三大理论基石是哈佛大学商学院教授克莱顿·克里斯坦森(Clayton M. Christensen)的《创新者的窘境》。

1.《跨越鸿沟》

如图 3-5 所示,《跨越鸿沟》把高科技产品的用户分为五大类:技术爱好者、产品尝鲜者、实用主义者、保守主义者、怀疑主义者。最先尝试产品的通常是技术爱好者、产品尝鲜者,当产品接触到实用主义者时,就意味着产品进入了主流市场。直到产品进入了主流市场,保守主义者和怀疑主义者才可能尝试该产品。

第3章 产品思维

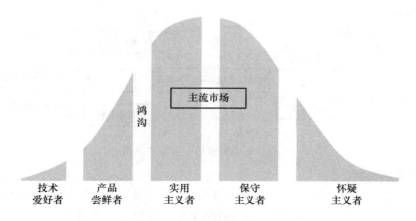

图3-5 《跨越鸿沟》提出的理论

《跨越鸿沟》揭示了新产品如何从最初仅被天使用户接受,到被主流用户广泛接受的过程,这个过程中无疑存在一道鸿沟。

摩尔提出了3个基本观点。

第一,抓住关键。找到用户使用高科技产品的关键痛点,挖掘出单个细分市场并将其作为突破口,通过单点突破的思维跨越鸿沟。

第二,以点带面。以单个细分市场作为基础,而不是四处撒网,最终通过单个细分市场来"撕开"整个市场。

第三,快速决策。在创业过程中,在单点突破之前,无须考虑后续动作和市场布局。

跨越鸿沟,找到天使用户是最关键的,而他们往往和主流用户截然不同,对产品有着极其独特的需求。

2. "领先用户"理论

埃里克·冯·希波尔提出的理论和摩尔提出的理论颇为相近,即将用户分为不同类别。希波尔认为,在新产品或新技术的使用者中,有一类人能对创新做出贡献,他们非常关键,被称为领先用户。他们对产品敏感,有创新的欲望,不局限于使用产品,还会积极地为使用场景中的痛点找到解决方案,甚至最终建立一家初创公司。用户最终成了解决方案提供方,这在美国的医疗设备领域,尤其是外科手术设备领域最为常见。医生们对使用场景中的痛点理解非常深刻,常常能够根据对痛点的把握,提出解决方案,最终将其落实为一个具体的产品。

这个理论让用户从创业最初时刻就融入创业的过程中,事实上这个理论和精益创业理论完全相通。

3. 《创新者的窘境》

《创业者的窘境》的核心在于解释小公司战胜大公司的关键:初创公司在用户痛点与产品解决方案方面,创造差异性,从市场的边缘切入,最终进入市场主流。

3.4.3 精益创业的5项基本原则

精益创业有5项基本原则,主要包括用户导向原则、行动原则、试错原则、聚焦原则以及迭代原则,如图 3-6 所示。

图 3-6　精益创业的 5 项基本原则

1．用户导向原则

精益创业的核心是围绕用户,所有的认知、迭代都是围绕用户而开展的。而火箭发射式创业则是以自我为中心——从初创公司或者创业者本身导入创业过程。

2．行动原则

行先于知,而不是用知来引导行,应从计划导向转为行动导向。

3．试错原则

从理性预测转向科学试错。MVP 就是试错过程中非常重要的一个工具。

4．聚焦原则

以亚马逊为例,它从火箭发射式的系统思维转向单点突破思维,甚至在单点突破时,主动过滤市场中的部分"噪声"用户,聚焦在最关键的天使用户上。

5．迭代原则

从火箭发射式创业中完美地计划、完美地执行转换到精益创业中快速地迭代。快速迭代是非常关键的。

3.4.4　精益创业的逻辑架构

精益创业的逻辑框架的建立主要包含 3 个主要步骤:用户探索、用户验证、轴转。

1．用户探索

用户探索的最基本任务是提出两种基本假设:用户痛点假设和解决方案假设。

① 提出用户痛点假设主要观察的是用户痛点的多少以及用户痛点的持续性。用户痛点本身会不断演进与变化,有的痛点会消失,有的痛点的重要性会发生变化,所以痛点本身具有时效性。用户痛点的多少决定了商业模式的空间大小,用户痛点的持续性决定了商业模式的持续性,用户痛点和最终商业模式是否成立紧密相关。

② 提出解决方案假设要关注两点:第一,解决方案和用户痛点的匹配度,即解决方案是否能够解决用户痛点;第二,解决方案和用户痛点的吻合度有多高。

在提出用户痛点和解决方案这两个基本假设的时候,应该使用以下 3 种方法,如图 3-7 所示。

第一是头脑风暴。头脑风暴往往是提出用户痛点假设和解决方案假设的基本起点。初创小组带着强烈的同理心进行头脑风暴,将自己带入用户的角色,从而提出用

图 3-7　用户探索的 3 种方法

第 3 章 产品思维

户痛点假设和解决方案假设。

第二是深度访谈和参与式观察。如果没有深度访谈和参与式观察，那么所获得的用户痛点假设和解决方案假设都不是完整的，其认知都是缺失的。所以关键是真正地、面对面地接触客户，甚至把自己变成用户。

第三是从别人的失败中学习。在认知的过程中，不但通过亲身体会拓展知识面，而且积极地研究别人的失败案例，以低成本的方式来获取知识。

ANM 向竞争对手学习

当时 ANM 的竞争对手已经发布了一款产品——在浴室里使用的一个无线小音箱。ANM 仔细观察并询问用户这款产品最大的问题是什么。ANM 发现，这款产品首先在防水性上有缺陷，其次在开放式挂钩的设计上有问题，这种设计使得这种音箱在浴室里很容易滑落。

吸取了竞争对手的教训后，ANM 设计的第一款浴室用无线小音箱是全封闭的，并且其钩子采用防止滑落的封闭式设计。ANM 推出的最终版产品在挂钩设计以及防水设计上都有质的飞跃。ANM 并没有依靠自己投入产品开发费用去获取知识，而是从竞争对手产品的差评中学习，代价几乎为零。

下面以两个例子来深化读者对用户探索阶段的用户痛点假设和解决方案假设的理解。

第一个例子是硅谷目前争议很大的一款 App——Snapchat，其中文名叫"阅后即焚"。

照片分享应用 Snapchat

这款 App 是针对传统社交媒体分享照片时的痛点所推出的解决方案。

痛点一：我们需要别人点赞，期望得到评论，每一次分享都是一个对自己受欢迎程度的测试。如果一个人持续地发消息、发照片，却没有得到任何回应，他难免会感觉自己是个失败者。对接收照片的人来说，这种社会压力同样存在。对很多人来说，有时候看到照片并不是真心地点赞，但是迫于支持朋友的社交压力，不得不应付地点赞。所以无论是发送方还是接收方，都面临着这种受社会欢迎程度"竞赛"的压力。

痛点二：如果我们发送一些"不太主流"的照片，可能存在隐私泄露的问题。一旦人们把照片发送给自己的朋友，就永久地丧失了对该照片的控制权，该照片可能会以人们完全意想不到的方式，在人们完全意想不到的地方出现。

针对社会压力以及分享过程中可能产生的隐私泄露问题，Snapchat 提供的解决方案如下。

如果某张照片不适合公开分享，App 可以设定倒计时，假设设定为 7 秒，接收方收到照片 7 秒之后，照片就会从对方的屏幕以及服务器里永久地消失。如果照片彻底消失，那么对发送方来说，隐私泄露问题基本上就没有了。如果有人试图截屏，系统会发通知给发送方，说"某某某正在试图截屏你的照片"，从而对其形成约束力。

Snapchat 不仅能解决关于隐私泄露的问题，也能缓解社交压力。当照片从系统中永久地消失之后，也就根本不存在点赞或者评论的问题了。照片分享就像我们线下的正常社交过程一样，自然地来，自然地去，不会留下任何印记。

第二个例子是一家著名的创业公司——Uber。

> **Uber**
>
> Uber 是一家在硅谷快速崛起的创业公司,以它的融资速度和市值来看,可以说它创造了一个奇迹。Uber 起步两三年后,市值已经达到了非常惊人的 180 亿美元。
>
> Uber 是一个应用,为传统的出租车方式提供了不同的解决方案。
>
> 用户痛点:打不到车。顾客等在那儿,永远不知道下一辆出租车什么时候来,有时驾驶员服务态度也不好,另外,整个交易过程也存在许多不便之处。
>
> 解决方案:Uber 创造了一个 O2O 平台,最重要的是它给顾客完全不同的用户体验。举一个小例子,用 Uber 打车从家去机场,若逢七夕节,顾客一上车就会收到一朵玫瑰,这种体验与传统打车是完全不同的。

2. 用户验证

这一步最基本的任务是验证两个基本假设。这部分的焦点将集中在如何验证两个基本假设,以及如何验证在用户探索阶段获取的知识。

用户验证阶段包括 3 个步骤,如图 3-8 所示。

① MVP 设计,服务天使用户这一最小规模的用户群,提出一个最小级别的产品功能。

② 数据收集和测试,将其与预设的指标进行比较。

③ 学习与迭代,在此过程中不断获取知识。其中,迭代是重复反馈过程的活动,其目的通常是逼近所需达到的目标。每一次对过程的重复都称为一次迭代,而每一次迭代得到的结果会作为下一次迭代的初始值。迭代是一个

图 3-8 用户验证

过程,是对一个过程的重复,是对目标的逼近,是对反馈的持续收集。

上述用户验证阶段的这 3 个步骤形成一个反馈环,不断地往复循环,在迭代中不断深化创业者的认知,加深其对用户的理解。

下面以两个例子来对用户验证阶段进行进一步的理解。

第一个例子是美国团购网站 Groupon。

> **Groupon 的假设验证**
>
> Groupon 的创始人安德鲁·梅森(Andrew Mason)原本希望将公司做成一个"集体行动平台",把用户聚在一起为公益事业筹款或抵制侵权零售商,但这个市场太过狭窄。于是他决定转型做团购。
>
> Groupon 最初的设计相当粗糙,使用开源的博客程序 WordPress 搭建,商品详情由运营人员一个字一个字地手动输入,连表单和在线咨询也没有。安德鲁·梅森又用现成的排版软件 FileMaker 制作 PDF 礼券,再通过 AppleScript 脚本发送电子邮件将礼券派送出去,一切都是那么的"手工作坊"。
>
> 验证结果表明,用户明显更喜欢这次转型,Groupon 在一天内就能卖出 500 份礼券。这时,安德鲁·梅森才将部分环节纳入自动化执行范畴。

第二个例子是团购服务中的佼佼者——大众点评。

> **大众点评的假设验证**
>
> 大众点评的创始人张涛最早花了3天时间做出了一个简单的网站页面。当时他没有跟任何饭店签协议,而是直接将旅游手册里的1 000多家饭店信息添加到网站上,就为验证一件事:人们在饭店吃完饭,是否有足够的动力和意愿到网上点评。这次成功的验证成为大众点评日后商业模式的起点。
>
> 此外,在验证是否有必要通过技术将声讯电话的语音内容转换成文本显示出来时,大众点评先选出了两位客服人员"假装"拨打声讯电话,实则在后台手动输入语音内容。这样规避了在效果未知的情况下耗费数月开发一套失败系统的风险。

3. 轴转

轴转是非常重要的反馈机制。通过轴转,创业者将在市场上获取认知回溯到计划,再通过迭代,不断加深对产品和市场的认识。轴转的关键在于快速、敏捷,以及把握时机,所以说,轴转周期至关重要。很多初创企业的失败不是因为商业模式有问题,而是因为等不到最终能够完成商业模式验证的那一天。所以轴转的速度必须快,速度越快,对现金流的需求越小。

3.4.5 精益创业中MVP的试错验证

MVP背后的知识逻辑可体现为精益创业这个方法论的逻辑,如图3-9所示。

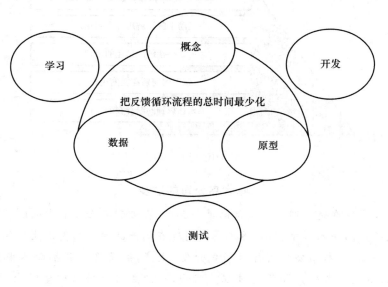

图3-9 逻辑图

MVP的核心逻辑就是尽量把反馈循环流程的总时间缩到最短。新创企业应该更早地看到转型时刻,减少时间的浪费和成本的损失。MVP强调用有限资源在有限时间中创建针对天使用户的最小功能组合。然后通过测度与数据的收集,将其与预设指标进行比较,获取知识,并进行学习与迭代,放弃一切无助于认知的功能,尽快进入下一轮"开发"。

MVP的产品版本可以让创业者花最少的力气、最短的开发时间,经历一次完整的商业循环。这个循环如图3-9所示:概念—开发—原型—测试—数据—学习。在不确定的世界,科学试错,小步快跑,迅速失败,迅速回来才是王道。

如果创业者能够早早地发现没有客户,那就需要再次返回到开发阶段,而不是轻易地大规模开发,从而避免创业的失败。

设计MVP的4个原则:

① 只保留最核心的功能;

② 只服务天使用户;

③ 只做最小范围内的开发实现;

④ 只根据数据来学习。

MVP的试错验证步骤如下。

1. 用户排序——定义天使用户。

如图3-10所示,庞大的用户群体犹如一座金字塔,天使用户是身处金字塔塔尖的两类用户。解决痛点的决心对他们来说是如此强烈,以至于他们已经准备了预算,决定购买某个产品,同时已经开始自己动手制订解决方案。可见天使用户有两个基本特点:第一,他们迫切地要解决痛点,所以愿意尝试不成熟、不完美,甚至有一定缺陷的产品;第二,他们愿意积极提供反馈,并愿意积极推广这个产品或解决方案。

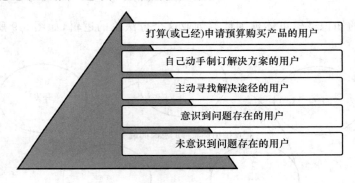

图3-10 用户排序

啄木鸟公司的进步

啄木鸟公司现在是中国齿科制造的第一品牌,在专利方面有非常强的核心竞争力。

与早期的产品导入模型相比,啄木鸟公司现在的产品导入模型发生了很大的变化。

在创业早期,啄木鸟公司实行封闭式开发、生产,继而将产品推向各渠道销售。很显然,这是火箭发射式的产品开发过程。然而,当产品在市场上碰壁时,销售人员将情况反馈给研发人员,正如大家所熟悉的那样,研发人员并不认同销售人员的反馈。研发人员给出的理由很充分,认为这些反馈由销售人员转述,并不是真正的市场反馈。因此,销售人员的反馈几乎产生不了任何影响,这也导致产品在市场上既没有正面反馈,也没有负面反馈,大量的人力、物力因此而浪费。

> 后来,啄木鸟公司的产品导入模型有了巨大变化,在用户探索和用户验证上进行了重大改进,最关键的一步就是引入天使用户。啄木鸟公司在每个项目组中都会加入20名牙科医生,并建立单独微信群以方便沟通。
>
> 在这些微信对话中,牙科医生将病人的情况反馈给啄木鸟公司的研发人员,包括病人使用产品前后的对比图、最新的治疗情况等。通过引入天使用户,啄木鸟公司为产品研发增加了用户验证这个关键步骤,在项目开始甚至更早的阶段,用户就已经直接参与了整个研发过程,彻底地改变了原来火箭发射式的研发流程。

2. 功能排序——基于痛点

基于痛点进行功能排序时,首先需要鉴别什么是最重要的痛点,尤其是用户最迫切要解决的痛点,这些痛点是第一痛点。这就需要先获得用户痛点假设,才能有针对性地推出最重要的功能,同时剔除那些可有可无、暂时不需要的功能。在针对第一痛点的MVP测试完成之后,可以将目标逐步过渡到第二痛点或第三痛点。所以MVP是个连续的过程,某个最重要的痛点测试完成之后,再向次重要的痛点迈进。

里德·霍夫曼(Reid G. Hoffman)是领英公司的联合创始人。他基于痛点的功能排序提出两点关键要求:第一,在做加法之前聚焦于做减法,事实上,在很多时候,做减法可能比做加法更难;第二,在做减法的过程中,加快速度。

3. MVP测试与数据收集

评估成型产品与测试MVP的关注点不同,前者关注总数指标,后者关注分期指标;前者关注事后的因果分析,后者关注实时的对比测试。

测试MVP时,对比测试是一个非常重要的工具。对比多个产品版本,需要同时对测试结果进行定性和定量的分析。测试过程中不仅需要定量数据,还需要定性数据,通过对用户的访谈与观察所获得的数据都是定性数据的一部分。

下面简单介绍3种主要的MVP测试方法,可以用这些方法来分析MVP的好坏。第一种方法是对比测试,也就是通常所说的AB测试;第二种方法是同期群分析,它是一种分期分析的方法,可以把用户分成不同时期的用户群,对每一个用户群的行为和趋势进行更加精确的判断;第三种方法是利用净推荐值(Net Promoter Score,NPS)进行测试的方法,NPS非常关键,因为它直接表明了MVP是否有增长或后续增长的潜力,换句话说,它是产品最终生命力的风向标。

① AB测试

在美国硅谷,初创公司与行业巨头都广泛采用AB测试方法。谷歌就非常频繁地使用AB测试,它每年大约有6 000个研究项目,在研发过程中会进行10 000多次的AB测试。例如,谷歌在计划微调广告背景颜色时,会将调整之后的B方案先应用到0.5%的谷歌用户上,而非直接应用到大多数用户上,继而观察调整后网站点击量是否有显著下降,如果确有显著下降,再进行后续调整。

亚马逊有着"AB测试公司"的绰号。它对AB测试的广泛应用可用"匪夷所思"4个字来形容,就连办公室里桌子的摆放方式都要通过AB测试来决定。亚马逊改革了AB测试的传统方式,它在自己的平台上开发了"AB测试平台"这项工具,如果在平台上开发了新的应用,就可以直接采用"AB测试平台"对其进行测试,从而选出最好的版本。在亚马逊的

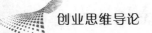

AB 测试中,强调的是多版本的比较,并不一定仅是 A 与 B 两个版本的比较。

必须牢记:员工内部讨论所得出的结果在任何时候都只是前提和假设,它们都需要通过外部市场、用户进行进一步验证。

② 同期群分析

同期群分析是一个针对总量测试的概念。但是这种总量测试会掩盖很多不同时期不同用户群的行为差异或者活跃度差异。总量增长可能会有很多方面的原因,以一家网站来说,可能网站总的注册用户在不断增加,但前期用户的活跃度在下降,前期用户在大量流失,而这个趋势在总量增长的繁荣中被忽视,即后续用户的不断涌入导致前期用户的流失无法被观察到,因而无法正确分析不同时期不同用户群的行为以及状态。

同期群分析就是试图把这种总量指标分解开,把用户分解成不同时期的群组,对每一时期获得的用户进行不同时期的分析,这样就可以看到用户的活跃度、用户进入与退出的数据,得到整个用户群在不同时期更加准确、完整的图景。

③ 利用净推荐值进行测试的方法

在测试用户的黏性时,净推荐值是极其有效的工具。净推荐值指的就是产品的净粉丝量,以产品支持者的数量减去产品诋毁者的数量。净推荐值可以预估 MVP 未来的发展空间和潜力。在使用净推荐值进行测试时,需把用户分成 3 类:第一类是产品的粉丝,这类用户是创业者最希望拥有的;第二类是产品的诋毁者,这类用户不会推荐产品,反而会诋毁产品;第三类是中立者,他们对产品没有什么厌恶感,也没有什么好感,对产品基本上持中立态度。

4. 学习与迭代

不管多么伟大的产品都是学习与迭代出来的。在此过程中,有 3 个基本原则。

第一,学习与迭代出来的后续功能必须靠用户"催生",这点是最重要的。

第二,尽量限制添加的功能数量,不紧急、不重要的功能不需要修改。

第三,整个学习和迭代的过程应该是非常开放与透明的。

以下两个例子说明了伟大的产品其实都是学习与迭代出来的。

SpaceX 的快速迭代

埃隆·里夫·马斯克创立了 SpaceX 公司,这是一家帮助美国航空航天局(NASA)发射火箭、运送物资到空间站的公司。作为一家民营公司,SpaceX 能够做到帮助 NASA 发射火箭、运送物资到空间站,关键原因就是其成本要比 NASA 低很多,而这背后的关键驱动力就是不断迭代。

SpaceX 按月进行迭代,而 NASA 则按年进行迭代,过程缓慢而官僚化,每一次迭代都要经过无数部门审批。SpaceX 的基本技术都直接来源于 NASA,所以最初它没有形成任何技术壁垒,但它通过不断快速迭代,最终在技术上超过了 NASA,且成本比 NASA 要低一个数量级。

> **美柚的快速迭代**
>
> 　　手机应用美柚是目前中国最大的女性移动社区之一,拥有很多的用户。这个产品起源于2013年,5个人的团队花了一个月时间,完成了美柚的第一个版本,这是一个非常典型的MVP,其最基本的功能就是帮助用户记录月经来临时间和结束时间,并根据过去的数据预测下一次月经的来临时间。这就是美柚的起点。很快美柚推出了第二个版本,其在第一个版本的基础上增加了"贴士"功能,这是非常简单的一个功能,提供怀孕、育儿等一切与女性相关的知识小贴士。接下来,美柚增加了社区功能。社区中的讨论主题都和女性密切相关。
>
> 　　美柚完成了从基本记录功能、"贴士"功能向社区功能的拓展。每一个功能的拓展都不是美柚团队自己想象出来的,而是用户催生出来的,是用户在背后推动着美柚功能的发展。
>
> 　　美柚在一年的时间内完成了多次迭代,每一个大版本的迭代都在两三个月的时间内完成,而小版本的迭代则在一周甚至几天内完成。

3.5　MVP的4种思维

本节主要阐述MVP的4种思维:用户思维、简约思维、迭代思维以及极致思维。

3.5.1　用户思维

　　用户思维是MVP的目标思维,即MVP要始终以用户为中心。要对用户进行排序,从而进行筛选,发现天使用户,研发产品要始终围绕满足天使用户的需求而开展。

> **知乎的用户思维**
>
> 　　在互联网行业,知乎早期的发展走的是"反其道而行之"的精英路线。它采用了严格的邀请和审核机制,李开复、徐小平、雷军等互联网"大佬"和一批投资圈、媒体圈的从业者成为它的种子用户。这从根源上奠定了知乎的调性,也使它在圈内迅速成为话题产品。有幸受邀加入知乎的用户们谨慎发言,创造了一批高质量的内容。知乎早期不提供开放注册,只有受邀者才能登录访问。

> **小米科技的用户思维**
>
> 　　小米科技(以下简称小米)早在自家手机推出前,就通过发布MIUI积累了一批种子用户。当时小米的做法是从竞品的网站精心筛选并主动邀请100个用户试用仍在不断完善中的MIUI,小米听取他们的反馈意见,并将他们留在自家的论坛里。
>
> 　　2010年8月16日,MIUI第一个版本内测正式开启时,小米特地将这100个用户的ID写在开机画面上以表达谢意。这100个用户被小米亲切地称为"100个梦想的赞助商",还以此为题材专门拍摄了微电影。

3.5.2 简约思维

简约思维是 MVP 的规模思维,即 MVP 在产品规划和品牌定位中,要进行产品的功能排序,力求产品的简约。

简约意味着人性化。人们都喜欢简单的操作:你能让我少操作一步,我就更愿意用你的产品。因此,为契合简约思维的核心,产品要尽量达到以下两种要求:一是外在部分要足够简洁;二是内在部分的功能和操作流程要足够简化。

微信创始人张小龙认为,自然往往和人的本性相关。微信的"摇一摇"是个以"自然"为目标的设计,"抓握""摇晃"是人在远古时代没有工具时必须具备的本领。

谷歌的简约思维

简约不是最近才兴起的一种新鲜思维,早在谷歌的产品设计中就透露出了这种极简思维的魅力。谷歌搜索引擎的首页基本只有简单的几个字和一个 logo,外加一个搜索框,这个页面简单到让很多人都觉得它不应该是一个搜索网站,可这个简单页面确实是全球最大的搜索引擎之一的首页。

其设计也感染了其他的搜索引擎产品,很多搜索引擎产品都是几个字和一个 logo 加一个搜索框的搭配。而正是这样的设计,让用户直接看到了搜索框,从而清晰地了解了产品的本质。

在 MVP 试错验证的过程中,功能排序作为其关键一步,即在纷繁复杂的功能和痛点中,决定从哪个最小的功能组合开始测试。如前文所述,从第一痛点开始,剔除可有可无和暂时不需要的功能点,之后将目标切换到第二痛点或第三痛点。

图片分享应用——从 Burbn 到 Instagram 的简约演化历程

凯文·斯特罗姆(Kevin Systrom)与迈克·克雷格(Mike Krieger)研发的 Burbn 是一款结合了基于用户地理位置信息的手机服务网站 Foursquare 与热门社交游戏《黑帮战争》(Mafia Wars)中的主要元素而创造出的移动应用,整个产品结构零散庞杂。他们花了好几个周末的时间不断打磨产品原型,然后拿给周围朋友试用。发布几周后,Burbn 的用户量勉强达到了 1 000,至此便停滞不前。

那时摆在他们面前的道路有两条:要么继续添加功能,让 Burbn 成为更加无所不能、包罗万象的移动应用,用户几乎可以用它记录生活中的任何事情;要么调转方向,精简功能,孤注一掷地抓住一两个用户的核心需求做精做专。他们最终选择了后者,堆叠功能只会让原本复杂的产品更加臃肿冗余;既然从数据看来,用户喜欢使用 Burbn 的照片分享功能,那么不如干脆把这个模块单独拎出来,做成一款独立产品试试。

不同于之前 Burbn 的设计,这款全新的照片分享应用有着居中显示的大图和紧随图片的互动评论区。用户上传的照片默认对所有人公开,人们可以随意查看他人上传的照片。虽然这一设计以牺牲部分隐私性为代价,但换来的却是更高的可看性和更多的社交互动。

第3章 产品思维

> 两人很快完成了纸面的原型绘制，随后用两周时间迅速开发出了第一个可供测试的版本。让人紧张而兴奋的时候到了：用户是否会为这个新的照片分享应用买单？为了验证产品构想，两人从 Burbn 的早期用户中筛选出 100 人，向他们一一发送了通知邮件，介绍这款新产品并邀请他们试用。
>
> 当试用一周结束时，凯文·斯特罗姆和迈克·克雷格检视一周的成果，发现口口相传带来的注册用户竟然轻松突破了 10 万人，这可是当初 Burbn 的 100 倍之多！一个月后，这款日趋火爆的应用（即 Instagram）竟然成功吸引了 100 万的用户。
>
> 原本隶属复杂产品中的一个功能子集，最终以其简单的概念和聚焦的特性赢得了用户的青睐。事后凯文·斯特罗姆曾在媒体采访中公开表示："Burbn 出师不利，是一个错误的开始，但世界上最好的公司都曾经脱胎于其他产品。你需要的是发现，让它进化成别的东西。"

3.5.3 迭代思维

迭代思维是 MVP 的速度思维，即 MVP 要尽早发布，并针对用户提出的反馈以最快的速度进行调整，再发布新版本。

尽早发布意味着产品能获得更多的机会，能更快地验证创业者的想法并发现产品错误的部分，避免隔靴搔痒和战略偏差。不要等产品"完美"之后才发布。再完美的产品，如果没有人使用，那便无从称之为完美。快速迭代则是鼓励创业者根据用户反馈来快速地改进产品。

与在实现产品前口头向潜在用户宣讲你的创意相比，开发出的 MVP 能够用于实际演示和测试，有助于直观地被用户感知到，继而激发他们真实的意见，帮助创业者尽早开启"开发—测试—认知"的反馈循环。

互联网是快速试错和收集信息的平台，也是一个公正的仲裁者，永远能反映客观的市场动向。聪明的创业团队应当从产品每一次调整所带来的反馈中汲取营养，不断强化优势，及时纠正错误，找到适合自己的 PMF 状态，而不是因循守旧地沉迷在既有的产品创意中，完全罔顾市场的需求和反馈。

在测试阶段，创业者基于最小可行产品，应该做到如下几点。

① 把这个产品发布给少数天使用户，观察用户反馈，查看用户数据。

② 通过反馈和数据进行分析改进，再判断这个产品功能是否能够符合市场需求，能否扩大测试用户规模。如果可以则扩大测试用户规模，并重复以上步骤，观察用户反馈和查看用户数据并不断改进，然后再次扩大测试用户规模；如果不可以则继续优化产品。

③ 通过以上步骤不断扩大测试用户规模，完善产品。

如果在测试过程中存在难以解决或令人比较犹豫的问题，可以针对这些问题对用户进行 AB 测试。

注意：在前期，验证产品功能符合市场需求后，需要继续对核心功能进行优化。这一点往往容易被忽略。

OkDork 的 AB 测试实战

诺亚·卡根(Noah Kagan)曾是 Facebook 的第 30 号员工,后来他创办了自己的营销服务公司 OkDork。2014 年,他围绕提升网站的邮箱订阅转化率这一目标,针对网站首页进行了一系列的 AB 测试和改进,成功将订阅人数从 1.2 万提升到了 5 万。

他是如何做到的呢?

首先,通过统计工具,他确认了首页是网站流量来源最主要的入口。但原先的网站首页内容繁杂,让用户留下邮箱地址的输入框藏在很不起眼的角落,很容易被其他元素抢走风头。当时网站的邮箱订阅转化率约为 3%。

快速迭代后,网站首页虽然简单粗暴,但也在无形之中拦住了一些不愿订阅的访客。AB 测试的结果表明,邮箱订阅转化率的确因此提升到了 5%。

于是,他继续优化网站首页,把它设计得更加漂亮大气且具有人情味,调大引导字体和邮箱输入框的面积。同时,他意识到真正能打动访客的是网站能带给他们的好处。由于来到该页面的人大多是创业者或者市场营销人员,他们关心的是如何让企业的用户增长,因此他特别增加文案,强调了订阅能给这些人带来的好处。

最后,根据 Google Analytics 的点击行为热点图,卡根发现网站顶部的导航栏对用户的订阅行为是一种干扰,"博客"(Blog)入口会分散很多人的注意力。于是他索性将整个导航栏都去掉了。

经过几番快速迭代升级,卡根发现全新设计的网站首页将邮箱订阅转化率提升至 8%,经过几个月的积累,他提前达到了预想的订阅数目标。

卡根成功的 AB 测试带给创业者的启发是,一个功能明确、转化率较高的网站必须让用户在第一时间明白它的作用和价值,并且用最醒目的方式呈现接下来要做的事。要尽可能排除与核心目标无关的其他要素,减少无意义的视觉干扰,即"别让用户思考"。

3.5.4 极致思维

极致思维是 MVP 的演化思维,即基于 MVP 把产品和服务做到最好、做到极致,超越用户预期,打造极致产品。

三只松鼠的极致化

三只松鼠创始人章燎原说过:"我所给的,必然超出你的期望。乔布斯的创新精神打造了苹果的极致,而我力求,即使是一袋坚果也要带给你无限的惊喜。"他将品牌起名为"三只松鼠",并赋予三只松鼠鲜明的形象和个性。

三只松鼠首先提出了"森林系"食品的概念,开创新鲜、低价、安全的互联网食品的全新模式,其核心产品是坚果,同时推出蜜饯、花茶等产品,所有产品都属于森林系。三只松鼠将产品质量做到极致,力求最好。其产品全部精选自原产地农场,力求让消费者品尝到原汁原味的产品。

第 3 章 产品思维

> 　　健全的供应链系统使得三只松鼠可以从源头上把控产品质量,严防产品质量问题。三只松鼠采用统一订单式的合作方式,原料在原产地生产成半成品,而合格的半成品将直接送到三只松鼠总部的封装工厂。当消费者购买时,直接从北京、广东、芜湖三大仓库和分装工厂分派,可以保证顾客在最短的时间内收到最新鲜的产品。
> 　　同时,三只松鼠也将其动漫形象做到极致,因为消费者不仅追求高质量的产品,还注重情感体验。

本章重点内容小结

1. 学习基于 MVP 的产品思维主要是为了达到 3 个目标.
① 进行两个检验。
- 验证创业者关于用户核心需求的假设是否准确。
- 检验创业者的商业模式是否合理,产品能否创造商业价值。
② 尽早让用户使用产品。
③ 低成本快速迭代试错。
2. 产品是指可提供给市场的、可供用户使用或消费的、可满足用户某种欲望和需求的东西。产品是满足用户需求的复杂利益的集合。产品具有 4 个要素,包括内涵、形式、外延、理念。
3. 精益创业是一种服务和产品创新的方法,是指企业或机构应该减少在产品发展过程中时间和金钱的浪费,创造真正符合用户需求的服务或产品。它的方法是先在市场中投入最小可行产品,然后通过验证式学习和用户的有价值反馈,对产品进行快速迭代优化,使之适应市场需求。这种创业方法的优点是快速、低成本、高成功率。通俗地说,精益创业其实就是用最低的成本、最快的速度去不断试错,找到每一阶段最核心的问题并予以解决。
4. MVP 是用户验证过程中一个最关键的工具,是针对天使用户的最小功能组合。这个定义包含 2 个关键信息点。
① MVP 不针对所有用户,而只针对天使用户。
② 它不是一个庞大的复杂功能组合,而是一个最小功能组合。
这是 MVP 最核心的两个方面。总而言之,MVP 是针对最小用户级的一个最小产品集。
5. 天使用户对创业者来说至关重要。所谓天使用户,就是一个产品最早那批使用者中最认同这个产品并希望更多人认同这个产品的人。对创业者来说,他们就像天使投资人一样,对产品和企业的存亡有着重要的意义。
6. MVP 的设计主要包括 4 个步骤。
① 用户排序——定义天使用户。
② 功能排序——基于痛点。
③ MVP 测试与数据收集。
④ 学习与迭代。

思 考 题

1. 本章讲了哪些产品思维误区？你认为还有哪些产品思维误区？请结合具体案例加以说明。
2. 简要概述本章所讲述的 MVP 产品思维，并谈谈你的理解。
3. MVP 具有哪些特点？请结合具体案例加以论证。
4. 请简要叙述精益创业的三大理论基石以及 5 项基本原则。
5. 请简述精益创业的逻辑架构是什么？并结合具体案例加以描述。
6. 请简述 MVP 的 4 种产品思维，并谈谈你的看法。

综合案例

Tinder 的 MVP 产品思维

美国洛杉矶的一款社交约会应用 Tinder 主打"看脸配对"。在这个应用的界面上，用户一上来除了看到对方的照片外，完全看不到其他任何的个人详细资料。用户唯一要做的就是通过"看脸"来决定对方是不是自己心仪的对象。

如果对方给用户的第一印象良好，用户有兴趣结识，可以将照片向右滑动，代表用户"喜欢"；如果对方给用户的印象平平，则可以将照片向左滑动，让其"消失"。

一旦双方互相标记为"喜欢"，就可以发起会话，以及进一步查看对方的个人资料，从而进行更深入的互动。用户越常用 Tinder，可能获得的约会机会就越多。

在美国传统约会网站 Match 和 OkCupid 很热门的形势下，Tinder 仍然成功从移动平台上崛起，在推出后两个月的时间内，就推荐匹配了超过 100 万对的用户，获得了 3 500 万次喜欢与否的评价。截至 2014 年年底，Tinder 的 5 000 万用户平均每天使用该应用的时间约为 90 分钟，其产生了 10 亿次照片展示和 1 400 万次配对。

让 Tinder 早期获得迅速发展的人是贾斯汀·马丁（Justin Mateen），后来他被授予了"首席营销官与联合创始人"称号。通过以往的营销经验，他认识到，如果 Tinder 可以先渗透到那些具有社交影响力的人群当中，那么就能以此为基础向其他人扩散开来。于是他将 Tinder 的测试版先发送给了洛杉矶派对圈里最受欢迎的 600 个人，并拉拢了一批年轻貌美的长期在线用户。很快，Tinder 每天的配对交互量就达到了数万次。

经过小范围测试，这个策略十分奏效，于是 Tinder 开始在大范围内实施这个策略。一些杰出营销人员被派飞往全美各地的校园，凭借其独特的说服能力，先邀请女生联谊会的成员使用 Tinder，再到兄弟会里拉拢男生。男生在打开应用时，会看到自己周围圈子里的女生都已经加入，因此而有了持续使用的好奇心与动力。当这些杰出营销人员完成这一轮推广之后，Tinder 的用户量从 5 000 增加到了 15 000。Tinder 还特地到"精英学府"进行宣传，将热度蔓延到亚利桑那大学、得克萨斯州立大学奥斯汀分校等热衷于社交派对的学校。这个成功的策略不仅为 Tinder 输送了大量的目标用户，也聚集了现成的社交关系，使得产品内的活跃度得到了保证。

同时，Tinder 也开展了地推活动，带动了口碑的传播。相比于同类必须通过计算机访间的网站,学生们更倾向于在课间、食堂、宿舍等场合的零碎时间里向朋友推荐这个有点"酷"的手机应用。"左滑右滑"的超炫交互形式让展示过程更有噱头。

  Tinder的成功也源于其产品设计洞察人心。首先,其主界面设计简单明了,除了随机呈现用户的照片外,没有额外元素。用户能做的基本操作也只限于"左滑"和"右滑"——简单到一只手就能完成。这样的设计让用户使用 Tinder 完全没有学习成本和压力。本来闲暇时间结交异性朋友的活动就应该是气氛轻松融洽的,如果让用户思考过多(如设置过滤条件,构思如何让自己的资料页面更加与众不同),反倒加高了不必要的门槛。对大部分人来说,不假思索地一张张浏览周围用户的清晰照片,已足够赏心悦目了。这样简单的机制设计也让 Tinder 不同于那些强调"婚恋"的"严肃交友"软件,这在无形中扩大了目标人群的范围。

  其次,产品设计让用户永远不知道下一个"翻"到的是谁。这随机制造的惊喜奖励,让人产生继续使用的动力。史玉柱曾在总结针对网络游戏玩家的八字方针时,提到了"惊喜"的重要性。所谓"惊喜"其实就是随机性,没有随机性,游戏就没有耐玩性。Tinder 的惊喜看似随机,但也并非没有规则可循。页面上显示的用户可能是你附近的人,也可能是通过你的社交网络账号导入的联系人,还可能是"喜欢"过你的人。这保证了参与双方的相关性和可触及性(试想一个非洲用户和一个阿拉斯加用户即便配对成功,线下接触的可能性也近乎为零,无法强化产品带来的价值)。相比于早年与其玩法类似的交友网站 Hotornot 准确率低下的纯随机配对,移动端的 Tinder 在判断用户位置和获取身份识别方面更有技术优势。

  思考:
1. Tinder 的产品思维具有哪些特点?
2. 借鉴 Tinder 的产品思维,在国内怎样做一款同样的产品?

第4章 过程思维

> 创业是不拘泥于当前资源条件的限制,追寻机会、将不同的资源组合以利用机会、开发机会,并创造价值的过程。
> ——哈佛商学院教授,霍华德·史蒂文森(Howard Stevenson)

本章阐述过程思维。创业是一个非线性的实践过程,创业者应该了解创业一般要经历哪几个阶段以及各阶段所要面对的管理问题。

学习目标

1. 了解创业过程的思维误区。
2. 理解创业过程每个阶段的关键和管理目标。
3. 掌握书写创业计划书的基本要求。

4.1 思维误区

关于创业过程的思维误区有5种:线性思维式创业、跳跃式创业、点子式创业、创业计划书依赖式创业以及轻视知识产权式创业。

1. 线性思维式创业

线性思维式创业主要是指狭隘地理解创业是一个线性过程,进而僵化地"向前"推进创业实践,未能根据环境的实际情况进行灵活、警惕的创意审视,甚至推翻创意重新开始。

> **邮政互联网公司 E-Samps 和 Stamps.com**
>
> 对大多数人来说,购买邮票唯一的选择就是在邮局排队购买。两家初创的互联网公司——E-Samps 和 Stamps.com 对此提供了新的解决方案。在美国邮政的鼓舞下,两家企业推出了允许顾客通过互联网购买邮票并在自家 PC 上打印出来的服务。但是很遗憾,最终它们都彻底失败了。
>
> 失败的一个最重要的原因是,它们在实施此创意的过程中,并未回过头来审视自己的创意与变化形势中所产生机会的匹配度,而只是一味地按照创业既定的操作流程实施,结果他们的服务没能交付足够"价值"以吸引足够的付费顾客,最终导致两个公司的创业失败。实际上,对许多企业来说,这项服务的结果是带来更多不便而不是好处。

E-Samps 和 Stamps.com 一开始对于创意与机会的识别是较为正确的,但是,由于识别深度不够和美国邮政市场变动大,两个初创公司并未及时再次审视创意与环境的匹配度,这种线性思维式的创业方式导致了它们创业失败。

2. 跳跃式创业

跳跃式创业主要是指对创业过程缺乏科学的认知,因未认识到创业中的某个必要实践环节,从而跳过去直接进入下一阶段的错误思维。

应用程序开发商——Renkoo

Renkoo 创立于 2005 年,是为 Facebook 以及 MySpace 等社交网络提供服务的应用程序开发商。Renkoo 于 2005 年和 2006 年建立了 Renkoo Social Planner,这是一项旨在允许用户通过电子邮件、短信或即时通信连接到朋友的活动策划服务。用户首先邀请朋友参与规划一个给定的事件,然后使用网站进行协调。2007 年和 2008 年,Renkoo 发布了热门应用程序,如海口动物园、车展和 Booze 邮件,共有超过 3 600 万人使用超过 5 亿次。

但是,Renkoo 公司于 2009 年 6 月 17 日宣告破产。其联合创始人亚当·里夫金(Adam Rifkin)总结经验教训:Renkoo 从来都没有目标。我们团队质量很高,产品也很酷,用户也有,联合创始人乔伊斯·帕克(Joyce Park)是硅谷最好的首席技术官之一,我们筹集了 900 万美元,没有大肆"烧钱"。但由于金融危机后经济形势恶劣因素,以及最重要的一点,我们缺乏目标,因此我们决定停止运营。下次创业时,我们会带着伟大的使命而来。

Renkoo 创业失败的最重要原因在于缺乏目标,即没有可以为初创公司提供明确方向和指引的创业计划书。如果没有创业计划书或类似的计划给予指导,即使初创公司拥有高质量的创业团队和产品,最终也可能由于创业方向模糊而难逃创业失败的厄运。

3. 点子式创业

点子式创业主要是指如下思维误区:创业成功靠的就是好点子,只要有一个好的创意,创业就能成功。

E-Samps 和 Stamps.com 的失败分析

前述两家创业公司——E-Samps 和 Stamps.com 的点子很酷,推出了允许顾客通过互联网购买邮票并在自家 PC 上打印出来的服务。但是很遗憾,最终它们都彻底失败了。为什么呢?因为仅有好点子是不够的,如何去克服种种困难、实施创意更为关键。

第一,尽管避免往返于邮局的创意听起来很好,但网上购买邮票没有价格减让。实际上,在很多情况下,网上支付邮资的成本更高,因为网络提供者要收取服务费。如何游说美国邮政同意他们向顾客提供打折邮票的方案?

第二,下载邮票成为一种麻烦。下载的邮票是一种防篡改条形码,但因为美国邮政的安全规定,下载过程缓慢笨拙。如何通过技术创新提高下载速度?

第三,在某些情况下,顾客必须购买特殊硬件以连接储存着已下载邮票的计算机,这使得该服务显得更加不便。如何解决这个问题?

E-Samps 和 Stamps.com 显然没有针对这些实施创意过程中的问题给出良好的解决方案,因而它们创业失败也就不足为奇了。

创业者要深刻地认识到创意并不是创业的全部,更谈不上是创业成功的标志。创业是一个过程,最重要的是执行力,创业者要能够克服种种困难,将创意付诸实施。如果诱人的新产品或服务创意给顾客带来的是困惑而非便利,那么它即使再怎么新颖,最终也会注定失败。

4. 创业计划书依赖式创业

创业计划书依赖式创业主要指的是高估了创业计划书的价值,认为创业计划书的撰写完成就意味着创业的大功告成。

5. 轻视知识产权式创业

轻视知识产权式创业主要指的是创业者在创业过程中,未重视知识产权,从而产生侵权或者被侵权的严重后果,最终导致创业失败。

4.2 过程思维的概念

本节主要从3个方面来分析过程思维:过程思维的内涵、创业过程的特点以及创业过程四阶段论。

4.2.1 过程思维的内涵

所谓过程思维,即认为创业本质上就是一个过程,它包含着一些非固定化、非线性的必要实践环节。随着过程思维方法进入创业课堂,创业是由一系列活动构成的过程这个观点被人们广为接受,创业包括识别机会、开发概念、理解资源需求、获取资源、制订创业计划、实施计划、管理新企业和退出。按照此种观点,创业变成了一个常规管理过程——领导、控制、计划和评估的过程,目前,过程导向在创业教育中根深蒂固,创业过程主要包括机会评估、创业计划制订、资源获取、新企业管理和退出。

4.2.2 创业过程的特点

关于创业过程的特点,有两种不同的方法论:预测性方法和创造性方法。

1. 预测性方法的创业过程思想

这种非常流行的学术观点认为,在创业情境下,创业者实现创意的过程是一个规范、线性的过程,这种规范、线性的创业过程被深深地刻画在教材、教学大纲以及讲授创业的常见方式中,驱动教师教学生撰写商业计划。

预测性方法提出的假设是:若人在追求机会时是以目标驱动的,那么管理和控制资源就会达成预期结果。其背后的观点是机会存在于环境之中并且有待被发现,就像一座山峰等待我们去攀岩,创业者可以发现已存在的机会,并利用它来获取经济利益。如果一个创业者率先发现和利用了某一机会,那么他就有希望功成名就。

2. 创造性方法的创业过程思想

与上述预测性方法相比,人们对创造性方法越来越感兴趣,因为后者是以手段驱动的而非以目标驱动的。萨拉斯·萨拉斯瓦斯(Saras Sarasvathy)将创业过程解释为在所有可能的目标中进行选择,而这些目标是由一系列手段创造出来的。这种效果逻辑根植于创业者拥有什么、了解哪些人,以及他们能承受多大程度的损失,一切都始于自我剖析:你是谁,你知道什么以及你的能力如何。创业者并不会对某个特定的目标或结果有偏见,他们只是通过采取行动,运用现在的可用资源和手段,将能帮上忙的利益相关者聚集起来,共同创造环境。例如,有关资源拼凑和即兴发挥的研究表明,创业具有反复试错、偶发以及其他创造性方法的特征。创造性行动、确定机会的反复试验以及新的利益相关者的发现,都嵌入在社会环境之中。

无论是在企业初创阶段还是在发展过程中,创业的创造性方法都是社会交互性的,撬动手头现有的和触手可及的资源与关系,这不同于从预设的商业计划中配置和获取资源(如人力资源和物质资源等)。

创造性方法暗含着这样的事实:所有的创业者都嵌入、安排、形塑于异质性的社会结构之中。因此,在效果推理方法中,创业机会并不是已存在的等人攀登的山峰,而是通过创业者的行动创造出来的。

4.2.3 创业过程四阶段论

创业过程是传统创业研究的焦点。创业过程有着动态性与复杂性特征。创业过程理论研究的发展遵循着与创业过程特征逐渐结合的内在逻辑。

下面将对广为人知的创业过程四阶段论(参见图 4-1)进行分析,即分析创业过程的 4 个基本阶段,它们分别为机会的识别与评价、创业计划的创建、创业资源的获取以及新创企业的成长管理。这 4 个阶段并非线性的关系,可以相互作用,循环往复。

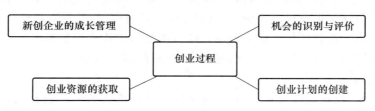

图 4-1　创业过程四阶段论

4.3　机会的识别与评价

本节从 4 个方面详细阐述机会的识别与评价,包括创业机会的概念与特点、创业机会的来源、影响创业机会识别的因素以及创业机会的评估。

4.3.1 创业机会的概念与特点

创业机会主要是指具有较强吸引力的、较为持久的有利于创业的商业机会,创业者可以据此为客户提供有价值的产品或服务,并使自身获益。

有的创业者认为自己有很好的想法,对创业充满信心。有想法固然重要,但是并不是每个大胆、新异的想法都能转化为创业机会的。许多创业者因为仅凭想法去创业而失败了。那么一个好的创业机会具有哪些特征呢?《创业学:21 世纪的创业精神》的作者之一杰弗里·蒂蒙斯(Jeffry A. Timmos)教授提出,好的创业机会有以下 4 个特征。

第一,它很能吸引顾客。

第二,它能在实际的商业环境中行得通。

第三,它必须在机会之窗存续期间被实施。(注:机会之窗是指商业想法推广到市场去所花的时间,若竞争者已经有了同样的思想,并把产品已推向市场,那么机会之窗也就关闭了。)

第四,必须有资源(人、财、物、信息、时间)和技能才能创立业务。

4.3.2 创业机会的来源

创业机会首先来自创意,创业者从对产品与服务的改进方向肯定能得到各种各样的创意。企业家、发明人、革新家、大学生的新主意往往层出不穷。迅速把那些潜力不大的创意撇开,会使创业者集中关注少数应予改进和研究的创意。筛选出没有前景的创意,需要进行判断和深思,而不是搜集新数据。创业者应该了解判断创意价值所需要的事实。实际上,企业中来源于大学论文的创意很少见。有一项统计创意来源的报告指出,对以前工作中遇到的创意进行复制和修改而得到的创意占71%;自然而然地发现的创意占20%;通过对机会进行系统研究而发现的创意只占4%;其他来源的创意占5%。得到创意才能发现创业机会。

可以通过以下途径发现创业机会。

1. 从市场缺失中发现创业机会

市场缺失常给人们带来麻烦,人们一有麻烦就迫切希望解决它。如果能提供解决的办法,实际上就是找到了创业机会。例如:双职工家庭没有时间照顾小孩,于是有了托儿所;人们没有时间买菜,于是就产生了送菜公司。这些都是从困扰人们的麻烦中寻找创业机会的例子。消费者使用商品时,常有不少问题产生,如果能够针对这些问题提出解决方案,那就能够发现创业机会。

创业是一个市场推动的过程,市场实现是其成功的必要条件。创业机会的出现往往是因为环境的变化,市场的不协调或混乱,信息的滞后、缺乏,以及市场中各种各样其他因素的影响。对创业者来说,机会的有效利用则依赖能否识别和利用这些变化与不完善的地方。

市场越不完善,相关知识和信息的缺口就越大,机会也就越充裕。对创业者来说,其面对的挑战就是能否在市场缺失中发现创业机会。有经验的企业家可以在其他人很少或没有看到机会的地方发现创业机会。

2. 从顾客的不满中发现创业机会

一个很好的创业机会也许就隐藏在顾客的抱怨或建议之中。如果顾客认为其需求没有得到满足或没有很好地得到满足,他们往往就会基于对自己需求的认识,提出各种各样的抱怨或建议。有些抱怨、建议可能是很简单的、非正式的形式,有些则可能是十分正式且具体的并有十分详尽的资料和说明来为其提供支持的形式。总之,只要顾客提出抱怨或建议,无论采取什么方式,创业者都应当热情地听取并作出相应的反应,因为这也许是一个非常好的创业机会。

3. 从法规变化和专利公告中发现创业机会

法规变化常常会带来商机,特别是社会与政治变革能产生很多创业机会。随着社会价值的改变、消费形态的演变、消费者成本意识的提高,不少的创业机会产生了。

专利公告中也会蕴藏创业机会。索尼公司看出电晶体的潜力,积极向贝尔实验室购得电晶体制造技术,进而使用该技术制造作了电晶体收音机与录音机,这些产品最后占领了很大的市场。

4. 从偶然和意外中发现创业机会

在偶然和意外中可以发现创业机会。索尼公司创始人盛田昭夫喜欢一边打网球,一边听音乐。因此,他必须在球场上装上扬声器。他想总该有较好的方法来解决这个麻烦。随身听就是在这种需求下产生的,这是索尼公司具有代表性的产品,给公司带来了很多利润。

5. 运用特性延伸法发现创业机会

特性延伸法是指确定一个特定产品或服务的基本特性,然后考察如果它们以某种方式发生变化,将会发生什么事情。应用特性延伸法的技巧是,以一系列适用的形容词来试验每个特性,如"更大""更强""更快""更经常""更多乐趣""更方便"等。例如:"傻瓜"相机是以让使用者"更方便"取胜的,计算机的更新换代是以其芯片运行速度"更快"为标志的,等等。当然,特性延伸法也可采取更加复杂、混合的方式,将来自不同产品的特性混合在一起从而创造新产品。实践证明,产品的特性延伸孕育着巨大的潜在商机。

以上各种方法不是孤立的和相互排斥的,它们可以单独使用,也可以结合起来使用。创业机会来自创意,但创意不等于创业机会。创意能否转换为好的创业机会还取决于创业者对市场的认识和把握。

4.3.3 影响创业机会识别的因素

现实生活中有许多创业机会,但并不是人人都能意识到。在许多人看来并不存在任何利益的地方,创业者却能发现绝佳的创业机会。创业机会总是向一小部分人展示它的前景,而与此同时,大部分人对它熟视无睹,甚至嗤之以鼻。即使是一个成功的创业者也可能在准确地识别了一个创业机会之后,又错失了另一个创业机会。

影响创业机会识别的因素主要有 5 类,包括创造性、警觉性、先前经验、资源禀赋以及社会网络。

1. 创造性

创造性是企业家精神的核心,是一种敢于突破前人框架的思维方式,拥有创造性的人能够将不同事物建立起联系。机会识别首先是一种创造的过程。很多研究显示,创业者更加不拘泥于规则,更加具有冒险和风险承担意识,更加具有思维的扩散性。例如,江南春创造性地发现了电梯中间的绝佳强制性广告空间,从而打造了中国传媒业的传奇企业——分众传媒。

2. 警觉性

警觉性是指一种注意到迄今为止尚未发掘的市场机会的能力。许多创业机会之所以尚未被识别,是因为它们本身就具有很强的模糊性,并不能让人一览无遗地看到其中的前景,而只有那些对于创业机会具有高度警觉性的人才能洞察先机。警觉性的心理机制在于人的心理模型,心理模型是人内在的知识结构系统,它能决定人们处理外界信息的方式,并让人们形成基于该知识结构系统的判断和反馈。

3. 先前经验

哲学家 N. R. 汉森(N. R. Hanson)提出的著名的"观察渗透理论"观点指出,我们的任何观察都不是纯粹客观的,因为我们都带着自己的知识背景和经验,所以即使我们观察同一事物,也会得出不同的观察结果。就像同样看苹果落地,之所以其他人对此都熟视无睹,而牛顿偏偏就能从中得到启发,是因为牛顿的头脑中早就蕴藏着一系列的力学思考。很难想象一个对于物理学一窍不通的人可以从苹果落地的现象中得出万有引力的结论来。

机会识别也是如此,许多人之所以能够察觉出别人难以察觉的机会,是因为他的脑海中早就在这一方面积累了丰富的背景知识和经验,而某个机会的出现恰恰带动了原有思考的向前一跃,这关键性的一跃就为创业者带来了准确的机会识别。例如,软银集团总裁孙正义早在1999年就对阿里巴巴注入2 000万美元的资金,成为阿里巴巴的主要股东,而当时阿里巴巴才刚刚成立不久,是一家前途未卜的小公司,这是因为孙正义凭借之前在IT业和风险投资领域的丰富经验,察觉到了这家公司未来的巨大前景。

4. 资源禀赋

资源禀赋是指创业者在识别机会时所拥有的资源。这一资源包括人力资源、物质资源、技术资源和金融资源等。拥有的资源会塑造人对于机会的关注焦点、思考深度,以及对于机会可行性的感知程度。例如,一个需要巨额资金启动的项目(如一个优质地段的房产项目)对一个没有拥有多少金融资源的人来说这并不是一个可行的机会,他不会对此有过多的思考,但是对于一个资金雄厚的创业者来说,这恰是一个绝佳的机会,因为他的资金可以有一个很好的投资渠道。

5. 社会网络

社会网络是指社会个体成员之间因为互动而建立的稳定关系。一个拥有广泛社会网络的人能建立起很多的信息渠道和资源通道,因而比一般人能更敏锐地识别有价值的机会。社会网络首先能提升一个人所拥有的信息量,一个人认识的人越多,对外建立的联系就越多,他能接触到的各种异质性知识也越多,这将大大地丰富他原本单一的知识结构。社会网络可以扩大一个人的知识边界,而一个人知识边界的扩大会直接提升其识别机会的能力。

事实上,许多创业者并不是本人直接识别了创业机会,而是通过他们的社会网络识别了某个创业机会。创业者周围的人以及他们所拥有的资源,会为创业者提供潜在的资源获取机会,从而大大地增加了创业者识别创业机会的概率。

4.3.4 创业机会的评估

对创业投资者来说,创业机会的评估类似于投资项目的评估,这对投资能否取得收益无疑是十分重要的,也能帮助创业者从另一角度来分析其创意是否具有继续发展成为一个企业的实际价值。事实上,有60%~70%的创业机会在其最初阶段就被否决,就是因为这些机会不能满足创业投资者的评估准则。根据这些准则可评估一个创业机会的市场前景是否具有较大的潜力。

风险投资者和精明老练的企业家在筛选创业机会时往往都会利用一系列的评估准则。评估准则主要分为产业和市场,资本和获利能力,竞争优势、管理班子、致命缺陷等若干个方面。一般来说,好的创业机会将在所列准则的大部分中表现出巨大的潜力,或者将在一个或几个准则中拥有其竞争者望尘莫及的压倒性优势。下面对各项评估准则做简要讨论。

1. 产业和市场

(1) 市场结构

市场结构主要反映企业在市场竞争中的地位和企业市场实力的强弱。每一个市场都有一定的市场结构,市场结构的特征主要由以下因素决定:①销售者的数目;②购买者的数目;③创业产品的差别化;④进入和退出市场的障碍;⑤成本条件;⑥市场需求对价格变化的敏感程度。所有这些因素都具有重要的意义。对新创企业来说,将要进入市场的结构、市场竞争的激烈程度,对于创业的成功具有重要意义。

(2) 市场规模

如果一个新创企业进入的是一个规模巨大并且还在发展中的市场,那么在这个市场中占有一个不大的份额就可以拥有相当高的销售额。例如,在美国一个总销售额超过1亿美元的市场是有吸引力的,在这样一个市场上,占有大约5%甚至更少的份额就可能拥有很高的销售额,并且这对竞争对手并不构成威胁。

然而,如果市场规模非常庞大,就可能面临另一种性质的挑战。这种市场可能太成熟和太稳定了,新创企业将与特大型公司竞争。如果市场是高度竞争性的,就可能意味着较低的毛利。此外,一个不为人所知的或销售额很低的市场是没有吸引力的。

(3) 市场增长率

一个有吸引力的市场应该是既有较大规模又不断成长的。一个市场增长率在30%～50%的市场能为新的市场进入者创造新的位置,这样的市场不是每一个竞争者都在争夺同一个位置的稳定或收缩的市场,而是一个兴旺繁荣的和不断扩展的市场。一个市场增长率不到10%的市场是没有吸引力的。

(4) 市场份额

一个新创企业在未来能够占有20%的市场份额,表明这个企业的潜力是十分巨大的,因为较高的市场份额将为一家企业创造非常高的价值,否则该企业的价值可能比其账面价值高不了多少。

对于大多数寻求具有较大潜力企业的投资者来说,只占有不到5%市场份额的企业是没有吸引力的。

(5) 成本结构

能够拥有低成本供应商的企业是有一定吸引力的,而一家持续面临成本恶化的企业则缺乏吸引力。低成本可能来源于行业中存在的规模经济性,对新创企业来说,要在起步阶段就利用规模经济性来实现低成本是很难的。但低成本也可以来源于技术和管理,这大概是新创企业的希望所在。对风险投资者来说,如果创业计划显示市场中只有少量同类产品出售而且同类产品单位成本都很高,那么产品成本较低的企业就可能得到有吸引力的市场机会。

2. 资本和获利能力

(1) 毛利

单位产品的毛利等于单位产品销售价格减去所有直接的、可变的单位成本。对于创业机会来说,高额和持久地获取毛利的潜力是十分重要的。一般地,40%～50%的毛利率将提供一个极大的内在缓冲器,能允许企业犯较多错误,让企业具有更多从错误中学习的机会。

小于或等于20％的毛利率的创业机会是没有吸引力的。

（2）税后利润

高而持久的毛利通常转化为持久的税后利润。有吸引力的创业机会具有取得10％～15％,通常为15％～20％或更高比例的税后利润的潜力。那些产生不到5％税后利润的企业是十分脆弱的。

（3）达到盈亏平衡并取得正现金流量的时间

有吸引力的创业机会有可能在两年内达到盈亏平衡并取得正现金流量。一旦达到盈亏平衡并取得正现金流量的时间超过3年,创业机会的吸引力相应地就减少了。

（4）投资收益潜力

创业投资的最重要目标必然是取得投资收益。如果能够每年产生25％或更高的投资收益,这样的创业机会无疑是非常有吸引力的。高而持久的毛利率和税后利润通常产生高额的股票收益和股东权益收益,从而使得新创企业有较好的市场价格。

（5）价值

具有高战略价值的创业机会是具有吸引力的,而那些只有较低或根本没有战略价值的创业机会就没有太大的吸引力。某些技术具有重大的战略价值,它们往往是一家公司的核心技术。例如,对于施乐公司具有极高战略价值的一项产品技术,在20世纪80年代中期为一家小公司所拥有,而为了这项技术,施乐公司以5 600万美元购买了这家公司。

（6）资本需求量

有着较少或者中等程度的资本需求量的创业机会是有吸引力的。现实地说,大多数有较大潜力的企业需要相当多的资金来启动。因此,只要少量资金或没有资金就可以启动的且有较大潜力的企业是罕见的,但是它们的确存在。在美国的风险资本市场上,一个新办企业的第一轮融资一般为100万～200万美元或者更多。有一些有较大潜力的企业（如服务性企业）的资本需求量比不断需要很多研究与开发资金的高科技公司的资本需求量要少。

如果创业机会需要太多的资金,这样的创业机会就较为缺乏吸引力。巨大的投资项目通常只有政府和特大型公司才会考虑,而非企业家和风险资本家所能涉足。

（7）退出机制

作为风险投资者,通常还要考虑在一定的时候将所投资金抽回,因此退出机制对于创业机会的评估也相当重要。资金的退出主要有企业被收购或出售、公开发行股票等各种途径。有吸引力的创业机会应该能够拥有一种获利和退出的机制,而没有退出机制的创业机会就没有太大的吸引力。

3. 竞争优势、管理班子、致命缺陷

（1）成本

成本优势是创业机会竞争优势的主要来源之一。成本可分为固定成本和可变成本,又可分为生产成本、营销成本和销售成本,等等。较低的成本会给企业带来较大的竞争优势,从而使得相应的创业机会较有吸引力。如果一个企业不能取得并维持一个低成本生产者的地位,那么它的预期寿命就会大大地缩短。

（2）控制程度

如果能够对价格、成本和销售渠道等实施强有力的控制,这样的创业机会就较有吸引力。这种控制的可能性与市场竞争有关,如果市场上不存在拥有较强实力的竞争对手,那控制的强度就可能较大。例如,对于一个对其产品的原材料来源或者销售渠道拥有独占性控制的企业,即使它在其他领域的优势较为薄弱,也仍能够取得较大的市场优势。

如果对像产品的原材料价格这类因素失去控制,就可能会使一个创业机会变得没有吸引力。例如,由于供应商不能以足够低的价格生产半导体零件,因此计算机生产商最终也无法制造廉价的计算机终端。

(3) 进入障碍

如果不能把其他竞争者阻挡在市场之外,新创企业的"欢乐"就可能迅速消逝。这样的例子可以在硬盘驱动器制造业中发现。在20世纪80年代早期到中期的美国,该行业未能建立起进入市场的障碍,到了1983年年底,就有约90家硬盘驱动器公司成立,激烈的价格竞争导致该行业出现剧烈震荡。因此,如果在一个创业机会中不能阻止其他公司进入市场,或者使其面临进入市场的障碍,那么它就没有吸引力。

政府对市场的规制可以是市场进入障碍的一种重要来源。当市场因政府的规制而无法进入时,其障碍就是无法克服的。而市场的进入完全不受限制对市场竞争也未必是一件好事。例如,美国的航空业自从解除了进入管制后,已几乎成为一个完全竞争的市场,在这个市场中许多新加入者都没能生存下去。

(4) 企业管理队伍

一支强大的、拥有一些行业"超级明星"的管理队伍对于创业机会的吸引力是非常重要的。这支队伍一般应该具有互补性和一致性的特点,以及在同样的技术、市场和服务领域里被证明具有赚钱的经验。如果没有一个称职的管理班子或者根本就没有管理班子,这种创业机会就是无吸引力的。

(5) 致命缺陷

有吸引力的创业机会不应该有致命缺陷。在许多例子中,市场规模太小,市场竞争极其激烈,进入市场的成本太高,竞争者不能以具有竞争力的价格进行生产,等等,都可以是某种致命缺陷。

4.4 创业计划的创建

本节主要从3个方面理解创业计划的创建这一创业阶段,包括创业计划书的概念与作用、创业计划书的组成要素以及创业计划书的撰写技巧。

4.4.1 创业计划书的概念与作用

绝大多数创业者都知道,制订计划会让他们明白自己该干什么。但是,却很少有人完全按照计划去做,因为有时实际情况变了,计划也要随着变,从而使计划与实际情况相符。即便如此,仍然需要制订计划,因为计划的价值不在于它的结果,而在于它的过程。

创业计划书又称商业计划书,是一份全方位的项目策划书,它从企业内部的人员、制度、管理,以及企业的产品、产品的营销方式、产品的市场等各个方面对即将开展的商业项目进行可行性分析。创业计划书是企业融资成功的重要因素之一。具体来说,创业计划书的作用体现在3个方面:对投资者的作用、对创业者的作用、对创业企业员工的作用。

1. 对投资者的作用

投资者是资金的拥有者,其投资项目的目的在于获取投资带来的收益。投资者对于投资项目的选择是十分谨慎而苛刻的。由于投资者的时间、精力都有限,对于任何潜在投资项目他们不可能身体力行地去考察,因此,对投资者而言,一份理想的创业计划书是能让他们作出投资决策的关键。

2. 对创业者的作用

创业计划书是创业者融资的工具,而且通过制订创业计划书创业者可以系统地"诊断"企业,掌握公司的情况,发现公司的优点和缺点,及早发现项目的风险,以便制订降低风险的办法。好的创业计划书不仅要给出项目的可行性,还要提出完成项目所要采取的措施。

具体而言,创业计划书让创业者思考以下问题:

① 你了解或熟悉这个项目吗?
② 你了解项目的市场并有进入和拓展市场的方案吗?
③ 你和你的管理队伍能够执行好这个项目计划吗?
④ 项目的投资和投资回报是你和投资者期望的吗?
⑤ 有哪些风险和机会存在?

3. 对创业企业员工的作用

创业计划书不仅是创业者向潜在投资者描绘的企业蓝图,还是企业今后的奋斗目标。对任何企业来说,无论它的未来多么美妙,目标多么远大,最终都要通过企业的全体成员来实现。因此,创业计划书只有被企业员工充分理解并认同,创业计划书所描绘的目标才能实现。可见,良好的创业计划书还具有增强企业的凝聚力和向心力的作用。

4.4.2 创业计划书的组成要素

不同行业、不同用途的创业计划书的形式有所不同。但是,从总的结构来说,创业计划书都应该包括摘要、正文、附录3个部分。

1. 摘要

摘要是整个创业计划书的"凤头",是对整个创业计划书内容的高度概括。摘要部分的作用是以最精练的语言、最有吸引力和冲击力的方式突出创业计划的重点,迅速地吸引投资者的注意力并抓住投资者的心。

摘要部分相当于一个引路人,把投资者从纷杂琐碎的内容中快速地引入关键的、其所感兴趣的创业主题。在投资者的案头,往往堆积着来自不同团队提供的创业计划书,在激烈的资金争夺中,一个创业计划书是否能引起投资者的关注与摘要写得好坏密切相关。

因此,摘要必须涵盖创业计划书的要点,简明扼要、条理清晰地阐明创业的基本思路、目标等。创业者要反复推敲,精益求精,使摘要结构完美,语句清晰、流畅且富有感染力,便于投资者在最短的时间内一目了然地评审整个创业计划并作出判断。摘要最好只写一页,无论如何不要超过两页。在摘要中,创业者一般要突出以下重要内容。

① 是否已经成立企业、企业目前的状况、产品/服务进入市场的准备情况。如果企业已经投入运营,要提供过去的成功业绩和当前交易信息,以及现有的主要人员信息。

② 将要推出的产品/服务及销售对象,尤其是对竞争优势的详细分析。市场需要这种产品/服务的原因,以及市场规模、预计销售量。

③ 利润和现金流动的预测、需要的资金量,以及提供资金的投资者或贷款人何时以何种方式得到收益。

④ 创业者长远和近期的目标,以及达到这些目标将要采取的战略。

摘要虽然列在创业计划书的最前面,但它是在其他部分定稿之后撰写的,因为只有这样,才能形成对创业计划的准确概述。

2. 正文

正文部分是整个创业计划书的核心,其作用是向投资者一一展示其所应当知道的所有内容,并最终说服投资者,使他们充分相信该项目是一个值得投资的好项目,以及这个创业团队有能力让他们的投资获得最佳的回报。正文是整个创业计划书的"猪肚",其内容应翔实,充分展示全部内容,让投资者知道他想知道的全部内容。

正文内容依企业目标、服务对象的不同而有所不同,不过,正文中以下几个方面的内容是经常被提及的:企业介绍,产品/服务介绍,市场机会分析,营销计划,财务计划,管理能力,融资计划、投资回报与退出,投资风险以及阶段目标。

(1) 企业介绍

企业介绍主要是对创业企业或创业者拟建企业的总体情况进行介绍,即明确阐述创业背景和企业发展的立足点,包括企业设立的必要性、企业的目标和发展战略及企业的股权结构等内容。

① 企业设立的必要性

对企业进行介绍的最便捷方式是从描述创业机会入手,首先着重讲述为什么要创立这个企业,以及创立这个企业最合适的时间、地点等;其次阐述拟采用的企业形态,以及采用这种形态的原因等;最后讲述企业的竞争优势和商业模式。总之,这个部分应该简要说明企业创立的必要性。

② 企业的目标和发展战略

创业者应该进一步说明自己创建企业的背景和现状,清晰明了地讲出企业的全盘战略目标,使投资人能充分了解并信任其所投资的创业企业。

③ 企业的股权结构

该部分首先介绍企业的股权结构(如图4-2所示)。对新创企业而言,最常见的问题就是没有清晰地界定权责关系,当两个或多个创业者地位相当时更容易发生这种问题。为了表明创业者已解决了这个问题,创业计划书中必须加上企业的股权结构图,同时配以简要的文字来说明股权结构图中的重要关系。

股东	出资数额	出资时间	出资方式	出资数额所占比例	现任职务
甲					
乙					
⋮					

图4-2 企业的股权结构图

(2) 产品/服务介绍

产品/服务是创业计划的具体承载物,是投资最终能否得到回报的关键。对产品的介绍，尤其要注重产品的新颖性、先进性和独特性，可以给出产品的图示或数码图像。如果产品体积很小或非常廉价，如某种易存食物，可以将样品和创业计划书一同送出。如果产品的技术原理非常复杂，就必须用通俗语言对它进行阐述。投资者往往不是科学家，因此要避免使用技术用语或者行业专用语。产品/服务的介绍可以包括以下内容。

① 产品/服务的特点和竞争优势

该项说明创业者的产品/服务与竞争对手的产品/服务相比有哪些优点，顾客为什么会选择本企业的产品/服务。创业者应对其描述得尽可能翔实清晰，具体应突出产品/服务的特点、产品的竞争优势等。

② 产品/服务的市场前景预测

该项说明创业者的产品/服务预计能获得多大的市场份额，为什么企业的产品/服务能获得较大市场份额，为什么用户会大批量地购买企业的产品/服务。产品/服务要有商业价值，必须以市场为导向，而不能以纯技术为导向，因为有市场机会的创意才最有价值，才能够满足目标市场领域的要求。

③ 产品/服务的知识产权保护

该项说明创业者为自己的产品/服务采取了何种保护措施，拥有哪些专利技术或与已申请专利的厂家达成了哪些协议等。知识产权是塑造创业企业价值和竞争优势的基础，除高度机密信息以外，应该列出企业拥有的所有重要专利、商标和版权。对于高度机密的信息，企业可以宣称出于知识产权考虑，它还处于秘密运作阶段。这些知识产权保护措施对创业者来说非常重要。

④ 产品的研发情况

该项说明创业者的产品研究与开发目前正处于一种什么样的状态，以及创业者在技术开发方面已经投入的资金总额是多少，计划再投入多少开发资金。如果还未开始实际研究和开发产品，则应说明企业或主要创业技术骨干的研究与开发成果及其技术的先进性，如技术鉴定情况和技术获得有关部门和机构的奖励情况等。

⑤ 产品的生产计划

该项说明对企业生产活动进行的统筹安排，产品的生产计划是企业生产活动有序进行的基本依据，是企业生产经营计划的重要组成部分。生产计划针对的是生产方式、生产设备、质量保证等方面的问题。

(3) 市场机会分析

清晰的市场计划是对创业风险投资公司最具吸引力的方面，市场机会分析是投资者决定进入市场的关键因素。为了保证其准确性，创业者可以委托不同专业的市场分析公司分别作出严密科学的权威性调查报告，并综合尽可能多的数据，制订出最终的论证方案，最大限度地规避风险。市场机会分析可以从宏观、中观和微观3个层次来分析。

① 宏观环境分析

创业者可以运用PEST分析法对创业想法涉及的政策与法律环境、经济环境、社会文化环境与技术环境作出周密的分析，从宏观上辨别机会是否存在。PEST分析是指宏观环境的分析，宏观环境又称一般环境，是指影响一切行业和企业的各种宏观因素。对宏观环境因素做分析时，不同行业和企业根据自身特点和经营需要，分析的具体内容会有差异，但一般都应对政治(political)、经济(economical)、社会(social)和技术(technological)这四大类影响企业主要外部环境的因素进行分析。

② 中观行业分析

该项说明创业者试图进入的行业发展趋势及重要特征，如行业的规模、吸引力和盈利潜力。行业分析不仅要考虑行业的结构、发展趋势、竞争者、市场规模的大小，还要考虑新产品、新市场和新顾客、行业新进入者和退出者，以及其他对企业产生正面或负面影响的因素等。阅读行业分析之后，投资者应该能准确把握新创企业参与竞争的行业前景，识别创业者试图进入的目标市场。

③ 微观竞争分析

根据迈克尔·波特（Michael Porter）提出的竞争模型，潜在的进入者、行业内现有的竞争者、替代品的生产者、供应者和购买者是主要的竞争力量。该项说明创业者对市场竞争情况及自身优势的认识情况和企业的竞争战略部署。俗话说："知彼知己，百战不殆。"竞争分析有助于创业者迅速摸清自己企业的产品/服务较其竞争对手的产品/服务的主要优势和独特品质。

(4) 营销计划

营销计划应该承接市场分析部分，并提供有关企业产品销售的详细信息。营销计划主要对如何达到销售预期状况进行描述分析，需要详细说明挖掘企业竞争优势的总营销战略。营销计划必须详细说明为了进行产品销售宣传所需的资金，同时，应该阐述企业其他的营销信息，包括对销售人员的激励方式和有效促销策略。投资者阅读完这个部分的内容后，应该对企业进入其目标市场的总体策略充满信心，同时也应感受到企业的产品战略、价格战略和促销战略互相补充、融为一体，能够起到实际的营销作用。

(5) 财务计划

财务是战略伙伴和创业投资者最为敏感的方面，他们可从中判断自己的投资能否获得预期的回报，所以提供清晰明了的财务报表是对创业者最基本的要求。创业者应对资金需求额度具备足够的认识，必要时还要请教专业人士。战略伙伴和创业投资者最关心企业经营的财务损益情况，这是决定战略伙伴是否加盟、创业投资者是否投资的关键因素。创业者要根据创业计划、市场计划的各项分析和预测，在全面评估市场信息和企业财务环境的情况下，提供企业今后 3 年的预计资产负债表、损益表及现金流量表。创业者要将预测的依据、预测的前提假设以及预测的方法一一列明，来增加预测的可信度。

(6) 管理能力

管理能力在创业计划中体现在 3 个方面，包括核心管理者、管理团队、人力资源。

① 核心管理者

该项应该包括管理团队中每个核心成员的简要介绍，包括他们的职务、工作经历和工作业绩、受教育程度、管理背景和能力等，特别是其拥有的专业知识、技能和成就。如果管理者的简历中包含特别信息，应该在创业计划书的附录中详细说明。如果管理团队成员之间曾经有过共事经历，那么就应该强调这些与工作相关的经历。在投资者看来，与彼此陌生的管理团队相比，那些曾有过成功共事经验的管理团队风险更小。

② 管理团队

该项主要介绍管理团队成员所具有的教育及工作背景、具体分工情况、产权与股权划分情况、创业信念、风险识别及反应能力、实施计划的能力等，重点展示管理团队的凝聚力和战斗力，使战略伙伴或创业投资者了解企业的管理团队是由一批具有丰富管理经验和较高职业道德的人士组成的。组建团队时应该谨慎，其应拥有技术、管理、财务、法律等方面的人才，团队内部成员的能力要互补。

③ 人力资源

该项要考虑现在、半年内、未来3年的人事需求，并且具体考虑需要引进哪些专业技术人才，这些人才是全职还是兼职，这些人才的薪水如何计算，人力资源管理成本是多少等。该项还应说明：企业准备设立的机构、各机构配备的人员、各人员年收入情况；是否考虑员工持股问题，如果考虑，就需要说明股票期权实施办法和红利分配原则；企业如何加强对员工的持久激励；企业的内部约束机制和外部约束机制；等等。

(7) 融资计划、投资回报与退出

融资计划、投资回报与退出是创业计划的关键部分，是创业投资者十分关心的问题，包括以下3个方面。

① 融资计划

该项说明创业者对资本的具体需求和安排。创业者应在此列出资金结构及数量，并在全面估价后，提出最具吸引力的融资方案。比如：为保证项目实施，需要吸引多少投资；需要的投资中，需投资者投入多少，对外借贷多少，企业自身投入多少；对外借贷、抵押或担保措施是什么。此外，该项还需要说明融资款项的运用、资金的使用规划，目的在于使战略伙伴和创业投资者能够信任创业者并能够放心投资。

② 投资回报

该项需要用具体数字来描述投资者可以得到的回报，需要预计未来3~5年平均每年的净资产回报率，包括投资者得到回报的具体方式和时间等。

③ 投资退出

该项需要与投资者协商确定。创业风险投资公司往往要求在很短的时间内收回投资，一般是三到五年。对新创企业而言，主要有3种收回投资的方式，分别是企业公开上市、企业找到买家和被其他企业收购。例如，投资者可以通过股票交易出售所持有的企业股份，从而将股份转变为现金。

(8) 投资风险

投资风险是创业投资者十分感兴趣的问题，直接关系到其商业利益，因此创业者要仔细考虑和分析。企业必须根据自身实际来描述确实存在的关键风险。这一项目指的是在创业过程中，创业者可能遭受的挫折，如市场变动、竞争对手太强、客源流失等，这些风险对创业者而言，可能会导致创业失败，因此，投资风险评估是创业计划书中不可缺少的一项。创业计划应该给战略伙伴和创业投资者的重要印象之一就是新创企业的管理团队很细心，已充分认识到企业面临的关键风险，并能一一提出妥善的预防和解决方案。

(9) 阶段目标

在创业计划书中最好提出响亮又务实的阶段目标。阶段目标是指创业后的短期目标、中期目标和长期目标，主要是让创业者明白自己事业发展的可能性与各个阶段的目标。这些目标必须建立在现实、客观、具体的数据上，经过统计分析推导出来。只有这样才能让战略伙伴和创业投资者对创业者表示认同。

3. 附录

附录部分是对正文的补充。它的功能是提供更多、更详细的补充信息,即正文部分未能详细说明的内容。由于篇幅的限制,有些内容不宜在正文部分过多阐述,那么可以把这些内容放在附录中。同时,一些需要提供的参考资料,也不宜放在正文中,这些都应放在附录部分,以供投资者阅读时参考。

4.4.3 创业计划书的撰写技巧

一个风险投资公司每月都要收到各式各样的创业计划书,每个风险投资家每天都要阅读几份甚至几十份创业计划书,而其中仅有几份能够引起他进一步阅读的兴趣。所以为了确保创业计划书能够引起风险投资者足够的注意,创业者必须事前进行充分周密的准备工作。

1. 写好开头

整个创业计划书要有一个精彩的概要。对于整个创业计划书,最重要的是摘要部分;对于创业计划书的正文部分,最重要的是每段的开头,一定要用一两句话,精炼地概括出整段的核心思想。

2. 吸引投资者的注意力

撰写创业计划书最主要的目的是引起投资者的兴趣。通过创业计划书这种形式说服投资者,让他们心甘情愿地拿出钱来投资创业者的好想法或好技术。因此,在撰写时必须事先搞清楚什么是投资者最感兴趣的东西,什么是投资者不感兴趣的东西,投其所好才能事半功倍。另外,创业者在寻找投资者之前一定要做市场调查,摸清要找的投资者的基本情况,有针对性地做好准备。

3. 多表现投资者感兴趣的方面

毫无疑问,所有投资者都对利润大风险小的投资项目最感兴趣。在一般情况下,投资回报与风险成正比,所以在众多的项目选择中,投资者自然首先把注意力集中在那些风险相对较小、回报相对较大、投资更安全的项目上。不同的投资者有不同的侧重点,在评估项目时,有不同的考虑。一个有经验的专业投资者一般总是对创业计划的以下几个方面感兴趣。

(1) 产品或服务的市场前景

投资本身就是一种市场导向的经济活动。投资者首先感兴趣的是创业者所生产的产品或提供的服务是否能被市场所接受。好的产品或好的服务如果不能被市场接受,是不会产生经济效益的。所以创业者一定要在创业计划书中提供足够的证据来证明市场对其产品或服务接受的情况。

(2) 项目的投资回报情况

大多数投资者一般都希望他们的投资能在3~7年收回,即他们所持的企业股份能在3~7年兑现。投资者要知道他们的投资在什么时间、以什么样的方式可以得到偿付。他们需要创业者在创业计划书中对项目的投资回报情况有一个明确的交代。他们还想知道投资回报率与风险是否成相应的比例。重要的是,他们还想知道在创业者提供的投资回报率中是否考虑了通货膨胀的因素。一般来讲,投资者希望在考虑了通货膨胀因素的情况下,年回报率在35%~60%。

（3）企业的强项

创业者应该告诉投资者自身的一两个强项,以及自己如何尽最大的努力把全部精力集中到这一两个强项上。如果创业者不能在创业计划书中突出自己的强项,那么投资者就会对企业的管理能力和经营方式产生怀疑。如果没有独特的拳头产品或服务,投资者一定会怀疑企业是否可以在市场中站住脚。如果创业者在创业计划书中提到的项目太多,他们会怀疑创业者的精力过于分散,不能干好任何事情。

（4）企业的自我保护能力

创业者不但要告诉投资者企业的强项,还必须要告诉投资者其是如何保护企业的强项的,如专利、专利转让书、商标保护、版权证明等。如果企业没有自己的独特技术或服务项目,或者虽然有独特的技术或服务项目,但是得不到可靠的保护,投资者都不会放心。例如,麦当劳是快餐业的巨头,对于它所提供的快餐服务,任何人都可以掌握其经营方式,但是未经麦当劳的允许,任何人不能挂麦当劳的牌子。

（5）企业在市场中的地位

投资者对企业的技术或管理方式在同行业中处于什么样的地位尤其感兴趣,宝丽来公司研究开发的一次成像技术就是一个典型的例子。宝丽来公司所掌握的一次成像技术是当时世界上最先进的一次成像技术,当柯达公司用将近30年的时间才研制出不侵犯宝丽来专利权的一次成像胶片时,宝丽来公司早已经在一次成像的市场上赚够了钱,并且建立了不可动摇的霸主地位。

4. 回避投资者不感兴趣的方面

（1）企业过于强调产品或服务

有些创业者往往过于乐观地相信自己的产品或服务,过高地估计技术或想法的重要性。他们在创业计划书中过分强调产品或服务,而忽略了市场。从投资者的角度来看,这些创业者把他们未来的市场完全建立在自己的主观愿望上和未来可能的顾客上。投资者最反感的就是这种创业计划书,而这又往往是创业者很容易犯的错误。没有市场的产品一定不会引起投资者的兴趣,在现代商品生产社会中,对企业的生存而言,市场的重要性已经远远地超过了技术的重要性。

（2）项目的盈利不在公认的正常范围内

每一个行业的盈利情况都有一个公认的范围。例如,一般机电零部件生产行业的毛利是30%左右,而医疗器械生产行业的毛利率是60%左右。如果一个机电零部件生产企业把毛利率预计为60%,而医疗器械生产企业把毛利预计为30%,两者的预计都不在公认的正常范围内,投资者必然对这二者的创业计划书产生怀疑。他们一定会认为生产机电零部件的企业夸大了自己的盈利情况,而生产医疗器械的企业在管理方面存在问题。

（3）产品或服务面向的顾客群太小

如果企业生产的产品或提供的服务面向的顾客群太小,对顾客针对性过强,投资者会认为企业生产成本太高,利润太低,从而不愿意投资。越是大众化的产品或越是面向大众的服务,越容易获得投资,反之,则不易获得投资。

4.5 创业资源的获取

本节主要是从两个方面来介绍创业资源获取这一重要的创业环节,包括创业资源的分类以及社会网络和环境动态性与创业资源获取的关系。

1. 创业资源的分类

创业活动需要资源的支撑。在经济学分析中,一般认为资源是指企业为了创造新价值和追逐新财富而投入生产经营过程中的所有生产要素和支撑条件。资源基础理论作为传统战略管理的核心理论,指出企业要想获得持久的竞争优势,就必须掌握那些稀缺的、不可替代的、不可模仿的战略资源。创业资源是新创企业成长和发展过程中不断投入运作的所有资产。

创业资源是新创企业不可或缺的基础,贯穿于整个生产经营过程。创业伊始,创业者需要判断是否具有足够的资源来进行创业,同时,由于新创企业的高成长性需要更多的资源来保障,创业家需对创业资源进行充分的整合以保障组织战略的执行。企业从创立到成长发展的过程中,一直伴随着识别和获取所需的创业资源——利用已整合好的资源撬动新资源——整合新的创业资源这样一个过程。创业资源不仅能保证创业活动的生产经营,还能让企业获得竞争优势。

根据资源的性质,可以将创业资源分为7种类型,即人力资源、社会资源、信息资源、财务资源、物质资源、组织资源和政策资源。

(1) 人力资源

人力资源包括创业者与创业团队的知识、经验,也包括创业团队及其成员的专业智慧、判断力、视野、愿景,甚至还包括创业者本身的人际关系网络。创业者是新创企业中最重要的人力资源,因为创业者能从混乱中看到市场机会。创业者的价值观和信念更是新创企业的基石。即使说新创企业之间的竞争实际上是创业者个人之间的竞争,也不夸张。

(2) 社会资源

社会资源主要是指由社会关系网络而形成的关系资源。社会资源是人力资源的一部分,也是特殊的人力资源。对新创企业而言,社会关系网络非常重要。因为社会资源能使创业者有机会接触到大量的外部资源,有助于通过网络关系降低潜在的风险,加强合作者之间的信任和声誉。丰富社会资源是创业者的重要使命。

(3) 信息资源

当今社会竞争更为激烈,新创企业要想胜出,就必须获得及时、准确的市场信息以做出正确的决策。新创企业尤其需要做好信息资源整合。信息资源的整合是指管理好企业内、外部的信息资源,既要抓住企业好的发展机遇,又要整合管理好企业内部的信息资源,进行信息资源的规划。信息资源规划即根据需求分析建立集成化信息系统的功能模型、数据模型和结构模型,形成一个系统化的企业信息化解决方案,以使企业高质量、高效率地实现跨越式发展。

(4) 财务资源

财务资源包括资金、股票等。对创业者来说,财务资源主要来自个人、家庭成员和朋友。

由于缺乏抵押物等多方面原因,创业者从外部获取大量财务资源比较困难。财务资源对于企业的重要性不言而喻,在企业经营过程中,无论是引进新产品或新服务,还是进行产品研发都需要大量的财务资源支持。受新创企业高成长性的要求,创业者需要整合企业内、外部资本以保障企业的发展。

（5）物质资源

物质资源指创业和经营活动所需要的有形和无形资产,如厂房、土地、设备、技术资源等。其中技术资源包括关键技术、制造流程、作业系统、技术专利等。技术资源与人力资源的区别在于：人力资源主要存在于个人身上,随着人员的流动会流失；技术资源大多与物质资源相结合,可以通过法律手段予以保护。有时物质资源也包括一些自然资源,如矿山、森林等。

（6）组织资源

组织资源通常是指组织内部的管理系统等。一般来说,人力资源需要在组织资源的支持下才能更好地发挥作用,企业文化也需要在良好的组织环境下培养。

（7）政策资源

从中国的创业环境来看,创业需要相应的政策扶持,只有在政策允许和鼓励的条件下,新创企业才能获得更多的贷款和投资、优惠政策等。

2. 社会网络和环境动态性与创业资源获取的关系

有价值的、稀缺的、难以模仿的、难以替代的异质性资源对新创企业的绩效具有重要影响,是企业获取竞争优势的基础。企业新生性导致的成长劣势使新创企业面临很大的技术和市场不确定性,而缺少绩效记录及信息不对称等问题阻碍了人们对新创企业的正确评估,使新创企业很难获得外部企业和机构的支持。因此,与成熟企业相比,新创企业往往很难及时获取所需资源,面临更高的失败风险。

在创建的早期阶段,新创企业逐渐建立的社会网络可以帮助企业克服上述问题,创业者可以凭借社会网络来获取资金、关键技术和人力资源等新创企业所需的资源。社会网络对新创企业的资源获取具有重要影响。

（1）社会网络与资源获取

社会网络是指社会单位之间及人与人之间比较持久的、稳定的、由多种关系结合而成的网络关系,包括强度和密度两个维度。前者是指网络内成员间联系的密切程度,后者是指网络内成员及其联系的规模。

社会网络作为一种重要的社会资本,同经济资本一样属于有用的创业资源,它对创业机会的开发和利用过程有着积极的影响。社会关系的重要性在于提高自我肯定、提供个人网络和有价值的资源。

社会网络对于获得关键资源是非常重要的。个体之间的联系为个人提供了便于评估和使用资源的网络,这对于机会的开发十分重要。因此,如果能妥善利用社会网络,就可以在信息不完全、市场不完善的环境里获得资源。

企业资源包括其能够控制或使用的、能潜在或实际影响企业价值创造的所有资金、实物、人力、技术、知识和信息等。以企业作为边界,资源获取方式主要有两种,分别是资源外部获取和资源内部积累。资源外部获取具体包括资源购买和资源吸引。资源购买指的是利用财务资源杠杆获取外部资源,如购买厂房、装置、设备等物质资源,购买专利和技术,聘请有经验的员工和通过外部融资获取资金等。资源吸引指的是发挥无形资源的杠杆作用,如利用新创企业的商业计划、创业团队的声誉等获得物质资源、技术资源、资金和吸引人力资源。资源内部积累指的是利用现有资源在企业内部培育所形成的资源,主要包括企业自建厂房,在企业内部开发新技术,通过培训增加员工的技能和知识,通过企业自我积累获取资金等。

新创企业通常面临较大的资源缺口,需要通过资源外部获取或资源内部积累两种方式获得资源,最终所取得的资源在数量和质量上才能满足需求。在一般情况下,网络强度和网络密度都会影响新创企业的资源获取。

① 社会网络与资源外部获取

社会网络对企业资源外部获取的影响因素主要表现在 3 个方面:第一,强关系网络有利于资源所有者收集有关创业者能力、新创企业技术和市场潜力的信息,从而可以对新创企业进行有效评估,减少新创企业的资源搜索成本;第二,社会网络通过控制机会主义行为而减少交易成本,如果创业者有一些不正当行为,负面信息会很快通过资源所有者网络扩散,新创企业花费很长时间构筑的信誉可能在一瞬间毁掉,因此网络具有抑制机会主义行为的自组织性;第三,强关系网络有利于增加企业与其他网络主体之间的信任程度,进而使创业者更愿意把新创企业的技术和产品信息透露给资源拥有者,促进双方之间的资源交换。因此,强关系网络可以有效解决新创企业所面临的环境不确定性和信息不对称性问题,使新创企业更容易获取所需数量和质量的资源。

企业需要从不同类型的组织中获取不同类型的资源,网络成员规模的增加将影响企业的资源外部获取。因而,反映网络成员及其连接规模的网络密度揭示了企业获取资源渠道的多少,对资源外部获取具有重要影响。

从网络强度和网络密度两个维度可以看出,社会网络确实会影响新创企业的资源外部获取。

② 社会网络与资源内部积累

社会网络对资源内部积累的影响主要表现在企业可以通过社会网络进行学习。与大企业的管理者相比,创业者的管理能力明显处于劣势,往往无法对创业资源进行有效整合与利用。但他们可以通过社会网络获取大量的经验和技能等隐性知识。新创企业与其网络成员(供应商、用户和其他企业及机构的员工)频繁交流,使新创企业能够获得更多的外部知识,从而对资源进行有效积累,促进自身产品和工艺的创新活动。而尤其重要的是,对于隐性知识需要通过网络成员之间的广泛交流才能传递下去,这意味着隐性知识必须借助于强关系网络才能得以传递。网络密度越高,越有利于新创企业向更多的资源所有者学习;网络强度越高,越有利于新创企业通过有效学习获取隐性经验和技能,进行有效的资源内部积累。例如,蒙牛自创立以来,每年会将大批各阶层员工派往国外和国内同行业企业进行参观、交流。为员工提供更多的学习机会,员工才会与时俱进,从而推动企业发展。资源内部积累不但能扩大新创企业资源的规模,而且能帮助新创企业更好地控制资源的积累过程,从而使积累资源的质量更能满足企业需求。因此,社会网络强烈影响着新创企业的资源内部积累。

通常新创企业拥有一定的初始资源,而不断获取的新资源是保证创业者顺利创建及不断发展一个新创企业的基础,而资源获取成本的高低则影响资源对新创企业创造价值的贡献。事实上,获取外部资源需要一定的搜寻成本,新创企业与各网络成员之间的联系程度在一定程度上影响了搜寻成本。同时,社会网络对资源内部积累的影响主要是通过企业的学习能力实现的,企业通过学习获取先进的管理经验从而对资源进行有效的内部积累。

总的来说,在当前激烈的市场竞争环境下,对各种网络关系及整体网络的管理能力成为企业成功的关键条件。网络关系的构建、利用和管理对处于竞争劣势的新创企业尤为重要,这也是新创企业需要逐步构筑的一种能力。新创企业应该有目的、有意识地塑造自身的网络关系的构建能力,帮助自身在有限资源的基础上开发、维护和利用各种层次的网络关系,识别机会,引导或适应网络动态变化并及时获取各类所需资源以赢得长远的竞争优势。

(2) 环境动态性与资源获取

环境动态性是指产业中变化的不可预测性,源于竞争者的进入和退出,消费者需求和技术条件的变化可影响创业者对未来的预测。通常动态性环境会影响创业机会的产生,进而影响企业的生成。环境动态性越强,创业机会越多,就会有更多的创业者选择创业。创业者过去应对环境动荡的经验无疑会提高新创企业应对外部环境的适应能力,创业者能够分析环境的变化并抓住适宜的机会。显然,长期处于动态环境下的企业或创业者能够不断地积累应对环境变化的能力。从这一角度看,环境动态性可以为创业者提供更多的创业机会,促进更多的创业者创业。新创企业数量的增加导致更大规模的资源需求,从而促使新创企业采取购买、吸引和积累等方式获取所需资源。

环境动态性越强,产生的创业机会越多,企业的资源需求越大,企业之间资源获取的竞争越激烈,这进一步督促新创企业建立各种网络关系以运用不同的方式获得所需资源。在动态变化的环境中,为了获取所需要的一定数量和良好质量的资源,以及更好地把握市场变化的动向,新创企业有必要与更多的网络成员(如顾客、供应商、中介、政府部门等)建立联系,从而减小动荡环境对其影响。通过与国外企业、特定的政府机构建立联系,新创企业可以获得所需的财务资源,并可以学习到先进的管理和技术知识,还可以了解政策动向,增加获取新资源的机会。同时,创业者与新创企业也倾向于与教育机构建立联系,有利于其获得所需的人力资源。创业者可以通过与相关研究人员的接触发现创业机会。联系越密切,网络成员之间的信任度越高,新创企业能够获得资源的数量和质量就越容易满足其需求。

在动荡的环境下,如果缺少足够的资源就会降低企业对市场机会和竞争者行为的反应能力。例如,如果缺少具有管理技能的员工,当市场需求出现时,企业就无法对市场机会作出反应,引入新的产品和服务。由此可见,企业更需要通过内部积累的方式获得所需资源,也更需要积累经验和学习技能,从而对资源进行有效的积累,而社会网络是企业学习的有效途径。

环境动态性越强,企业获取资源的风险意识越强,与外部环境交换的物质和信息越多,企业就越倾向于建立更广泛的联系,提高网络密度,从而有利于企业向更多的网络主体学习,提高资源内部积累的效率。同时,经验和技能等隐性知识的转移通常需要频繁而密切的接触才能实现,即借助于强关系网络才能实现,为了提高学习效率,企业会提高网络强度,从而更有效地进行资源的内部积累。

因此,环境动态性会影响网络密度与新创企业资源外部获取的关系,同时也会影响网络强度与新创企业资源外部获取的关系。环境动态性对社会网络与资源获取的关系具有调节作用,即环境动态性越强,社会网络对资源获取的影响越大。

为了应对动态变化的环境,企业必须寻找新的资源参与市场竞争。需要创业者注意的是,在动态变化的环境中,不同的资源具有不同的价值。在稳定环境下,有形资源更有效,而在动态变化的环境中,以知识为基础的无形资源更有价值。因此,在动态变化的环境下,新创企业更需要建立社会网络以获取新的资源,保证新创企业在动态变化的环境下的灵活性,而且新创企业更应注意获取和积累知识型资源。

4.6 新创企业的成长管理

本节主要从3个方面阐述新创企业的成长管理,包括企业成长的生命周期、新创企业的战略选择以及新创企业面临的危机。

4.6.1 企业成长的生命周期

每一个企业都存在着自身的生命周期。企业的生命周期是指企业从诞生到死亡的时间过程。人的寿命由于受到自然生理因素的限制是有限的,而企业组织的寿命却不受这些限制,因而从理论上说可以无限长,但历史上长寿的企业却并不多见。据有关研究报告指出:在日本和欧洲,企业的平均生命周期为12.5年。在美国,有62%的企业平均生命周期不到5年,存活能超过20年的企业只占企业总数的10%,只有2%的企业能活50年。根据我国经济学家们的研究,我国大企业的平均寿命在7~8年,一般的中小企业的平均寿命只有3~4年。可见,从总体上说,世界上企业的平均生命周期都不长,企业组织整体上呈现出快死亡、短寿命的态势。

因此,认识和把握企业生命周期规律,采取积极措施应对企业衰亡的挑战,尤其把握好新创企业的成长期管理,促使企业健康成长,争取成为"百年老店",自然成为创业者奋斗目标和创业实践的重要课题。

1. 企业生命周期的特征

生命周期理论是经济学与管理学理论中很普遍的假设,它描述了产品、技术、产业或事业都有一个从产生到消亡的周期,企业的创建与成长过程也存在生命周期规律。由于新创企业的平均寿命短,如何做强、做久成为创业者共同关心的问题。

对企业生命周期的研究首先体现在企业成长阶段的划分上。对于企业成长阶段的划分,最基础也是最常见的划分方式是将企业的创立与发展过程划分为4个阶段,分别是培育期、成长期、成熟期和衰退期。

(1) 培育期

处于培育期的企业称为新创企业,培育期也可以说是企业的初创阶段。新创企业一般有两种情况:一是在获得资金或技术之后,由个人或国家投资创建的新企业;二是由原有企业合并、接管其他企业而形成的新企业。在这一阶段,企业的生存能力还比较弱,市场占有率低、管理水平差、市场地位还不稳定,很容易受到已存在企业的威胁,风险较大。但处于初创阶段的企业较有活力,富有创业精神。由生存欲望所激发的奋斗精神、创新精神、大无畏精神成为这一阶段企业成长的主要动力,这一阶段是精神转化为物质的阶段。

在培育期,企业要解决的首要问题不是成长问题而是生存问题。只要能在市场上站住脚,活下来,就能为将来迅速成长创造机会。

(2) 成长期

企业在经过培育期存活下来后,一般就会较快地转入成长期。这里的"成长"是狭义的,指由小企业发展壮大为中型或大型企业的过程。处于成长期的企业可以在比较短的时间内获得较快的成长,规模经济开始产生作用,企业经济实力增强、市场占有率提高、员工人数增加、主业日益凸显、抵御市场风浪的力量不断加强。

处于成长期的企业都是行业内比较引人注目的企业,通常也处于非常激烈的竞争环境中。因而虽然企业已进入成长期,但因经营战略方面的重大失误,断送企业前程的事例不在少数。成长期的企业依然不能掉以轻心,尤其是应该注意不能被众多令人耀眼的投资机会"花了眼",犯了放弃主阵地、盲目搞多元化经营的战略冒进错误。

(3) 成熟期

企业坚持过了成长期,就会进入成长速度放缓,但利润率提高的成熟期,这一阶段的企业为成熟企业。现实中能进入成长期的企业就不多,而能进入成熟期的企业就更是屈指可数了。绝大多数企业在成长过程中就销声匿迹、被无情地淘汰了。进入成熟期的企业一般是规模较大的企业、市场占有率也较高的企业,竞争企业已经不太容易撼动其地位,因而不需要再做大量的投入,企业就可以获得比较好的收益。

成熟期后期的企业一般都开始考虑多元化经营问题。追求可持续成长的企业会有效地将成熟期获得的丰厚利润再投入新的事业领域中。由于原有事业已经不太可能有满意的成长空间,因此企业必须到原有事业领域以外去寻找新的增长点。这一转变被称为企业的蜕变过程。

(4) 衰退期

成熟期的企业如果不能成功地进行蜕变的话,就会成为衰退企业(当然也有未成熟先衰退的企业)。企业步入衰退期的原因很复杂,但以下几种主要原因普遍存在:一是随着某个关键人物(如创业者)的离去而衰退;二是随着产品或服务市场(如电报业务)的消亡而衰退;三是随着技术的落后而衰退;四是随着企业组织的自然老化而衰退,如企业官僚主义横行、本位主义泛滥、创新精神缺失、应变能力下降,等等,总之,企业失去活力或生命力。

企业长寿或者持续成长的手段是"变革创新"。首先,企业可以通过不断的产品革新延长产品寿命,从而持续成长;其次,企业可以通过不断的技术革新,突破某一技术的寿命周期,从而持续成长;再次,企业可以通过事业的追求或转换跨越特定事业的寿命周期,从而持续成长;最后,企业可以通过制度创新,不断地为企业的可持续成长构建新的制度平台,为企业注入活力,使企业保持精神上的年轻态。这一系列的革新过程就是企业的蜕变过程。习惯上,企业界把成长过程中的重大革新阶段称为第二次创业、第三次创业。这使企业的成长过程出现一段动荡期,或者说使企业处于危机点。如果革新成功,企业就会进入一个新的成长期,但如果革新不成功,则进入衰退期。

2. 企业成长三阶段模型

关于企业生命周期的系统理论是由美国管理学家伊查克·爱迪思(Ichak Adizes)提出来的,我们称之为企业成长三阶段模型。该理论主要从企业生命周期的各个阶段分析了企业成长与老化的本质及特征。艾迪斯把企业生命周期形象地比作人的成长与老化过程,认为企业的生命周期包括3个阶段9个时期(如图4-3所示):一是成长阶段,包括孕育期、婴儿期、学步期、青春期;二是成熟阶段,包括盛年期、稳定期;三是老化阶段,包括贵族期、官僚化早期、官僚化期。企业最后的结局是死亡。

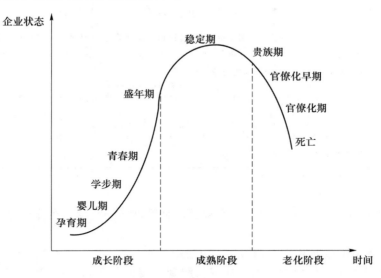

图4-3 企业生命周期各阶段示意图

在生命周期的不同阶段,企业存在不同的问题,各自有其特殊性,见表4-1。在每一个阶段向另一个阶段转换时,问题也随之产生。为了学会新的行为方式,企业必须放弃旧的行为模式。当企业花费精力努力从旧的行为模式转变到新的行为模式时,出现各种问题都是正常的。对于正常的问题,企业凭借自己内在的能量就可以解决,而对于不正常的问题则需要外部干预。企业成长意味着具备了处理更大、更复杂问题的能力。创业家的职责就是对企业进行管理,使之能够进入下一个更富有挑战性的生命阶段,将企业引向盛年期,并使其保持在盛年期。

表4-1 企业生命周期中各时期的特点

时 期	特 点
孕育期	企业尚未诞生,此时创业者仅仅是有创业的意图
婴儿期	企业以行动为导向,是机会驱动型企业,因此企业缺乏规章制度和经营方针,表现不稳定,易受挫折,管理工作受危机左右,不存在授权行为,管理上唱的是"独角戏"。创业者成为企业生存的关键因素
学步期	企业已经克服资金入不敷出的困难局面,销售额节节上升,表现出快速成长的势头,但企业仍是机会优先,被动的销售导向,缺乏连续性和重点,因人设事
青春期	企业得以脱离创业者的影响,并借助于职权的授予、领导风格的改进和企业目标的转换而成长。"老人"与新来者之间、创业者与管理人员之间、创业者与公司之间、集体目标与个人目标之间的冲突是这一时期的主要问题
盛年期	企业的制度和组织结构能够充分发挥作用;视野的开拓与创造力的发挥已制度化;企业注重成功,能够满足顾客的需求,制订、贯彻落实计划。无论是从销售还是从盈利能力来讲,企业都能承受快速发展带来的压力。企业分化出新的婴儿期企业,衍生出新的事业

续表

时 期	特 点
稳定期	企业依然强健,但开始丧失灵活性,表现为对成长的期望值不高,不努力占领新市场和获取新技术,对构筑发展远景失去了兴趣,对人际关系的兴趣超过了对冒险创新的兴趣
贵族期	企业将大量的资金投入控制系统、福利措施和一般设备上,强调的是做事方式,而不问所做的事情和做事的原因。企业内部缺乏创新,把兼并其他企业作为获取新的产品和市场的手段。企业的资金充裕,企业成为潜在的被并购的对象
官僚化早期	企业强调是谁造成了问题,而不去关注应该采取什么补救措施;冲突和内讧层出不穷;注意力集中到内部的争斗,忘记了顾客
官僚化期	企业流程过于烦琐,制度太多;与世隔绝,只关心自己;没有把握变化的意识。顾客必须费很大的力气才能与之有效地沟通

3. 企业持续成长的关键问题

企业在经过初期的快速成长后,通常都会面临管理转型问题。企业要保持持续成长,需注重以下3个方面。

(1) 复杂环境下战略规划的调整

明确的战略对企业创建初期的快速成长起到重要的作用,但这一时期企业家制订的战略显然具有这样一些特点:一是明显以销售为导向,一切以在短期内拥有顾客并迅速扩大销售量为核心;二是缺乏系统的分析,更多地凭借企业家及其团队对企业的理解,以及他们的胆识甚至运气;三是具有战术性,持续性不足。

在企业快速成长的时候,其需要把初期的战略规划进行调整,甚至制订新的战略规划。此时,企业家及其团队面临的内、外部环境因素要比创业初期多得多,环境因素的变化及其交互作用的动态性更为复杂,甚至可能比大企业所面临的环境还要复杂。因此,此时战略规划的重点是要把握对复杂环境的应对。

(2) 组织力量的增强

创业初期推动企业快速成长的主要动力是创新精神,组织的力量并不是决定性的因素。可以说,企业后续的持续成长应该主要依靠组织的力量。对索尼、惠普、宝洁、IBM及沃尔玛等著名企业而言,创始人最重要的贡献在于他们建立了组织。创意、战略的实施,资源的整合效率在很大程度上都要依赖于组织的能力。

(3) 创新精神的强化

创新是企业持续成长的永恒动力。与创业初期及稳定的大公司相比,转型企业面临的创新压力更大。一方面,初期创业的成功会促使许多人模仿而抵消企业的创新优势,而创业者及其创业团队迫于生存压力会减少对创新的投入,并且初期经营模式的惯性使创业者容易忽略创新;另一方面,这时企业没有大企业所具有的资源和组织力量,难以开展基础性的研究工作。因此,如何保持创业初期的创新能力和优势,加大创新力度并将其转化为企业的核心竞争力,是创业者此时面临的最大挑战,而持续创新的源泉在于组织的创新精神,或者称企业的创新精神。

4.6.2 新创企业的战略选择

企业战略就是关于企业作为整体该如何运行的根本指导思想,它是对处于动态变化的环境中的企业当前及未来将如何行动的一种总体表述。企业战略所要回答的核心问题就是企业存在的理由是什么,也就是企业为什么能够从外部得到回报并生存下去。对于企业存在理由这一核心问题的回答,可以分解成以下3个基本战略问题的答案。

① 我们的企业是什么?回答这一问题,需要说明企业目前到底在做什么事,从而引发对于现状的思考,这是企业制订战略的出发点。一个不清楚自己当前处于什么地位及正在做什么的企业,是很难确定其要往哪里去及该到哪里去的。

② 我们的企业将是什么?回答这一问题,需要说明企业如果按照现在的经营与运作状态发展下去,将会到达一个什么样的境地。同时需要回答的是,企业将要达到的状况是不是企业想要达到的。

③ 我们的企业应该是什么企业?回答这一问题,需要明确按企业现在的状况发展下去的结果和企业想要达成的结果间的差距,即要引发对于目标的思考。一个不清楚自己未来应处于什么地位以及该做什么的企业,是很难确定其前进的路线的,也是很难长期生存及进化发展的。

对于基本战略问题的思考和分析,将有助于明确企业存在的意义,提升企业的整体价值。因此企业发展过程中,需要制订相应的企业战略。

1. 企业战略的层次结构及类型

企业战略结构如图 4-4 所示。图 4-4(a)为单一业务企业的战略结构;图 4-4(b)为跨行业经营企业的战略结构,它的战略结构包括 3 个层次,即企业总体战略、竞争战略和职能战略。

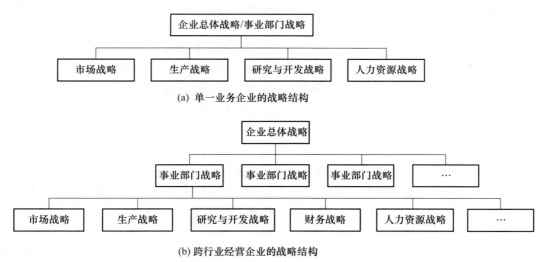

图 4-4 企业战略结构图

第一层次是企业总体战略。企业总体战略又叫公司战略或成长战略,主要决定企业应该选择哪些经营业务,以及进入哪一行业或领域,实际上是解决企业如何成长或发展的问题,当然也包括在不利环境下如何生存下来的问题。

第二层次是竞争战略。竞争战略主要涉及如何在所选定的行业或领域内与竞争对手展开有效的竞争,即主要解决竞争手段问题。我们可以将这一层次的战略看作一般战略或基本战略,它是企业赖以生存和与竞争对手争夺市场的基本工具。著名管理学家、"竞争战略之父"迈克尔·波特把竞争战略分为3种基本类型,即成本领先战略、差异化战略和集中化战略。竞争战略主要是由企业下属的各个事业部门考虑的,因此又叫事业部门战略。

第三层次的战略是职能战略。它是在职能部门中,如市场营销、生产、研究与开发、财务、人事等部门,由职能管理人员制订的短期目标和规划,其目的是实现企业和事业部门的战略计划。职能战略通常包括市场战略、生产战略、研究与开发战略、财务战略、人事战略等。如果说企业总体战略和事业部门战略强调"做正确的事情",那么职能战略则强调"将事情做好",它直接处理生产及市场营销系统的效率、产品或服务的质量、产品或服务的市场占有率等问题。

企业总体战略、事业部门战略及职能战略构成了一个企业完整的战略层次,它们之间相互作用,紧密联系。如果企业整体要想获得成功,必须将三者有机地结合起来。企业中上一层次的战略构成下一层次的战略环境,同时,下一层次的战略为上一层次的战略目标实现提供保障和支持。本章只讨论前两个层次的战略形式,即企业总体战略以及竞争战略。

(1) 企业总体战略

企业总体战略就是有关一个组织整体的全局性战略,它主要说明组织经营的主要方向。因此,企业总体战略的基本内容是经营范围、资源部署,以及企业的方针和原则,可以划分为密集性成长战略、一体化成长战略、多元化成长战略。

① 密集性成长战略

密集性成长战略又叫专业化成长战略,是指企业在原有生产领域内充分利用产品和市场方面的潜力,求得成长发展的战略。它有3种形式,即市场渗透战略、市场开发战略和产品开发战略。

• 市场渗透战略是指企业利用现有产品或服务在原有市场上进一步渗透,增加企业现有产品和服务的销售额和利润额的战略。它是在市场对企业的产品或服务的需求日益增大时最常用也是最易成功的一种战略。例如,某些零售或餐饮企业在本市范围内增设连锁店,为顾客提供更方便的服务,有利于增加产品或服务的销售额。

• 市场开发战略是指利用现有产品进一步开辟新市场的战略。当老产品在原有市场范围内已无进一步渗透的空间时,就要设法开辟新市场,以求得企业进一步成长。例如,某产品由某一地区推向全国,甚至推销到其他国家和地区。

• 产品开发战略是指以开发新产品的办法扩大企业产品在原有市场上销售量的战略。产品开发要根据消费者需要的变化,充分满足消费者的需求。

② 一体化成长战略

一体化成长战略是指以企业当前活动为核心,通过合并或兼并其他企业,取得规模经济增长的一种战略。它有水平一体化和垂直一体化两种基本形式。

• 水平一体化战略是指通过把性质相同或生产同类产品的子公司合并,扩大企业经营规模的战略。水平一体化战略可以是购买竞争对手的股票或其他资产,也可以是通过两个或两个以上的集团共同经营来扩大企业的实力。

• 垂直一体化战略强调企业向两个方向扩张,当朝着最终用户方向扩张时,称为前向一体化;当朝着最初的资源供应厂家方向扩张时,称为后向一体化。前向一体化有利于增加产品的销售量,提升企业的市场渗透能力,如一家钢铁厂与另一家使用本厂钢管制造家具的家具厂实行联合。后向一体化有利于减少企业对投入资源,尤其是关键资源的依赖性。

- 多元化成长战略

多元化成长战略是指企业生产多个种类的产品或企业业务涉及多个行业,又称为多角化经营战略。例如,一家公司既从事生物保健品的生产和销售,又从事房地产的开发和销售。

多元化成长战略的优点:能为企业提供原来所在行业不能提供的成长机会,可以向更具有经济优势的行业转移以提高企业的整体获利能力;有利于企业发挥规模经济的优势,充分利用机会实现跳跃式发展,提高企业的整体竞争力;能够分散风险,提升企业的应变能力;通过多行业经营,可以避免当某一行业经济不景气时企业可能产生的严重经济危机。

多元化成长战略虽然受到了很多企业的青睐,但是也有一定的缺点:会使企业规模变大,大大增加企业管理上的难度,企业容易失控;往往要跨几个行业,有可能出现外行领导内行的情况,甚至出现决策失误,不利于发挥企业的优势。

海尔的成长与战略选择

海尔创立于1984年,前身是青岛电冰箱总厂。经过20多年的艰苦奋斗,海尔从一个濒临倒闭的小厂发展成为在国内外享有较高美誉的跨国企业。在全球,很多家庭都是海尔产品的用户。

海尔高速成长的重要原因之一就是每个时期它都有一个明确而有效的发展战略。海尔的发展战略可以分为4个阶段。

① 名牌战略阶段。在1984—1991年,海尔一心抓质量,7年时间只做一个冰箱产品。海尔依靠高质量和个性化设计吸引了越来越多的用户。海尔的无形资产从无到有,海尔品牌价值跃居中国第一。

② 多元化战略阶段。在1992—1998年,海尔走低成本扩张之路,以无形资产盘活有形资产,成功地实现了规模的扩张。

③ 国际化战略阶段。在1999—2006年,海尔坚持"先难后易""出口创牌"的发展战略,搭建了一个国际化企业的框架。2002年海尔的海外营业额达到10亿美元,在美国、欧洲初步实现了设计、制造、营销三位一体的发展布局。

④ 全球化品牌战略阶段。2007年至今,海尔为了适应全球经济一体化的形势,打造了全球范围内的品牌,即要在每一个国家的市场创造本土化的海尔品牌。

---

(2) 竞争战略

① 成本领先战略

成本领先战略也称为低成本战略,是指企业努力发现和挖掘所有的资源优势,特别强调生产规模和只出售一种标准化的产品,在行业内保持整体成本领先地位,从而以行业最低价格为其产品定价的竞争战略。成本领先战略要求企业是低成本的生产者。而且,它提供的产品必须是能与竞争者同类产品相竞争的产品,或至少是顾客愿意接受的产品。企业通过大规模高效率的运作、技术创新、廉价劳动力或便宜的原材料来获得成本领先优势。

值得注意的是,采用成本领先战略意味着企业可以通过其低成本地位来获得持久的竞争优势,从而成为行业中的高水平经营者。它与一般的削价竞争并不相同,削价竞争往往以牺牲企业利润为代价,有时甚至亏本运营。爆发价格战时具有成本领先地位的企业具有更强的压价能力。

② 差异化战略

差异化战略是指企业向顾客提供的产品在行业范围内独具特色,这种特色可以给产品带来额外的价值。如果一个企业的产品的溢出价格超过增加其独特性所需的成本,那么该企业将取得竞争优势。

这种战略强调高超的质量、非凡的服务、创新的设计、不同凡响的商标形象,从而实现与众不同的特色。特色的选择必须有别于竞争对手,并且增加的收益要足以超过追求特色的成本。

③ 集中化战略

前两种战略是在广泛的市场中寻求竞争优势,而集中化战略是集中在狭窄的细分市场中寻求低成本优势或差异化优势。也就是说,管理者选择产业中的一个或一组细分市场,制订专门的战略向此细分市场提供与众不同的服务,目标是独占这个市场。当然,集中化战略是否可行取决于细分市场的规模大小,以及该细分市场能否弥补集中化战略的附加成本。

不管采取3种战略中的哪一种战略,要获得长期成功就必须保持住竞争优势。这就要求管理者持续地作出努力,使自己始终领先于竞争对手一步。

2. 战略选择的基本思路

应结合企业自身的外部环境、使命目标、内部实力状况选择有针对性的战略,战略选择的基本思路可从以下3个层面来考虑。

(1) 创造特色

特色就是做别人不做的事,有所创新,有所不同。对小企业来说,要与大企业竞争,只有尽量做到与众不同,才能脱颖而出。当然,与众不同需要勇气,更需要智慧以把握住顾客的内在需求。采取特色做法的关键是从顾客的角度考虑,以便让其切实感觉到产品或服务的特色,而不是让企业通过专门测试仪器或手段证明产品或服务的特色。一般来说,创造特色可以采取提供特殊产品或服务、满足特殊顾客群需要、采用特殊途径满足顾客这3种做法。

(2) 取舍

取舍即权衡利弊、做出抉择。企业要做出战略上的取舍,主要理由有3个方面:第一,有所为而有所不为。由于受到管理者能力及企业资源、时间的限制,必须权衡得失,结合特色建设做出选择;第二,鱼和熊掌不能兼得。只有围绕多个特色做出取舍,才有可能创造出真正的特色,使竞争对手难以模仿。第三,为他人留有生机才能活,只顾私利害人终害己。采取所谓赢家统吃、全面封杀对手的做法,从长远来看可能引起民怨及政府干预,从而使企业公众形象受损。

(3) 组合

可以从3个方面加以考虑:第一,管理创新组合,这就是在提升潜能的基础上,关注整体协同效应的发挥情况;第二,市场创新组合,这就是在拓展市场容量的同时,关注网络协同效应的发挥情况;第三,资源创新组合,这就是在争取竞争资源的基础上,关注竞合协同效应的发挥情况。在谈到企业发展设想时,经常听创业者说:"我们人与技术都不缺,就缺资金。"或者说:"我们资金与人才都不缺,就缺好项目。"实际上,这里缺的都是战略组合能力。

4.6.3 新创企业面临的危机

新创企业在成长的初期阶段,由于经验和能力欠缺,在成长过程中常常会遇到各种各样的危机,概括来说,主要有市场危机、财务危机、组织和人才危机以及知识产权危机4个方面。

1. 市场危机

新创企业的关键是生存,因此,寻找目标客户、开拓市场成为重中之重,新创企业在这一阶段遇到的危机可以分成两大类:一是进入市场的时机不对,导致市场开拓效果不明显;二是为了扩大市场盲目冒进,然而企业后劲不足,致使扩张失败。

为了有效应付市场危机,创业者需要谋定而后动,力求全面地了解市场状况,也需要对计划进入的行业了解得尽可能多,其中包括该行业的价值链的结构是怎样的,该行业是否具有资源或者成本方面的壁垒,是否存在技术标准的壁垒,企业的盈利点在哪里,等等。而且创业者还要注意学会等待和善于放弃,对一个处于成长期的行业而言,市场机会可能很多,但是这并不意味着每个企业都能够利用好这些机会,关键是看企业自身积累的实力。量力而行和有所为而有所不为不仅是企业在实施多元化战略时应该牢记的警句,还是新创企业在市场开拓中要时刻注意的问题,面对现实的诱惑,创业者必须学会放弃。

2. 财务危机

新创企业成长期的财务危机分为广义和狭义两种。狭义财务危机是指由新创企业负债而引起的危机。广义财务危机是指在新创企业成长过程中,各种可能给新创企业带来损失的危机。这种对财务危机的定义方式,有利于企业经营者从市场经济的高度,以企业的价值或资金运作方式为主线,来辨识、衡量和处置所面临的全部风险。

为了有效地应对财务危机,新创企业需要建立起较为完善的财务危机管理和防范机制,主要包括以下几点。

(1) 优化财务结构

财务结构优化的基本标志是成本最低化、企业价值最大化,其重点是对负债、资产和投资进行结构性调整,使其保持合理的比例,达到良性循环的目的。为此,企业一方面需要优化资本结构,调控资产负债率;另一方面需要优化资产结构,控制投资规模。

(2) 强化现金流的管理

一方面,新创企业应该提高应收账款的流动性,现金流量是评价企业综合素质的重要指标,是企业财务管理的核心内容,新创企业更要坚持"现金为王"的理念;另一方面,新创企业应该谨慎投资,严格地把握安全区内的可供资金量,并对资金使用效益进行谨慎性评估,以此作为企业规模扩张的依据。

(3) 控制收益分配风险

新创企业在计算收益时,要注重对企业收益质量、现金流量的分析,选用较为合适的收益分配方式;要综合考虑企业外部筹资风险和收益分配风险,力争使总的筹资风险控制在合理范围内,注意安排好企业的流动资金,确保企业能及时偿还到期债务,不因企业收益分配影响到期债务的偿还;要注意做好与股东、员工等相关利益者的协调沟通,兼顾相关利益者的长期利益和短期利益。

(4) 健全内部控制制度

新创企业的财务风险管理存在复杂性和多样性,这要求企业必须建立完整的内部控制制度,包括职务分离制度、筹资授权审核制度、利息支付的控制制度、股利发放制度等。

（5）建立财务风险预警机制

财务风险预警可以在新创企业财务危机发生之前，通过定性分析和定量分析，及时发现财务管理的问题，提前发出预警信号，警示新创企业及时分析财务恶化的原因，及时发现新创企业财务运营体系中的隐性问题，帮助新创企业积极采取措施改善财务状况和财务结构，化解财务风险。

3. 组织和人才危机

组织和人才危机是指由于新创企业在发展过程中未能建立合理、有效的组织机构和与之相配套的人才培养与招聘等各项规章制度，致使企业的内部管理水平滞后于企业产品的市场开拓能力，从而阻碍了企业进一步发展的危机。组织危机主要指新创企业内部部门的设置、部门之间的协调等方面的问题导致的突发事件；人才危机则指由于缺乏人才培训和招聘制度，致使企业无法获得胜任各个部门职责的员工而导致的突发事件。

为了有效地应对组织和人才危机，创业者必须记住两点：第一，为了鼓励创新和创造精神，创业者需要通过言传身教把创新和创造的精神传给尽可能多的员工，使新创企业保留创业特性，防止过早的官僚化；第二，逐步改变事必躬亲的做法，开始构思企业的组织框架，建章立制，育人用人，将自己的角色从"运动员"逐步转变为"教练员"和"监督员"。

4. 知识产权危机

知识产权危机是指让新创企业陷入与其他企业、机构的知识产权纠纷之中而难以脱身的危机，以致影响到企业的正常经营和发展，甚至严重威胁到企业的生存。特别是在知识经济时代，知识产权对于新创企业的重要性更加关键。知识产权是智力劳动产生的成果所有权。

为了有效地应对知识产权危机，新创企业需要做好两方面的工作：一方面是主动预防知识产权危机的发生，积极主动地保护知识产权，获取法律上的认可和保护；另一方面是理性解决已经发生的知识产权危机，可通过法律、社会媒体等各种途径和手段化解知识产权危机。

本章重点内容小结

1. 从过程思维的角度出发，在创业过程中常存在以下 5 种思维误区：①线性思维式创业；②跳跃式创业；③点子式创业；④创业计划书依赖式创业；⑤轻视知识产权式创业。

2. 创业过程主要包括 4 个阶段：机会的识别与评价、创业计划的创建、创业资源的获取以及新创企业的成长管理。

3. 创业计划书的正文内容依企业目标、服务对象的不同而有所不同。不过创业计划书正文中有 10 个方面的内容是经常被提及的：企业介绍、产品/服务介绍、市场机会分析、营销计划、财务计划、管理能力、融资计划、投资回报与退出风险以及阶段目标。

思 考 题

1. 什么是创业过程思维？

2. 关于创业过程思维,有哪几种错误认识?
3. 创业过程四阶段论的内容是什么?并谈谈你的认识。
4. 创业机会的评估准则指的是什么?
5. 创业计划书包含哪些要素?并拟定一个创业计划书。
6. 请说出创业资源的分类以及获取创业资源的方式。
7. 企业生命周期包括哪几个阶段?
8. 请说出企业总体战略以及竞争战略的分类。
9. 新创企业面临的危机包括哪几种类型?
10. 请选择一家新创企业,并对其创业过程进行详细分析。

综合案例

Airbnb(爱彼迎)的创建与发展

在线房屋租赁网站 Airbnb(爱彼迎)的创始人是布赖恩·切斯基(Brian Chesky)、内森·布莱卡斯亚克(Nathan Blecharczyk)和乔·杰比亚(Joe Gebbia)。

布莱恩·切斯基和乔·杰比亚是美国罗德岛设计学院的校友,他们学的都是工业设计。2007年10月,两人双双辞职,从洛杉矶来到了旧金山,准备做一番属于他们自己的事业,但具体做什么,他们都还不清楚。当时他们连房租都付不起,只好先合租在一起,一边雄心勃勃想着创业,一边为支付房租而发愁。恰逢美国工业设计师协会在他们住所附近召开设计大会,切斯基自然格外关注,上网浏览大会相关消息时,看到一则消息——大会召开地附近的所有酒店都几乎客满,于是突发奇想,和杰比亚聊了起来:"如果我们能给前来参加大会的设计师提供床位住宿,并能提供一顿早餐就好了。这样我们只需把设计师们安顿下来就能赚到钱。"杰比亚听他这么一说,也觉得主意不错。可他们没有空置的床位,两人想了个办法:他们从衣柜里拿出几个充气床垫,将其作为床位出租。他们在72小时内搭建好了网站,将出租充气床垫的信息发布到网上,很快就有3个设计师要求入住。设计大会结束时,他们不仅成功安顿了3位租客,还赚到了交房租的钱,并和其中一位成了好朋友。

两人当时并不认为这种"空气床+早餐"的服务是一个创业好点子,仅仅把它当作赚取房租的权宜之计。在探索其他商机无果之后,他们和工程师朋友内森·布莱卡斯亚克一起重新审视并认可了这个"开始听起来很傻"的创意,决定做一个房屋租赁网站。

2008年8月,3人经过半年的努力,创建了网站 Airbedandbreakfast.com。其商业模式很简单,就是户主将自己的空房信息放到网站上,Airbnb会从每笔交易中抽取一定的交易额作为服务费。

创业初期,三位创始人还是延续最初的思路,专门去一些举办大型会议的城市宣传,生意不太理想,创业的前6个月平均每个月只有200美元收入。后来他们发现几乎每一个地方都会有短租需求,于是他们开始重新定义用户,着重开拓和吸引有这种需求的人群。为了找出租户和房主在使用网站时的实际困难和网站不完善之处,他们逐一探访房主,像租户一样住在那里,早上品尝房东提供的早餐,体验网站的操作流程。通过移情,Airbnb掌握了第一手的体验资料,准确了解并解决了用户痛点。

起初,许多专家和投资人对他们的创业理念深表怀疑。他们被引荐给了15个天使投资人。结果大跌眼镜,7个投资人没答复;8个投资人答复了,其中4个说这款产品不符合他们的要求，1个说不喜欢这个市场，还有3个说考虑一下，后来也不了了之。

  2008年11月，他们接受了别人的建议，进入硅谷有名的创业孵化器Y Combinator。在这里，他们遇到了独具慧眼的天使投资人保罗·格雷厄姆（Paul Graham），他最早地给他们投资了2万美元，几个月后又追加投资了60万美元。不久，他们将名字简写缩至Airbnb，并将业务从共享空间扩大至共享财产，包括公寓、别墅、城堡、船甚至树屋。在格雷厄姆的帮助和指导下，他们度过了早期的融资困难，网站业务发展得越来越好，其商业模式逐渐获得投资人的认可，吸引了越来越多投资人的目光。

  2010年11月，Airbnb获得了第一轮风险投资，之后还获得了几轮融资。Airbnb获得投资后，实现了惊人的发展，2011年2月，Airbnb已经实现了100万次的订房，2012年6月，已经实现了1 000万次的订房，其中大部分是海外房源。2017年1月，Airbnb首次赢利。Airbnb现在在全球190多个国家、65 000多个城市为旅行者们提供多种独特的入住选择，住所可能是公寓、别墅，也可能是城堡和树屋。Airbnb被《时代周刊》称为"住房中的eBay"。

  切斯基在接受访谈时回顾Airbnb创业历程，感慨万千：很多人问我Airbnb的成立故事，人们认为我就是有个想法，然后就开始创业，而这掩盖了创业中的其他阶段。企业的后几个阶段其实比第1阶段更复杂。第1阶段很容易，只要解决你的一个问题，找到100个热爱你产品的人，找到好的合伙人，等等。这些都不是很复杂，大家也能从书里学到方法。但第1阶段之后的事情可能就没记录了。我可以走出去问其他大公司的CEO，但风险是他们可能说的是错的。我认为作为高速成长公司的CEO需要每6个月去完成全新的工作，因为每个阶段就是完全不同的过程，你需要在每个阶段变得非常不同。企业的第1阶段是"活下去"，"不死"就能够撑到下一个阶段。企业的第2阶段是"救火"，公司可能到处都是问题，你需要去马上解决。企业的第3阶段是让其他人看到你做的事情。

  思考：
1. Airbnb创业经历了哪几个发展阶段？每个阶段面临的挑战是什么？
2. Airbnb的创业历程对你有何启发？

第 5 章 团队思维

> 在社会上做事情,如果只是单枪匹马地战斗,不依靠集体或团队的力量,是不可能获得真正成功的。
>
> ——比尔·盖茨

本章介绍创业管理中的团队思维,从关于创业团队的一些常见思维误区入手,探讨创业团队的特征、创业团队领导者的核心素质、打造优秀创业团队的路径,以及处理创业团队冲突的方法。

学习目标

1. 了解创业团队对于新创企业的意义。
2. 理解团队领导者应具备的品质和素质。
3. 掌握建设优秀创业团队的方法。

5.1 思维误区

"大众创业,万众创新"的提出将创业潮推向了一个新的高度,新创公司爆炸式增加,而每一个新创公司的背后都有一个关于团队的故事,成功的团队思维值得我们学习,失败的团队思维也同样值得我们反思。下面介绍一些关于团队思维的常见误区。

1. 群体就是团队

团队必然是群体,但群体不一定是团队。

> **特意挑选的优秀队伍为何不尽人意?**
>
> 自 1992 年之后,美国每年在职业篮球大赛结束之后,常会从各个优胜队中挑选出最优秀的球员,以组成一支优秀的队伍赴各地比赛,希望其能取得更好的成绩。但是很长一段时间内,这支队伍的表现并不好,反而总是令球迷失望,因为其胜少负多。

特意挑选的优秀队伍却取不到好的成绩,这是为什么呢?其原因就在于他们不是真正意义上的团队。虽然他们都是顶级的篮球明星,但是他们平时分属各个不同的球队,无法培养团队精神,不能形成有效的团队合作。由此看来,团队并不是一群人的简单组合。

2. 团队中要有绝对的公平

在两个人以上的团队中，无论是分享成果还是分配任务都很难做到完全公平。人数越多，越难做到公平。因为每个人都想获得最多的成果，分得最少的任务。既然无法做到分配上的绝对公平，团队领导者就应该采用更多的手段解决团队合作的问题。

3. 个性应屈服于团队

实际上，任何一个团队都需要由扮演不同角色的人组成。一般说来，一个团队需要 8 种角色，即实干者、协调者、推进者、创新者、监督者、信息者、凝聚者和完善者。团队领导者需要认识到团队中的每一个角色都很重要，尊重成员的角色差异，了解其优缺点，善于用人之长，容人之短。团队领导者应对团队成员进行合理搭配，形成团队独特的核心竞争优势，让团队成员为实现团队目标而努力。

4. 火车跑得快，全靠车头快

俗话说："火车跑得快，全靠车头带。"这句话表明了团队领导者的作用至关重要，但如果换成"火车跑得快，全靠车头快"就有问题了，因为可能会出现这样一种情况：火车头已经到达了终点，而车身和车尾还在原地。这并非天方夜谭，而是存在于很多企业中的一种真实现象。

很多杰出企业家是出色的战略家，但是如果没有一支卓越的中层管理团队，再杰出的战略也无法执行落地。这就类似于火车头固然很关键，但是一旦中间的车厢出现脱节，那么列车也永远无法到达终点。

5. 团队内部只有合作，没有竞争

团队建设中都非常强调团队合作，因为只有密切合作，才能发挥团队的合力，企业才能在日趋激烈的竞争中获胜，但强调合作并不意味着消除竞争。

如果一个团队内部只有合作没有竞争，一开始的时候，团队成员也许会凭着一股热情努力工作，但随着时间的推移，团队成员的工作热情便会减退，在失望、消沉之后最终选择"做一天和尚撞一天钟"的方式混日子。只有在团队内部引入良性竞争机制，奖勤罚懒，奖优罚劣，才能打破这种看似平等的"大锅饭"局面，调动团队成员的积极性和主动性，使团队长期保持活力。

6. 严明的纪律有碍团队建设

无规矩不成方圆，由此可见纪律对于团队建设的重要性。要想建立起严明的团队纪律，领导者必须身体力行地遵守、维护纪律，并带动团队成员遵守和执行纪律。GE 公司前 CEO 杰克·韦尔奇（Jack Welch）曾说：指出谁是团队最差的成员并不残忍，真正残忍的是对成员存在的问题视而不见，一味充当"老好人"。对于违规违纪行为，宽是害，严是爱，对于这一点，每个团队的领导者都需要有足够清醒的认识。

纪律是保证团队正常运行的必要条件，只有做到令行禁止，才能发挥纪律的作用。一个缺乏纪律约束的团队很容易成为一群乌合之众，丧失团队的力量。

7. 任人唯亲其利断金

中国人历来注重人情，很多人在创业过程中偏向于将亲戚、朋友放在重要的职位，而不管他们是否适合。不可否认，身边人的支持对创业的成功有着不可忽视的作用，但是如果一味任人唯亲，将很容易导致企业的混乱和衰败。

第5章 团队思维

> **邱晓的"兄弟义气"**
>
> 邱晓经过多年的创业,成立了一家大型乳制品公司,其产品销往全国。一向经营良好的公司却突然遭遇困境,一群跟公司营销毫无瓜葛的经销商登门讨要3000多万元的贷款和欠账,但是他们讨要的不是乳制品公司的贷款,而是一家婴儿用品公司欠下的贷款。那么为什么经销商要向邱晓讨要呢?原来该婴儿用品公司的经理胡东和邱晓是多年的好哥们,邱晓借给胡东注册资金成立了婴儿用品公司。出于对兄弟的信赖和支持,邱晓让胡东全权管理婴儿用品公司。然而胡东任人唯亲,安排根本没有胜任能力的亲戚任职公司的主要管理岗位,导致公司经营混乱,财物不清,并且他还挪用了大量公款到自己的私人账户上。在公司进行营销时,胡东甚至还打着邱晓的"旗号",利用他的经销商网络,严重扰乱了邱晓公司的声誉。由于经营不善,婴儿用品公司很快倒闭了,还欠下了大笔债务。
>
> 由于胡东常常打着邱晓的名义,所以当公司出现问题的时候,经销商们找不到胡东时就统统跑来找邱晓了。

邱晓只重兄弟义气,没有考虑胡东的能力,也没有对胡东的经营行为进行有效的监督管理,导致自己在声誉和经济上蒙受损失。人与人之间的情义固然重要,但是经营和管理企业是一件涉及诸多内、外因素的复杂任务,对人的能力有很高的要求,创业者要有清醒的头脑,要在企业发展的各个阶段做到任人唯贤而不能任人唯亲。

5.2 创业团队

创业团队是指在企业创建初期由两个或两个以上才能互补、责任共担、所有权共享、愿为共同的创业目标而奋斗且处于企业高层管理位置的人共同组成的有效工作群体。

5.2.1 创业团队的概念

根据一部分研究学者的定义,创业团队是指积极参与企业发展且能获得企业很多经济利益的两个或更多的人。之所以要强调"能获得很多经济利益",是因为企业里实际上只有很少的几个合伙人拥有相同的经济利益(这样定义就可以把一些投资很少的人排除在外,因为他们不是创业团队的关键成员);之所以强调"积极参与企业发展",是因为可以排除只投资不参与管理的"沉默合伙人",更不用说风险投资人、银行和其他投资机构了。此外,阐明创业团队的定义是关于"企业发展"的,也就是承认创业的动态性,允许团队成员在企业成长的任何阶段加盟或退出。另有一部分研究者指出,创业团队由对新创企业做出过承诺且未来能从新创企业的成功中获取利益的两个或更多的人构成。他们为追求共同的目标和企业的成功而相互依存地工作,对团队和企业负责,在创业早期阶段被视为负有行政责任的高管。

5.2.2 异质性团队与同质性团队

团队异质性一般指团队成员在背景特征以及重要的认知观念、价值观、经验等方面表现出来的差异性,主要包括性别、年龄、种族、教育水平、创业经验等易观测的外部异质性和认知、偏好、态度等内部异质性。

多数学者认为创业团队的异质性是一种能带来多样化视角的资源,这种资源有利于做出更理性的决策,能对企业产生好的影响。也有部分学者研究发现,创业团队的异质性可能会影响成员之间的信任和沟通,从而引发矛盾和冲突,反而不利于做出正确的决策。他们认为人与人之间的关系遵循"社会认同理论"和"相似吸引理论",即具有相似性的人与人之间更容易相互吸引,且个体对与自己同一类别的成员具有更多的正面情感。

异质性团队更有可能取得卓越的团队绩效,而同质性团队则能更高效地完成常规任务。但是,异质性和同质性到底哪个对新创企业的发展更有利,学者并未给出一致的结论。

5.2.3 创业团队的作用

创业团队拥有所创建企业的所有权,处于高层管理位置并负有领导企业的责任,是促使创业成功和新事业发展的最为积极的要素。相比于个人创业,团队创业有诸多的优势。

(1) 团队能提高机会识别、开发和利用能力

团队成员不同的知识、经验和技能的组合可以使团队对创业机会进行更为科学、理性的评价,对机会开发方案的选择更为准确、全面,以避免决策失误。同时,团队成员广泛的社会联系可以帮助企业获得所需要的资源,增加创业成功的可能性。

(2) 团队能提高新创企业的运作能力,发挥协同效应

把团队成员互补的技能和经验组织到一起,可以超过团队中任何一个人的技能和经验。这种技能和经验在更大范围内的组合使团队能应付多方面的挑战,并形成一种协同工作的整体优势。

(3) 团队能增强各成员追求企业整体利益的意愿

通过共同努力奋斗、克服障碍,团队成员能对彼此的能力逐步建立起信任和信心,并能增强共同追求企业整体利益的意愿。追求企业整体利益的努力使团队价值得以提升,并成为团队不断成长壮大的动力。

(4) 团队有利于营造良好的工作氛围

创业过程充满艰辛和不确定性,创业者需要面对来自外部和内部的各种挑战和压力。团队成员之间的相互支持和鼓励非常重要,能够帮助彼此更好地面对困难和低谷,而且良好的工作氛围有助于团队成员坦诚地交流和高效地协作,与团队的业绩是相辅相成的。

5.3 创业团队领导者的5种素质

一支优秀的创业团队是一家新创企业的主力军。对创业团队领导者来说,他的主要目标是带领团队成员努力实现企业目标,并激励团队中的每个人发挥各自的优势。根据学者的研究,创业团队领导者需具备5种素质:感召力、前瞻力、影响力、决断力以及控制力。

1. 感召力

感召力来自领导者坚定的信念、崇高的使命感、高尚的道德修养、宽广的知识面、超越常人的能力等。这些品质构成了领导者独特的人格魅力,影响着追随者的态度和行为和企业

的成就。

2. 前瞻力

前瞻力是一种着眼未来、预测未来和把握未来的能力。作为一个领导者,首先要有眼光、境界和追求;要能够敏锐地发现有利于企业利润增长的有意义、有价值的征兆,见微知著;要能够提出实现改革的设想、战略和切实可行的计划,也就是要有战略思维能力与战略实施能力。洞察机会与确定目标的能力对于领导者极其重要。成功的领导者能够广泛听取意见和接收信息,审时度势,从长远和全局视角考虑和分析问题,抓住时机,确立目标,同时力图将目标明确化、愿景化,使下属真正理解目标并建立信心,持久投入。

3. 影响力

影响力就是领导者有效改变和影响他人心理和行为的能力或力量,主要表现为:第一,领导者对被领导者需求和动机的洞察与把握;第二,领导者与被领导者之间建立起各种正式与非正式的关系;第三,领导者平衡各种利益相关者特别是被领导者的利益;第四,领导者与被领导者进行沟通的方式、行为与结果;第五,领导者有效影响被领导者的态度和行为。

4. 决断力

在实现企业目标的过程中随时都会出现新的、意想不到的危机和挑战,这就要求领导者具备超强的决断力,在重大危急关头能够果断决策、控制局面、力挽狂澜。

决断力是指针对战略实施中的各种问题和突发事件进行快速和有效决策的能力。团队领导者要敏锐地切中问题的要害,做出准确的判断、大胆和及时的决策;要在不确定的复杂局面中敢于冒险并承担巨大的压力和责任;要拥有承认失败和错误的勇气。

5. 控制力

控制力是一种综合能力,具体体现为领导者通过确定和塑造价值观、选拔和监督干部、预防和解决冲突以及处理和利用信息等保障企业依照既定目标运行和发展,进而实现企业目标的能力。

控制力一般是通过下述方式来实现的:第一,确立企业的价值观并使企业的所有成员接受这些价值观;第二,制定规章制度并通过法定力量保证企业成员遵守这些规范;第三,选拔能够贯彻领导意图的干部来实现企业的分层控制;第四,建立强大的信息网络来了解企业局势;第五,及时了解和有效解决各种现实的和潜在的冲突,从而控制战略实施过程。

5.4 打造优秀创业团队的关键步骤

打造一支优秀的创业团队无疑是创业活动的重中之重。创业团队的打造需要做好如下几个关键步骤:确定团队目标、选择创业合伙人、做好团队激励、建立团队制度和建设团队文化。

5.4.1 确立团队目标

人往高处走的路径取决于人的眼光和格局,而目标提供了动力。团队目标决定了团队未来能够走多远、走多久,一个好目标是团队成功的前提。并且,目标要清晰。目标不清晰与没有目标的最终结局是一样的,目标都实现不了。

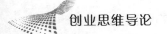

> **有目标者制胜**
>
> 某企业在对员工进行培训时,曾做过这样一个实验,让30位员工分为3组参加户外徒步行走项目。30位员工由培训讲师分别带队,具体安排如下。
>
> ① 第一组员工:不告诉他们去哪儿,也不告诉他们目的地有多远,只叫他们跟着培训师走。
>
> ② 第二组员工:告诉他们去哪儿,要走多远。
>
> ③ 第三组员工:既告诉他们去哪儿和有多远,又在沿途每隔一千米的地方树立一个标志性的路牌,将整段路程划分为几个阶段性的路程,直至到达终点。
>
> 在行走过程中,培训人员发现,刚走了三千米左右,第一组员工就开始抱怨且情绪低落;走了一段路程后,第二组员工的情绪开始逐渐低落,当走完路程的三分之二时,所有人都已兴致全无,无精打采地缓慢前进;第三组员工因每走一段路便知晓完成目标的情况,所以一路上大家情绪都较好。
>
> 最后,第三组员工领先其他两组到达目的地,第二组员工次之,第一组员工最后到达。

第一组员工完全没有目标,他们很快就因为行走过程中没有方向而毫无动力;第二组员工虽然有了目标,但在行动中缺乏达成目标时应有的成就感,最后他们也失去了斗志;第三组员工不但拥有目标,而且在实现过程中清楚地知道目标的完成情况,由此不断地受到激励,享受到了目标达成带给他们的快乐,最终他们情绪高涨地到达了目的地。

对比3个小组可以清楚地发现,高效率团队首先必须有明确的目标,并将目标进行分解,设定阶段性目标,而且在实现目标的过程中还要进行适当的团队激励,这就要求管理者不断提高自身的目标管理能力。

1. 团队目标设定的三大步骤

设定一个合理的团队目标可以分为以下3个步骤:

① 分析形势和团队情况,找到可以形成团队核心竞争力的关键要素;

② 强化关键要素,设定明确、可行的目标;

③ 在目标实施过程中不断审视、调整和完善既定目标。

这3步缺一不可,设定合适的目标是建立在对环境和团队充分了解的基础上,同时需要领导者对团队管理有充足的经验,能够以点带面,从细节处着手。这3个步骤中最重要的当然是第三步,可惜不少领导者只是在已有的目标上一味地往前执行,却没有实时地检查目标的合理性并作出适当的调整。由于内、外部环境条件的变化,即使领导者在制订目标时能够考虑全面,在执行过程中也需要审时度势,及时恰当地调整既定目标,否则在错误的指导方向下,越坚持地走下去就会离成功越远。

2. 团队目标设定的两大原则

团队目标设定要遵循两大原则,违背这些原则的目标都将达不到应有的目的。

(1) 团队目标需要获得团队成员的认同

团队目标需要获得团队成员的认同,并通过建立与个人动机的联系来激发团队的正能量。关于团队建设,问得最多的问题是:该如何激励团队成员?在回答这个问题之前,需要明确的是团队成员的动机不是激发出来的,他们本身就具有一些内在的东西,使其追求一些事情。所以,如果某人不能融入团队,领导者需要做的就是:识别个人的内在动机(包括个人的价值观、信念等),如果个人的价值观与团队的价值观背道而驰,那么这样的员工就不该在这个团队;如果个人的价值观符合团队的价值观,那么接下来很重要的一步就是建立个人内在动机与团队目标之间的桥梁,也就是让团队的使命、任务与团队成员个人相联系,这样才能激发出团队成员的正能量。

(2) 团队目标必须"落地"

团队目标必须"落地",变成一种"行为承诺",即首先要明确我们为谁而努力,借以达成团队的使命。团队目标还应该是一种"标准",能够衡量团队的绩效。团队的目标应该转化为特定的目的及特定的工作设置,同时还应该是团队为之努力的方向。从这个意义上讲,团队的目标就是从诸多目中找出团队的重心。缺少了以上特征的团队目标形同虚设,毫无意义。

5.4.2 选择创业合伙人

俗话说:"小成功靠个人,大成功靠团队。"能力再高的人也有不擅长的一面,所以,创业者需要与创业合伙人携手前进。创业合伙人即创业伙伴,是与创业者一起同甘共苦的人。

1. 需要合伙创业的原因

创业时需要合伙人的理由如下。

① 资金不足。独自创业资金不够、风险也大,大家一起创业能够筹集资金,共担风险。

② 关系密切。大家本来就是关系很好的朋友,吃饭、做事经常在一起,一起创业是件自然而然的事,所以同学合伙创业、朋友合伙创业的例子比比皆是。

③ 资源共享。如果一个人拥有很好的资源,那么大家在创业时自然而然地会想邀请他入伙,以便充分利用其资源。

④ 能力互补。一个人的能力是有限的。例如,一个懂技术的人想创业,往往要找到懂经营管理和市场营销的人,各方面的专业人士一起创业,创业成功的概率才会更大。

此外,与单打独斗式创业比较,合伙创业的优势是十分明显的,如可以共担风险,在决策时可以群策群力,创业资源更加充裕,人员调遣更加从容,可用资源更加丰富,等等,众人拾柴火焰高,合伙创业能使新创企业更有生命力,成长更快,发展更好。

2. 合伙人的选择

对于合伙人的选择,不用花心思打造"明星团队",团队应该是可以和自己一起脚踏实地将事情推进的人。

什么样的人适合做创业伙伴?①价值观和事业方向与自己一致的人,这样能减少很多争执;②在创业过程中,尤其是在创业初期不可替代的人;③能力和资源与自己互补以及自己熟悉和了解的人;④能够全身心投入的人。

选择创业合作者时要注重以下几个问题。

(1) 选择志同道合者

合伙人合作的最大基础就是志同道合、目标一致。"志"就是创业目标和动机,可以是追求独立、改变命运、实现理想等;"道"就是实现"志"的方法和手段,即经营理念和经营策略等。拥有相同的目标和经营理念是合作的基础。

(2) 选择优势互补的合伙人

在挑选团队成员时,要努力保证所找的对象有助于形成互补性的技能组合。值得注意的是,不仅要寻找那些拥有未来团队所需要技能的人员,还要寻找那些具备技能开发潜质的

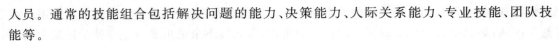

人员。通常的技能组合包括解决问题的能力、决策能力、人际关系能力、专业技能、团队技能等。

(3) 明确利益分配机制

许多人合伙创业喜欢采取对半分的利益分配方式,但这种方法常常因合作意见不一而导致经济纠纷,无形中阻碍了企业发展。俗语云:"一山不容二虎。"创业也是一样,决策权往往只能集中在一个人的手里,这个人要在众人意见不一时做出最终判断。一旦企业开始赢利,冲突就会随之产生,两位合伙人意见可能不同,尤其是涉及金钱时,其中的矛盾可能会变得不可调和,所以只有明确双方的利益才能获得长久的发展。

(4) 控制好团队规模

创业团队的初期人数一般不宜过多,以便于分配股权、内部统一集中处理问题,达成一致以及高效率地执行计划,当然,具体团队规模应根据其战略目标与重点确定。

总之,理想的合伙人不仅是能提供资金、经营方法、经验或其他方面支持的人,还是能让人信任、尊敬并能同甘共苦的人,是具有共同经营目标和价值观念的人。

3. 不能与之合伙创业的3种人

人不是完美的,有的缺点对于创业合作无伤大雅,有的缺点则会导致创业的失败。因此,一定要谨慎地选择创业合伙人。从无数个失败的合作案例来看,以下3种人是不能作为合伙人的。

(1) 满口谎话,不诚信型

诚信对每一个创业者来讲,是关乎新创企业安身立命的大事。创业的起步过程是不断地向社会推销企业的过程:一方面向社会展示企业提供的产品或服务;另一方面向社会证明企业做事的信用。有能力讲信用的人事业才能越做越大,有能力没信用的人可能得逞于一时,难以长久发展。

诚信是合作最起码的准则,如果连这点都做不到,以后的合作就根本不可能成功。对于那些毫无诚信可言的人,根本不能考虑与其合作。

(2) 自高自大,不尊重内行型

合伙人不可避免地会参与到项目的决策中,然而有些人不尊重内行的意见,这正是创业必须避免的情况之一:有些人其实并没有过人之处,却自我感觉天下第一。这种自我认知不清的唯一结果是吃大亏,摔大跟头。这类人自大的主要表现是不尊重内行的人,在决策之前不能兼听则明。

很多人想要创业,把大量精力放在寻找合适的项目上。其实,在通常情况下,对普通人来说,很少有一进入就能赚钱的暴利行业和暴利项目。仔细观察就会发现,任何行业、任何项目都有人赚钱,有人亏本。如果能预测和抓住社会发展的趋势切入新兴行业,当然赚钱的概率更大,但任何能够为人类提供帮助与服务的行业都有可能赚到钱。赚钱的关键并不是从事的行业,而在于善于经营,善于运用创意把东西卖出去。盲目自大,不尊重内行,以为自己什么项目都能做的合伙人,最后一定导致项目的失败,甚至企业的瓦解。

(3) 随心所欲,不重视规则型

一个不尊重规则的合伙人不可能是一个好的合伙人。俗话说:"没有规矩,不成方圆。"这句话很好地说明了制度的重要性。对于企业的持续发展,有一个比资金、技术乃至人才更重要的东西,那就是制度。合伙人如果一人独大,认为自己说了算,藐视公司的规章制度,将会导致公司秩序的混乱。

在竞争日益激烈的商业社会,制度是克敌制胜的根本之道。从本性上讲,每个人都希望自己有特权,制定的规章制度最好是用来约束别人的,而不是用来制约自己的。可如果合伙人不能够率先示范,以身作则地努力工作,而是随意破坏各种规章制度,那么这种行为就会影响团队其他成员,从而在团队里形成一种消极的态度,严重影响企业的正常运行。

总之,在合伙人的挑选上,创业者一定要避免与上述3类人合作。

5.4.3 做好团队激励

> 世界上唯一能够影响对方的方法就是给他所要的东西,而且告诉他,如何才能得到它。
> ——美国现代成人"教育之父",戴尔·卡耐基(Dale Carnegie)

建立正确的、符合企业根本利益的、明确的价值标准,并通过激励手段推动价值标准的实施,是团队领导者的头等大事。

1. 激励的定义

激励含有激发、鼓励的意义。一个激励的过程实际上就是发现并满足人需求的过程,它以发现人未能得到满足的需求开始,以满足对方的需求告终。同时,当人的一种需求得到满足之后,新的需求就会产生,这意味着下一个激励循环的开始。

2. 激励的功能

激励是领导者管理团队、开发人力资源的有效手段,是激发员工潜能的基本措施,是点燃员工工作激情的手段。其作用主要表现在以下几个方面。

(1) 挖掘员工潜力

能力一般的人如果得到恰当的激励,可以做出令人刮目相看的业绩,这就是激励的作用。

哈佛大学的威廉·詹姆斯(William James)教授研究发现,部门员工一般仅需发挥出20%~30%的个人能力,就足以保住饭碗而不被解雇。如果员工受到充分的激励,那么其工作能力能发挥出80%~90%。其中50%~60%的工作能力是激励激发出来的。这一定量分析的结果值得深思。每当出现困难而影响工作任务完成时,领导者总是习惯于改善现有设备和环境条件,殊不知,员工的身上还有如此巨大的潜力未被开发。如果领导者把注意力集中在运用激励手段鼓舞员工的士气上,很多看似不可逾越的问题很可能会迎刃而解。

(2) 提高员工素质

激励就像一个杠杆,可以控制和调节人的行为趋向,恰当合适的激励会给员工的学习、实践和进步带来巨大的动力,进而促进员工素质的不断提高。如果对精诚敬业、业务专精、贡献突出的员工进行奖励,则能发挥赏一劝百的作用;如果对马虎应付、没有业绩、屡教不改的员工给予适当的惩罚,则能发挥杀一儆百的作用,有助于员工确定奋斗目标、认识自身的差距、提高业务素质和工作水平,促进团队整体素质的有效提升。

(3) 增强团队凝聚力

行为学家研究表明,对个体行为的激励会影响群体行为。也就是说,激励不仅直接地作用于一个人,还直接、间接地影响到周围所有的人。激励有助于形成一种竞争气氛,对整个团队都有着至关重要的影响。所以,领导者要善于发挥"标杆激励"的作用,在团队内部大力开展"比学赶超"的激励运动,公开肯定、表扬积极、先进、创新的人和事,旗帜鲜明地批评、警告与惩戒消极、颓废、不负责任、得过且过的人和事。只有这样,才能树立正气,弘扬积极向上的团队精神,营造实干的团队氛围,增强团队的凝聚力。

3. 激励理论

激励理论很多,在此只列举常见的激励理论。

(1) 需要层次理论

需要层次理论由美国心理学家亚伯拉罕·马斯洛首次提出。他把需要分为生理需要、安全需要、社交需要、尊重需要、自我实现需要。其中生理需要、安全需要、社交需要属于低一级的需要,通过外部条件可以满足,而尊重需要和自我实现需要是高级需要,通过内部因素才能满足的,而且一个人对尊重和自我实现的需要是无止境的。

领导者首先要通过提供工资、福利待遇、医疗保险和失业保险等满足员工对生理和安全的需要,然后通过提供同事间交往机会,组织集体聚会、比赛等满足员工对社交的需要,最后通过公开奖励和表扬、给有特长的人委派特别的任务满足员工对尊重和自我实现的需要。

(2) X 理论和 Y 理论

X 理论和 Y 理论是道格拉斯·麦格雷戈(Douglas McGregor)提出的两种完全不同的人性假设。

根据 X 理论,领导者持有以下 4 种假设:

① 员工天生讨厌工作,尽可能地逃避工作;
② 由于员工讨厌工作,必须对其进行强制、控制或惩罚,才能迫使他们实现目标;
③ 员工逃避责任,并且尽可能地寻求正式的指导;
④ 大多数员工认为安全感在工作相关因素中最为重要,并且没有什么进取心。

根据 Y 理论,领导者也有以下 4 种假设:

① 员工会把工作看成与休息或游戏一样自然的事情;
② 员工如果对工作作出承诺,就能自我引导和自我控制;
③ 员工不仅愿意接受工作上的责任,还会寻求更大的责任;
④ 员工普遍具有创造性决策能力,而不只是管理层次的核心人物具有这种能力。

X 理论的前提假设是人性本恶,而 Y 理论的前提假设是人性本善。针对 X 理论的管理措施是:①以处罚为手段的严格管理;②以奖赏为手段的温和管理;③折中上述两者的严格而公平的管理。针对 Y 理论的管理措施是:①分权与授权给员工;②让员工参与管理;③鼓励员工对自己的工作成绩作出评价。

麦格里格认为 Y 理论比 X 理论更符合实际。

(3) 激励-保健理论

美国学者弗雷德里克·赫茨伯格(Frederick Herzberg)通过调查指出,工资、职务保障、良好的工作条件和人际关系等属于保健因素,没有这种因素将引起许多不满。但是这种因素只能消除不满,不能赢得满意感和调动积极性。得到赏识、赋予责任等属于激励因素,这种因素能让团队成员有满足感和积极性,但却不会引起很大的不满。因此,调动员工积极性的管理措施,应该从工作本身着手,使工作内容丰富新奇,而又使员工增强责任感和使命感。

(4) ERG 理论

美国耶鲁大学的克雷顿·奥尔德弗教授在马斯洛的需要层次理论的基础上,进行了更接近实际经验的研究,提出了一种新的人本主义需要理论,即 ERG 理论。奥尔德弗认为,人们共存于 3 种核心的需要,即生存(existence)的需要、相互关系(relatedness)的需要和成长发展(growth)的需要,因而这一理论被称为 ERG 理论。ERG 理论侧重于带有特殊性的个体差异。

需要是激发动机的原始驱动力,一个人如果没有什么需要,也就没有什么动力与活力。一个人只要有需要,就表示存在着激励因素。作为领导者,要掌握丰富的理论知识,还要善于将为了满足员工需要所设置的目标与企业的目标密切结合起来,同时应特别注重满足员工较高层次的需要,要防止"受挫-回归"现象的发生,要促进"满足-前进"现象的生成。

(5) 成就需要理论

成就需要理论是美国学者戴维·麦克利兰(David McClelland)提出的。他认为,有的人是高成就需要者。有高成就需要的人喜欢难度大、风险大的工作,无论成功还是失败都归因于自身的原因,对自己的能力充满信心,相信只要努力就没有办不成的事。他们是企业迅速崛起、发展和取得经济效益的宝贵资源,应该派他们做有挑战性的工作,如果他们被放在例行的、没有挑战性的岗位上就会被埋没才华。麦克利兰还指出,具有高成就需要的人可以通过教育和培训培养出来。

4. 激励的方法

(1) 不断认可

> 人类不会被未来所推动,只会被当下的成就所推动。也就是说,一项小小的成就就足以成为他们"想要试着达成更多"的动机。
> ——美国心理学家、行为科学家、弗雷德里克·赫茨伯格(Frederick Herzberg)

不懂激励的主管

有一个员工出色地完成了任务,兴高采烈地对主管说:"我有一个好消息告诉你,我跟踪了两个月的那个客户今天终于同意签约了,而且订单金额会比我们预期的多20%,这将是我们这个季度数额最大的订单。"但是这位主管对那名员工的优异业绩却很冷淡:"是吗?你今天上班怎么迟到了?"员工说:"路上堵车了。"此时主管严厉地说:"迟到还找理由,都像你这样公司的业务还怎么做!"员工垂头丧气地回答:"那我今后注意。"一脸沮丧的员工有气无力地离开了主管的办公室。

玫琳凯公司对微小进步也不吝啬赞美

玫琳凯公司在管理中始终倡导"赞美原则"。一次,海伦招进了一位美容顾问,这位美容顾问在讲了3节美容课后,连1美元的化妆品都没有卖出。在第四节美容课上,她终于卖出了35美元的产品。尽管这样的销售成绩与其他顾问一两百美元的成绩相差很远,但海伦仍然给了她赞美和鼓励:"35美元! 太棒了! 你会很有前途的!"

每个员工都渴望得到赏识和认可,他们希望每一次的进步都能得到上司的认可。领导者应真诚地赞赏员工,不要忽视他们的每一次进步,这是一种成本很低但效果极好的激励方式。

创业思维导论

通过上述两个典型例子的对比可以看出,例子一中的员工寻找主管激励时,没有得到任何表扬,反而因偶尔迟到之事,遭到主管严厉的训斥,致使这名员工的工作积极性受到了很大的影响。而玫琳凯公司对员工微小的进步,也给予鼓励,可以极大地带动员工的积极性。

(2)真诚赞美

很多人都不善于表达自己的情感,不擅长赞美别人。其实,赞美下属并不复杂,领导者随时随地都可以称赞他们,如在会议上、在正式或非正式的宴会上等。领导者最有效的赞美方式就是走到下属中间,告诉下属:"这是一个令人激动的创意!""你做得太棒了,再加把劲创造咱们公司的纪录,到时我们要给你开庆功会。"……总之,要抓住任何一个通过赞美就能带来积极影响的机会。

《1 001种激励员工的方法》的作者鲍勃·纳尔逊(Bob Nelson)说:"在恰当的时间道出一声真诚的赞美,对员工而言比加薪、正式奖励或颁发众多的资格证书及勋章更有意义。这样的奖赏之所以有力,部分是因为经理人在第一时间注意到相关员工取得了成就,并及时地亲自表示嘉奖。"真诚地欣赏和善意的赞美是打动员工的最好方式。

士为知己者死

韩国某大型公司的一个清洁工本来是一个被人忽视和看不起的角色,但是在一天晚上公司保险箱被窃时,他却与小偷进行了殊死搏斗。事后有人问他为什么会不顾自己的生死去保护公司的财产时,他说:"公司的总经理从他身旁经过时,总是不时地赞美他'你扫的地真干净'。"你看,就这么一句简简单单的赞美感动了这个员工。这也正应了中国的一句老话——"士为知己者死"。

---

(3)给予荣誉和头衔

为工作成绩突出的员工颁发荣誉证书,强调公司对其工作的认可,让员工知道自己在某个方面是出类拔萃的,更能激发他们工作的热情。

员工感觉自己在公司里是否被重视是决定工作态度和士气的关键因素。从根本上讲,这是在成就一种荣誉感,而荣誉感会让员工产生积极的态度,积极的态度则可以帮助员工不断进步并走向成功。领导者在使用各种荣誉、头衔时,要有创意一些。可以考虑让员工提出建议,让他们接受这些荣誉和头衔并融入其中。例如,领导者可以在自己的团队设立"创意天使""智慧大师"等各种荣誉称号,每月、每季、每年评选一次,当选出合适人选后,要举行隆重适当的颁奖仪式,让所有员工为此而欢庆。

5.4.4 建立团队制度

如果一个团队没有制度,在某一段时间也许能生存下去,甚至在某一阶段、某一件事情上还会显得很有效率,但是从长远来看这是不可取的行为。因为一个没有制度、没有纪律的团队事实上等于一个没有绩效、没有生产力的队伍。所以,领导者建立一个好的制度管理模式就显得尤为重要。

1. 团队规章制度的作用

团队的规章制度是用文字形式对团队生产经营等活动和管理工作所做的制度规定,它包括各种规则、章程、程序和办法,是团队全体成员共同遵守的规范和准则。表5-1总结了团队规章制度的 3 个作用。

表 5-1 团队规章制度的作用

作　用	说　明
产生准绳效应	团队成员做事有章可循,无须反复请示
使团队运行自动化	团队成员在规章制度规定范围内行事,无须完全依靠领导来引导,这样可以使团队自动化运行
提高团队绩效	将工作内容、方法、程序等标准化,使全体成员工作方向明确,工作将取得事半功倍的效果

团队规章制度是衡量并纠正团队及其成员行为的法则,是引导团队及其成员价值取向和前进方向的规范,是保障团队生存发展的护身符。一个团队一旦规章制度松弛紊乱,必然人心涣散,甚至分崩离析。

2. 团队制度化建设的原则

在市场经济竞争日益激烈的情况下,高效率是每一个团队所追求的目标。要使得团队经营有效率,一套完整而又可行的管理规章制度是必需的。制定团队规章制度,并不是把别人现成的东西拿来照用,而是必须遵循一定的原则,结合团队实际情况来拟定。

表 5-2 总结了团队制度化建设应遵循的一些基本原则。

表 5-2 团队制度化建设应遵循的一些基本原则

原　则	说　明	要　求
兼顾公平与效率	公平会影响效率,而效率也会影响公平。二者有机联系,没有公平,就不会有理想的效率;没有效率,公平将失去意义,甚至难以维持	正确处理好公平与效率的辩证关系,做到二者兼顾,互相协调。效率优先,兼顾公平
切实可行	根据需要制定制度,不要制定一些空洞、没有内容的制度,也不要制定一些根本就用不着或不可行的制度,更不能生搬硬套一些制度	制定的制度不能违背国家的法律法规,也不能违背上级主管部门发布的有关制度和规定
威信并重	制度建设必须以信誉为基础,有制度就要执行,要执行就要非常严格,不能打擦边球,也不能打折扣	要想让制度真正成为人们行为的准则,就要遵循制度的相对稳定性与严肃性,不能朝令夕改,反复无常。只有这样,制度才会威力无比
纲举目张	一个团队需要建立的管理制度很多,如果没有清晰的思路、严密的逻辑,必然造成制度杂乱无章	各项制度要有完整的体系,规章制度应该先有一套母法,根据母法制定办事细则与准则
推陈出新	任何一项制度都是特定历史时期的产物。制度的生命力在于适应特定时代、特定环境的要求。法无常法,制度也没有一成不变的	善于创新以及洋为中用,他为我用,要吸取别人在团队制度建设中的成功经验,使制定的制度博采众长

> 我们的制度是人的制度,必须融入人的感情,它从建立到执行都要充分考虑员工的意愿,我们要同员工一起商讨确定制度,信任并尊重我们的员工,让制度真正为员工服务,永远不要把制度放到员工的对立面。
>
> ——美国惠普公司前 CEO,卡莉·菲奥莉娜(Carly S. Fiorina)

> **惠普菲奥莉娜融入尊重的制度管理**
>
> 　　菲奥莉娜在人才激励方面有其独到之处,她认为管理者在管理人才时首先要遵循的一个原则就是信任并尊重个人。她经常和员工一起讨论业务违纪以及交流不畅等问题的症结所在,探讨对制度的理解。菲奥莉娜通过这些举措增强了自己与员工之间的相互信任。
>
> 　　菲奥莉娜在任何情况下都坚信:只要给予员工适当的支持,他们就愿意去努力工作,并一定会做得很好。在菲奥莉娜的领导下,惠普公司形成了一个可容纳不同观点、鼓励创新的工作环境。她允许员工在实现公司目标时灵活采用自己认为最佳的工作方式。菲奥莉娜认为每一个惠普人都有义务提高自身的工作能力,还鼓励员工通过参加各种培训来进行自我提升。菲奥莉娜觉得,在一个技术发展异常迅速且要求从业人员必须立即适应的技术领域中,灵活主动和大胆创新是非常重要的。

　　制度并不是冷酷无情的,它可以被赋予尊重、赞美、鼓励等各种色彩。要让制度更好地服务于发展,而不仅仅是用于约束。

3. 团队制度的类型

　　团队管理制度的建设不是一蹴而就,而是随着企业的发展阶段、规模和需求逐步建立和完善的。对新创企业而言,由于外部环境和内部经营管理的不确定性较高、资源和人手不足,其更多倚靠团队成员彼此的信任和创业激情进行管理,一般仅需要建立一些必要的制度,如股权制度、安全生产制度、保密制度等,随着企业的成长发展,应逐步完善研发、生产、经营、财务、人力资源、行政办公等方面的各项管理制度和规范。

5.4.5　建设团队文化

1. 团队文化的内涵、功能与特征

　　一个团队想要持续成长必然要有自己的团队文化。

　　(1) 团队文化的定义

　　团队文化是企业在成长过程中,逐步生成和发展起来的、日趋稳定的、独特的价值观,以及以此为核心而形成的行为规范、道德准则、群体意识、风俗习惯等。从这个定义中可以看出,团队文化实际上是指团队共同的价值观念,它是一种存在于团队成员之中的共同理解。因此,团队中不同背景和地位的人在描述团队文化时,用的基本上都是相同的语言。

　　良好的团队文化可以使团队成员在轻松愉快的环境中工作,此时,团队成员会彼此信任,且有共同的目标,在这样的氛围下,团队的创造性和潜力会得到极大的激发,团队业绩当然也会得到显著增强;不好的团队文化会使成员之间的关系冷淡,上下级之间缺乏沟通和信任,部门之间相互推卸责任,很容易导致团队的内耗,使团队目标无法实现。

> **日本松下的团队文化**
>
> 　　日本松下的创始人松下幸之助创立公司的理念是:以优良的品质,用消费者能购买的价格,把商品像自来水一样源源不断地为顾客提供。对一个团队来说,其核心理念是团队生存、发展的宗旨,它包含了团队组成的目的、发展的方向。松下的各级人员紧紧围

绕公司的理念艰苦奋斗,他们从公司的理念中看到了现今企业的发展前景,也看到了自己的前途。可以说,松下的创业理念是一种巨大无比的力量,是松下发展的原动力。

如果一个团队内私利至上、尔虞我诈的风气占上风,这个团队将死亡在即;如果一个团队内按劳取酬的风气占上风,这个团队能够存在下去,但发展将是困难的;而如果一个团队勇于奉献的风气占上风,这个团队就可以继续发展壮大。这个风气,就是所谓的团队文化或团队价值观。

(2) 团队文化的功能

① 导向功能。团队文化可以把团队领导者与团队成员的价值取向及行为取向引导到团队所确定的目标上。

② 规范功能。优良的团队文化通过建立共同的价值体系,形成统一的思想,可以使信念在团队成员的心里形成一种定势,进而改造出一种响应机制。只要外部诱导信号发生,即可得到积极的响应,并迅速转化为预期的行为。这就形成了有效的"软约束",它通过协调和自我控制来实现,使团队上下左右达成统一、和谐和默契。

③ 凝聚功能。团队文化是团队成员共同创造的群体意识,是一种"黏合剂",把各个方面和各个层次的人都团结在本团队文化的周围,从而产生一种凝聚力和向心力,使成员个人的思想感情和命运与团队的安危紧密联系起来,并对团队产生归属感和认同感,同时使他们感到个人的工作、学习、生活等都离不开团队这个集体,将团队视为自己的家园,认识到团队利益是大家共同的根本利益,以团队的生存和发展为己任,愿意与企业同甘苦、共命运。团队文化是凝聚员工的感情纽带和思想纽带。

④ 激励功能。团队文化强调以人为中心的管理方法,其核心是要创造出共同的价值观念。优秀的团队文化就是要创造一种人人受重视、受尊重的文化氛围。良好的文化氛围往往能产生一种激励机制,使每个成员做出的贡献及时得到其他成员及领导者的赞赏和认可,由此激励员工为实现自我价值和企业发展而勇于献身、不断进取。

(3) 和谐团队文化的特征

团队文化可以逐步提升团队成员对团队的归属感、认同感。团队文化能够影响团队效力。一般来说,和谐的团队文化会使团队成员处于一种积极、易沟通、爱学习的精神状态,从而使团队成员彼此尊重、相互信任,最终形成和谐的人际关系。

① 珍视不同、彼此尊重

要真正提高团队的效率,打造高效的团队,就必须承认团队每个人的生命价值,珍视不同、彼此尊重。事实上,正是团队的不同素质和差异为团队的不断前进提供了永久动力,只有保存着这种动力,才能使团队不断进取,不断超越自我。因此,和谐团队文化的这种珍视不同、彼此尊重特征是所有高效团队创造无穷能量的动力。

② 相互信任

信任是特效的鼓舞、高质量的"润滑剂",是潜移默化的力量之源,是没有标志的无价之宝。它能激发人的潜能,会使人感动、振奋。因此,主动信任团队其他成员是合作愉快和高效的第一步。任何团队成员都应该展示出信任的两面:敢于信任他人、值得他人信任。

③ 高度守信

常言道:"有其言,无其行,君子耻之。"高度守信已经成为千百年的美德,而且具备高度

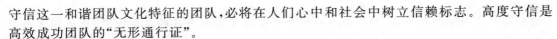

守信这一和谐团队文化特征的团队，必将在人们心中和社会中树立信赖标志。高度守信是高效成功团队的"无形通行证"。

④ 奉献精神

一项事业的成功是一个团队的成功，团队成功实际是由团队的分工决定的，每个人时刻都要以奉献的心态去工作，不能计较个人的得失、位置，否则，这个团队的战斗力就会下降。所以团队成员都应该具有奉献精神，用一种奉献的精神凝聚起一种强大的战斗力，从而实现最远大的理想。当这个理想实现以后，团队的每一个成员都会获得极大的荣誉感和成就感，同时在经济上也会获得很大的收获。

⑤ 人际关系和谐

和谐团队的一个重要特征是团队成员之间拥有和谐的人际关系。和谐的人际关系是创建和谐团队的根本，以和为贵、和气生财等这些字眼无时无刻不在提醒大家构建和谐人际关系的重要性和必要性。在和谐的人际关系中是注重谁做得更好，而在差的人际关系中则是想着如何压制别人，把别人比下去。团队人际关系是否处于整体协调，是否具有双赢、互利、可持续发展的状态，是一个团队是否高效的重要依据和衡量标准。

> **华为的团队精神**
>
> 华为在高速发展的第一个10年间，遇到了很大问题，当时企业虽然保持良好的发展势头，但内部几乎就是"一盘散沙"。管理者专权，部门之间缺乏沟通和协作，员工则各顾各的工作，根本不想和其他人产生联系。那时候，华为的艰苦奋斗文化是建立在个体行为模式基础上的，人与人之间、部门与部门之间的奋斗都是相互隔离的，结果造成了严重的资源浪费，内部沟通也出现了很大问题，信息传播速率很低，部门之间的工作氛围很僵。
>
> 为了改变这个局面，任正非适度进行了体制改革，并提出了"团结合作，共同奋斗"的口号。从那时开始，华为否认个人英雄主义，开始反对偶像崇拜，强调集体奋斗与内部分工合作。为了培养员工的团队意识与合作精神，任正非在内部推行"狼性文化"，希望员工能够像狼一样结成一个有组织、有纪律、有出色协作能力的狼群团队。
>
> 除了提出狼性文化外，任正非还希望员工能够像蜜蜂一样工作。蜜蜂勤劳能干，具有艰苦奋斗的精神，更重要的是蜜蜂是群居动物，讲究团队合作。尽管一只蜜蜂的力量非常弱小，几乎可以忽略不计，但是当它们聚在一起形成几千几万只的巨大规模时，就会爆发出惊人的力量。它们不仅能完成让人类工程师大为惊叹的复杂工程建设，还能组建最强大的队伍来抵御外来侵略者。任正非认为，华为的每一个员工就是一只蜜蜂，是团队中最不起眼的一块拼图。如果每个员工各自为政，那么力量非常有限，而一旦所有员工像蜜蜂一样团结在一起形成一股合力，就能完成很多意想不到的大事。在此之前，员工需要像蜜蜂一样各司其职，分工明确，这样才能为相互协作奠定基础。
>
> 从此，在华为，团队精神是每一个管理者都会特别强调的。这种文化熏陶让华为员工从心里建立起强大的团队意识。

2. 应建设的团队文化

团队需要建设和发扬信赖文化和付出文化。这两种文化会成为巩固和延续团队精神的生命基因，支撑团队快速成长和变得成熟。

（1）建设相互合作的信赖文化

团队成长的第一个生命基因是信赖文化。

昔日楚汉相争，正是因为刘邦信赖张良，同时对当时毫无名气的萧何、韩信给予充分的信任，这才极大地激发了他们各自的卓越才能，从而团队上下齐心，形成巨大的战斗力，最终击败楚霸王项羽，成就了不朽的霸业。

> **罗兰·贝格(Roland Berger)的信赖管理**
>
> 罗兰·贝格是大名鼎鼎的罗兰贝格咨询公司的创始人。除会随时记录细节、监督工作的进程以外，罗兰·贝格还有一套著名的教练式管理理念。
>
> 罗兰·贝格认为，团队就像一支球队，领导者只是一个教练，而非上场队员。教练要做的只有两件事：信赖球员，同时为每个球员找到最适合他的位置。教练要在平时花费更多的时间接触、观察球员，找到球员可以被信赖的方面，从而发挥其最大的作用。
>
> 企业团队也是如此，想要激发团队成员120%的努力和爆发力，需要的是领导者给予足够的信赖。被信赖了，才能有突破的原动力。

首先，领导者要了解团队成员的能力，知道每个团队成员适合做什么，不适合做什么。从这个意义上讲，信任团队成员首先就是信任成员的能力；其次，信任是一个互动过程。领导者能够放心使用团队成员，这种局面不是一两天就能形成的，它需要时间的磨合。领导者信任团队成员能让团队成员从这种信任中获得自信。总而言之，团队领导者要建立自己对团队成员的稳固信任，一是正确用人，二是帮助成员建立自信。

授权是一种十分有效的信赖激励方式。授权可以让被授权的成员感到自己受到重视和尊重，感到自己与众不同，感到自己受到领导者的偏爱和重用。在这种心理作用下，被授权的成员自然会激发起潜在的能力，甚至为企业赴汤蹈火也在所不辞。

(2) 建设全力以赴的付出文化

团队成长的第二个生命基因是付出文化。

① 付出文化就是榜样文化

榜样文化就是学习榜样、成为榜样，团队的文化建设必须颂扬榜样文化。第一阶段是看到榜样；第二阶段是知道榜样；第三阶段是学习榜样；第四阶段是成为榜样。

② 付出文化就是学习文化

团队必须弘扬学习文化。学习的第一阶段是有什么就学什么；第二阶段是想学什么就学什么；第三阶段是该学什么才学什么；第四阶段是学了该学的之后注重运用；第五阶段是根据实践的需要确定该继续学什么。

③ 付出文化就是责任文化

责任文化就是要全力以赴。这个世界上，成功的企业靠的都是全力以赴的精神。责任文化就是要全心付出，如果想成为一位卓有成效的团队领导者，就必须全心付出。真正的全心付出能使团队成员受到吸引、鼓舞、激励，让团队成员看见领导者坚定的信念。团队成员总要先对领导者有足够的信任，才能接受他们所提出的目标与主张。

5.5 处理创业团队冲突的方法

当建立了一个团队之后，一个核心问题是如何维护好团队，处理团队冲突，防止团队解散。

5.5.1 沟通管理

> 未来的竞争将是管理的竞争,竞争的焦点在于每个社会组织内部成员之间及其与外部组织的有效沟通上。
> ——世界著名未来学家,约翰·奈斯比特(John Naisbitt)

美国通用电气公司(简称 GE)前 CEO 杰克·韦尔奇(Jack Welch)被誉为 20 世纪最伟大的企业领导人之一,在他上任之初,GE 内部等级制度森严,结构臃肿。韦尔奇通过大刀阔斧的改革,在公司内部引入非正式沟通的管理理念。对此,韦尔奇说:"管理就是沟通、沟通、再沟通。"

1. 沟通的重要性

沟通是保证团队成员做好工作的前提。只有通过沟通让团队成员明白了工作目标和要求、所要承担的责任、完成工作后的个人利益,团员成员才能明确做什么,做到什么程度,自己选择什么态度去做。

沟通是激发团队成员工作热情和积极性的一个重要方式。若领导者与团队成员经常就其所承担的工作,及其工作与整个企业发展的联系进行沟通,那么他们就会受到鼓舞,感觉自己受到了尊重,意识到他们工作本身的价值。这会直接给他们带来实现自我价值的满足,使他们的工作热情和积极性得到提升。

2. 沟通的类型

在沟通方向上,沟通可分成自上而下的沟通、自下而上的沟通、水平沟通。自上而下的沟通是指在群体或组织中,从一个水平向另一个更低水平进行的沟通。自下而上的沟通是指在群体中或在组织中,从一个水平向另一个更高水平进行的沟通。水平沟通是指沟通发生在同一工作群体的成员之间、同一等级的工作群体成员之间、同一等级的管理者之间的沟通。其中水平沟通既有有利的一面也有不利的一面。如果所有沟通都严格遵循正式的垂直结构则会阻碍信息传送的有效性和精确性,而水平沟通效果较好。但是,在下列情况下,水平沟通会产生功能失调的冲突:当正式的垂直通道受到破坏时;当成员越过或避开他们的直接领导做事时;当上司发现下属所采取的措施或做出的决策他自己不知道时。

沟通网络分为正式沟通网络和非正式沟通网络。正式沟通网络又分为链式网络、轮式网络和全通道式网络。每一种网络的有效性取决于你所关注的因变量。例如,如果你关注的是成员的满意度,则全通道式网络最佳;如果你关注的是精确性,则链式网络最佳。非正式网络的主要形式是小道消息。小道消息是沟通网络中的重要组成部分。小道消息具有过滤和反馈双重机制,可以使领导者认识到哪些事情员工认为很重要。从管理的角度出发,可能更重要的是对小道消息进行分析并预测其流向。

沟通既包括言语沟通,也包括非言语沟通。对接收者来说,留意沟通中的非言语信息十分重要。在倾听信息发送者发出的言语意义的同时,还应注意其非言语线索,尤其要注意二者之间的矛盾之处。在通常情况下,非言语信息比言语信息更准确。

3. 促进团队沟通的途径

有效的沟通不仅可以提高沟通效率,保证决策的准确性,还能为公司节约办公成本。

(1) 建立和完善沟通的机制和制度

① 建立沟通的机制和制度是强化沟通意识、确保沟通及时、提高沟通质量的重要保障。有了制度和机制的保证,沟通就从自发的、随机的状态上升到规范的、系统的状态。

② 实行"广开言路"的政策。团队内部应该建立多种制度化的正规渠道,采取开放的沟通政策,保证成员可以根据个人情况选择不同的沟通方式,保证每一名成员都能够直言不讳地发表自己的意见。

③ 沟通要具有双向性。许多时候领导者只注重自上而下的沟通,而忽视了自下而上的沟通,导致基层一线的信息传递渠道被堵塞。有效的团队沟通必须建立完善的反馈机制,从而形成一种信息环流。

④ 沟通要善于利用信息化手段。微信、电子公告栏、内部网络办公软件等虚拟沟通平台,能加强团队成员之间、团队与组织之间、团队与团队之间的沟通,提高工作效率,同时也能为团队成员积极参与团队管理开辟畅通的渠道,还能节约办公成本,提高劳动生产率。

(2) 强化共同目标

彼得·德鲁克认为,目标管理提供了有效沟通的一种方法。在团队里,要进行有效沟通,必须明确目标。对团队领导者来说,目标管理是进行有效沟通的一种解决办法。在目标管理中,团队领导者应和团队成员讨论目标、计划、问题和解决方案。由于整个团队都着眼于完成目标,因此大家有了一个共同的沟通基础,彼此能够更好地了解对方。即便团队领导者不能接受下属成员的建议,也能理解其观点,下属成员对领导者的要求也会有进一步的了解,沟通的结果自然得以改善。有了关于目标的共识,团队在绩效考核的评价与反馈中容易相互理解。

(3) 营造有利于沟通的氛围

微软的沟通文化

微软有一个非常好的团队文化叫"开放式交流"(open communication),它要求所有员工在任何交流或沟通的场合里都敞开心扉,完整地表达自己的观点。在微软开会时,鼓励大家意见不统一时表达自己的想法,否则公司可能错过良机。当互联网技术刚开始发展时,很多微软的领导者不理解、不赞成花太多精力做这个"不挣钱"的技术。但是有几位技术人员不断地提出他们的意见和建议,虽然他们的上司不理解,但是仍然支持他们拥有"开放式交流"的权利。后来,他们的声音很快传到比尔·盖茨的耳朵里,促成比尔·盖茨改变公司方向,彻底支持互联网。从这个例子可以看到,这种开放的交流环境对微软保持企业活力和创新能力是非常重要的。

微软前总裁史蒂夫·鲍尔默(Steve Bellmer)在微软的核心价值观中,提出要放弃原有的"开放式交流"文化,建立"开放并相互尊重"(open and respectful)的文化,要求在相互交流时充分尊重对方。因为微软认识到"开放式交流"有时会造成激烈的辩论,甚至是争吵,使某些员工说出不尊重别人的话,破坏人与人之间的关系。

一个良好的沟通氛围对团队而言,是至关重要的。营造有利于沟通的氛围,需要在团队内部构建开放分享的团队文化,强化团队成员的团队协作意识,鼓励团队成员相互之间的交流、协作,促进团队成员相互理解,改善团队成员的人际关系。

5.5.2 股权管理

企业中的股权管理对创业团队、对企业的生存和发展起着非常重要的作用。许多创业团队解散,追根溯源就是因为股权分配出现了严重问题。

1. 股权的定义

股权是股东对企业相关的财产和利益使用和支配的一种权利,主要是针对企业财产,利益的处理方面,股权包括表决和选择等权利。

在创业团队中,股权对团队成员而言,意味着其拥有创业决策的表决权。股权分配不仅会影响团队成员的人际关系和合作方式,还会影响团队作为一个整体的合作绩效,因此股权分配是创业团队的重要治理机制。股份的分配方式和分配原则等与公司的生存与发展有着重要关系,是当下新创企业面临的重大问题之一。

2. 股权分配原则

企业的股权分配会随着企业的发展而发生变动,但是这些变动都是基于公平、控制力和效率的原则。公平原则指的是股东对企业的贡献程度与股权大小成一定的比例;控制力原则指的是企业的创始人对企业的掌控力度,一般这一掌控力度是不会发生变化的;效率原则指的是股权的分配不能打击创业团队的积极性和团结性。

新创企业的发展的一大要素就是企业资源的分配,资源合理使用与否对企业的发展有着很大的影响。这些股权分配原则能够有利于对企业资源的合理分配。这些股权分配原则也能够有效地避免理想主义的股权平分的错误做法。在一般情况下,一个企业的资源并不仅仅控制在同一个人的手中,当新创企业发展到一定的阶段时,股权平分的策略远不能够符合当时的企业发展,想要企业长远地生存和发展下去,就需要对企业的股权进行合理的分配。股权平分的策略虽然简单,能够很大程度上平息各方认为自己对企业的贡献比较大的意见,但是在后续的企业发展中却会造成很大的危机。尤其是当企业将要做出重大决策时,各方的意见僵持不仅不利于企业抓住先机,还可能导致企业利益大范围受损,对企业中股东相互之间的关系和企业的向心力上产生重要的不良影响,限制企业的发展。

3. 股权管理的思维误区

在创业团队股权管理实践中,常常走入一些误区,从而导致团队合作的失败。

(1) 执行团队股份少

千夜旅游为什么会失败

千夜旅游联合创始人冯钰写道:千夜失败了,实际上最大的问题是股权结构不合理,给执行团队留的股份太少,导致我们在上一轮融资时非常费力,花费了将近6个月时间在谈融资。投资人觉得我们的执行团队在早期的时候股份这么少,企业一定会有很大风险:第一,执行团队的工作动力不足;第二,执行团队股份这么少,很容易受到其他诱惑就走了。

执行团队股份占比过少,从投资人的角度来看,企业存在风险,这样在融资时会遇到困难。

(2) 股权平均分配

典型的股权平均分配是在两个人合伙创业的企业中,股权五五分。五五分的结果是没有分配决定权。在创业开始时可能不会产生争执,而在企业发展到一定阶段,出现分歧的时候,如果没有一个人拥有绝对的控制权,可能谁也不服气谁,最终的结果就是分道扬镳,创业失败。

> **Facebook 的早期股权**
>
> Facebook 是马克·艾略特·扎克伯格(Mark Elliot Zuckerberg)于 2004 年创办于美国的一个大型社交网络服务网站。创业初期,Facebook 的股权分配是:扎克伯格占 65%,爱德华多·萨维林(Eduardo Saverin)占 30%,达斯汀·莫斯科维茨(Dustin Moskovitz)占 5%。Facebook 是扎克伯格开发的,他是个意志坚定的领导者;萨维林懂得怎样把产品变成钱;莫斯科维茨则在增加用户上贡献卓著。
>
> Facebook 在确定产品方向之后,需要天使投资人来帮助自己把产品和商业模式稳定下来。Facebook 的天使投资人彼得·泰尔(Peter Thiel)注资 50 万美元,获得 10% 股份。在这之后,Facebook 的发展可谓一帆风顺,不到一年就拿到了 A 轮融资——阿克塞尔公司投资 1 270 万美元,此时公司估值 1 亿美元。2012 年,Facebook 上市。

创业团队领导者的股份占比在 50% 以上,一般能让领导者对新创企业拥有控制力,新创企业的发展方向不会出现大问题。

5.5.3 冲突管理

> 当你与某人发生冲突时,你们的关系是破裂还是更加紧密取决于一个因素——态度。
> ——美国哲学家和心理学家,威廉·詹姆斯(William James)

在创业团队建设中,冲突管理是重要的管理内容。管理工作环境中的冲突是很多领导者以及员工需面对的主要挑战之一。

> **盛田昭夫如何解决冲突?**
>
> 一天晚上,索尼创始人之一盛田昭夫按照惯例走进职工餐厅与职工一起就餐、聊天,他多年来一直保持着这个习惯,以培养员工的合作意识和保持与他们的良好关系。这天,盛田昭夫忽然发现一位年轻职工郁郁寡欢,满腹心事,闷头吃饭,谁也不理。于是,盛田昭夫主动坐在这名员工对面,与他交谈。几杯酒下肚之后,这个员工终于开口了:"我毕业于东京大学,曾经有一份待遇十分优厚的工作。在进入索尼之前,我对索尼公司非常崇拜。当时,我认为我进入索尼是我一生的追求。但是,现在才发现,我不是在为索尼工作,而是在为课长工作。坦率地说,我这位课长是个无能之辈,更可悲的是我所有的行动与建议都得课长批准。对于我的一些小发明与改进,课长不仅不支持、不解释,还挖苦我'癞蛤蟆想吃天鹅肉',有野心。我十分泄气,心灰意冷。这就是索尼?这就是我的索尼?我居然要放弃了那份优厚的工作来到这种地方!"

> 这番话令盛田昭夫十分震惊,他想类似的冲突问题在公司内部员工中恐怕不少,领导者应该关心他们的苦恼,了解他们的处境,不能堵塞他们的上进之路,于是产生了改革人事管理制度的想法。之后,索尼公司开始每周出版一次内部小报,刊登公司各部门的"求人广告",员工可以自由而秘密地前去应聘,他们的上司无权阻止。另外,索尼原则上每隔两年就让员工调换一次工作,特别是对于那些精力旺盛、干劲十足的人,不是让他们被动地等待工作,而是主动地给他们施展才能的机会。
>
> 在索尼公司实行内部招聘制度以后,有能力的人大多能找到自己较中意的岗位,而且人力资源部门可以发现那些"流出"人才的上司所存在的问题。

1. 团队冲突的类型及成因

再紧密的协作伙伴也会出现各种各样的摩擦、矛盾,甚至冲突。

(1) 团队冲突的类型

团队冲突的类型可以分为以下几种。

① 人际冲突——由于个性、年龄、文化背景、价值观等因素造成的人与人之间的矛盾冲突。

② 团队内部冲突——由于团队决策、决议产生各执己见的矛盾冲突。

③ 团队间冲突——由于不同职能各自争取的利益不同而产生的矛盾冲突。例如,销售团队与市场团队的业绩较差时,容易相互推诿责任,产生冲突。

④ 团队与其他组织的冲突——由于在执行任务时,团队的要求或规范与其他组织的要求或规范不一致而发生的矛盾冲突。

(2) 团队冲突起因分析

团队冲突主要集中在人际间冲突和团队内部冲突两个方面,在试图缓解冲突之前,我们需要了解团队冲突的起因。

① 各个团队成员关心的重点不同。由于每个团队成员负责各不相同的工作环节,各自关注的重点自然不同。

② 资源太少,引发竞争。信息、资金或人力是有限的,团队成员为了提高自己的工作产出量常常会导致对这些有限的资源的争夺。

③ 目标偏离。团队行为与制订的目标方向偏离较大时,团队成员之间会产生分歧,各自维护各自的目标方向,自然引发冲突。

④ 利益不一致。个人利益与团队利益发生矛盾和团队内部个人利益之间发生矛盾就容易引起冲突。

⑤ 权力冲突。在原本平等的团队成员中间,有人被团队领导者赋予一定的协助管理权力,这很可能打破团队之前的和谐。被赋予权力的人可能做出不适当的指挥和监督,得不到他人的服从,也容易引起其他团队成员的反感或抵制。

⑥ 加班加点。团队领导者急于达成目标,忽略团队成员的感受,经常要求团队成员加班加点。有些团队领导者认为团队成员为团队加班是正常的劳动付出,经常将工作时间延长1~2个小时,并不给予任何调休或加班工资。这样的次数多了,会引起团队成员的工作疲累感,使团队成员觉得付出与回报不对等,产生抵触情绪。

⑦ 团队成员之间的个性存在差异。大部分个性差异是普遍存在的,并且是不能改变

的。有些团队成员激进、冒险;有些团队成员保守、守旧;有些团队成员喜欢聊天交际;有些团队成员沉默不语。由于个性各不相同,工作风格也必然各不相同,这便容易使团队成员之间不能接受对方的行事风格,引发一些冲突。

⑧ 出现不公平对待。团队领导者对团队成员出现不公平对待势必会引发团队冲突。人人都需要被公平对待。

2. 处理冲突的策略

处理团队冲突一般有以下几种策略。

(1) 强调团队整体利益

很多团队成员常常只关注自身负责的小部分利益,而忽视整个团队的利益,把过多的注意力放在自己负责的环节,而忽视了整个团队发展的情况。作为团队领导者首先要把自己的注意力放在整个团队的利益上,而不是片面强调每个人所负责的小部分利益。不断强调团队整体利益,在任何小环节出现问题时,应一切以团队整体利益为解决问题的基础。

另外,要将团队成员的个人利益与团队整体利益挂钩。让所有团队成员认识到,不是完成自身工作就能受益,而必须是推动整个团队进步才能受益。这样会大大减少因为个人工作而产生与其他团队成员恶意竞争或发生冲突的情况。

(2) 优化资源配置

本着公平公正的原则,以团队整体利益为出发点,分配有限资源。利用稀少资源引起适当竞争,将资源配置给更优秀、付出更多的团队成员,以此使团队成员积极努力争取,即使有些团队成果没有争取到,也能心服口服。

(3) 强调目标与计划的坚定性

目标与计划是整个团队前进的方向,团队领导者必须按计划实现目标。在调整计划与目标的过程中,需要明确调整措施与方向,避免出现两种甚至两种以上的团队方向。不管什么样的目标与计划,也不管进行多少次调整,最重要的就是让整个团队保持一致的方向。

(4) 妥善分配权力

一些团队领导者为了方便自己的工作,随意将部分权力下放给关系较好的团队成员。这种现象不同于授权,它是没有指导意义地、较为主观随意地下放权力,破坏了原本平等的团队成员关系。得到权力的团队成员凭借和团队领导者较好的私人关系对团队工作进行指导和监督,很容易引起其他团队成员的反感和抵触。团队领导者口头上的下放权力并没有实质效力,得到权力的团队成员也容易变得骄傲自满,在指挥工作中主观臆断、假公济私等现象。团队领导者可以授权给每一个团队成员,引导团队形成自我管理的模式,但不可私自下放权力给关系较好的团队成员,这将会破坏整个团队紧密协作的功能。

(5) 平衡付出与回报

一些团队领导者认为让团队成员加班加点是天经地义的事。每个团队成员对自己的付出与回报之间的关系十分重视。在没有加班工资或者调休的情况下,一味地让团队成员加班加点,很容易使团队成员产生抵触情绪。首先,团队领导者必须与团队成员付出同样多的努力。一个团队领导者对工作的付出程度极大地影响着整个团队对工作的付出程度。一个团队领导者带头加班加点、不求回报,很自然地会感染团队成员,减少团队成员的抱怨和不公平感,也会增加团队领导者的威信。其次,在团队成员付出额外劳动时,团队领导者需要表示感谢及鼓励,让他们看到自己的付出得到了团队领导者的肯定。让每个团队成员意识到自己对于整个团队的重要性。最后,团队领导者应为团队成员的加班加点争取回报。即使企业规定在有限时间内的加班加点无须付给工资或调休时间,但作为团队领导者仍应该努力为团队成员争取可能得到的回报。即使团队领导者争取不到这些,也能让团队成员觉得自己的付出是值得的。

(6) 容纳多元化的团队成员

在一个团队里,存在着年龄、性别、价值观、工作风格都各不相同的团队成员。多元化的团队成员在协作工作中必定会有诸多的互不理解。作为团队领导者应该让每个团队成员了解彼此的性格特征、工作风格以避免不必要的误会。可以进行工作岗位轮换,让起冲突的团队成员互换对方工作岗位,详细了解对方工作中的不当、不便之处,找到冲突的根本原因,最终使冲突得到妥协或解决。给团队成员分配临时岗位,以缓解冲突,经过一段时间的冷静和思考后再客观地解决冲突。对于难以融合团队文化、组织文化的团队成员,应进行调动或解雇。

(7) 坚持公平原则

公平原则一旦被破坏,便会引起冲突。每个团队成员都将会捍卫自身的公平,都会为自身的公平做斗争。所以,团队领导者必须时刻保持公平原则,公平对待每个团队成员以及每个事项。

3. 合伙人之间的矛盾管理

由于合伙人之间认识上的差异、信息沟通上的障碍、态度的相悖以及相互利益的互斥,矛盾冲突在所难免。当破坏性的矛盾冲突发生后,合伙人就应该坐下来,通过协商的办法来解决,但在协商中也应注意一些技巧的应用。

(1) 先做自我批评

合伙人之间的矛盾是由多方面原因引起的,有自己的原因也有对方的原因,还可能有第三者的原因。要顺利地化解矛盾,就应该从自我批评开始。这样会给对方造成负疚感,对方也会坦诚地把自己的错误找出来,不至于将矛盾激化。当然,提倡自我批评并不意味着没有原则地迁就对方。从某种意义上说,责己既是手段又是策略。

(2) 回避退让

回避不等于逃避,而是为了防止矛盾激化,并在回避中等待解决矛盾的时机。当矛盾或分歧比较严重并且一下子难以解决时,为了不使矛盾进一步发展,达到激化的程度,应有意识地减少与有矛盾的合伙人接触,避免正面冲突,使大事化小,小事化了。

(3) 求同存异

矛盾冲突的各方暂时避开某些分歧点,在某些共同点上达成一致,以达到矛盾逐渐解除的目的。这是能解决合伙人之间的矛盾而不影响企业正常运行的最好办法。求大同、存小异,做到大事讲原则、小事讲风格,在枝节问题上不苛求于人,不但可以避免冲突的发生,而且还可以调解或解除现有的矛盾。

(4) 模糊处理

在特定的条件下,对于一些无原则性的矛盾冲突,可采取模糊处理的办法。模糊处理,不是不问青红皂白,而是冲突本身无法分清谁是谁非。模糊处理法是处理无原则冲突的最好方法。

第5章 团队思维

本章重点内容小结

1. 创业团队是指在企业创建初期由两个或两个以上才能互补、责任共担、所有权共享、愿为共同的创业目标而奋斗,且处于企业高层管理位置的人共同组成的有效工作群体。
2. 团队领导者的品质和素质是创业团队成功的关键。领导者要拥有感召力、前瞻力、影响力、决断力和控制力,以身作则、身先士卒,才能鼓舞人心、使众人行。
3. 若想打造最好、最成功的创业团队,第一,要有清晰的目标;第二,要寻找合适的创业合伙人,创业合伙人可以助你一臂之力;第三,要懂得激励,即发现并满足人的需求;第四,要建立规章制度;第五,要有自己的团队文化,团队文化是团队建设的灵魂。
4. 目标偏离、利益不一致、权力冲突等都可能会导致创业团队冲突。遇到冲突不可怕,关键是学会处理冲突。

思考题

1. 创业一定要组成团队吗?哪些因素对组建团队产生影响?
2. 试分析异质性团队与同质性团队的不同,你更倾向于哪种团队?
3. 请试着举出几位你知道的拥有前瞻力的领导者?
4. 选择创业合伙人时,应注意哪些问题?
5. 试述团队激励理论及其应用。
6. 团队建设中如何建立有效的沟通?
7. 哪些因素可能会导致团队的冲突?如何组建和维持一支高效的创业团队?
8. 寻找3家成功企业,分析其团队构成方面有何特色?有何可借鉴之处?
9. 为什么说企业初创期的文化建设有着特殊的意义?
10. 如何处理团队冲突?

综合案例

"腾讯创业五兄弟"——团队创造奇迹

1998年秋天,马化腾与他的同学张志东合资注册了深圳腾讯计算机系统有限公司。之后又吸纳了3位股东:曾李青、许晨晔、陈一丹。这5个创始人的QQ号据说是从10001到10005。为避免彼此争夺权力,马化腾在创立腾讯之初就和4个伙伴约定清楚:各展所长、各管一摊,马化腾是CEO(首席执行官),张志东是CTO(首席技术官),曾李青是COO(首席运营官),许晨晔是CIO(首席信息官),陈一丹是CAO(首席行政官)。直到2005年的时候,这5人的创始团队还基本保持这样的合作阵营,不离不弃。

在企业迅速壮大的过程中,要保持创始人团队的稳定合作尤其不容易。在这个背后,工程师出身的马化腾从一开始对于团队合作的理性设计功不可没。

从股份构成上看,5个人一共凑了50万元,其中马化腾出资23.75万元,占47.5%的股份;张志东出了10万元,占20%的股份,曾李青出了6.25万元,占12.5%的股份;其他两个人各出 5 万元,各占 10% 的股份。

马化腾认为,要他们的股份总和比我多一点点,不要形成一种垄断、独裁的局面。而同时,他自己又一定要出主要的资金,占大股。如果没有一个主心骨,股份大家平分,到时候企业肯定会出问题,可能会倒闭。

保持稳定的一个关键因素在于搭档之间的"合理组合"。

《中国互联网史》的作者林军说:"马化腾非常聪明,但非常固执,注重用户体验,愿意从普通用户的角度去看产品。张志东的脑子非常活跃,也是对技术很沉迷的一个人。虽然马化腾在技术也做得非常好,但是他的长处是能够把很多事情简单化,而张志东的长处是把一个事情做得完美化。"

可以说,在中国的民营企业中,能够像马化腾这样选择性格不同、各有特长的人组成一个创业团队,并在成功开拓局面后还能与团队依旧保持着长期默契合作的人,是很少见的。而马化腾的成功之处就在于其从一开始就很好地设计了创业团队的责任、权利。

思考:
1. 基于这个案例,你认为应该如何选择创业合伙人?
2. "腾讯创业五兄弟"的股权分配机制给你什么启发?

第 6 章 工具思维

> 最有价值的知识,是关于方法的知识。
> ——笛卡儿

本章分析创业思维中的工具思维。创业者应该知晓和掌握一些基本的科学管理思维方法。本章分为4节,分别介绍宏观方法、中观方法、微观方法以及基础方法。宏观方法是企业战略层次上的分析方法;中观方法是指企业在经营分析时所用的一些方法;微观方法是指企业在经营时遇到各种管理问题时可以采用的分析方法;基础方法是指企业在各个发展层面、发展阶段中都普遍适用的科学方法。

学习目标

1. 了解学习工具思维的价值。
2. 掌握宏观方法、中观方法、微观方法、基础方法的内涵。
3. 培养使用各种工具思维方法的习惯。

6.1 宏观方法

适者生存,不适者淘汰。创业者必须对新创企业所处的外部环境有正确的认知并制订恰当的战略以适应环境,否则创业很难成功。

战略是创业者根据内、外环境及可取得资源的情况,为求得企业长期稳定的发展,对企业的发展目标、达到目标的途径和手段的总体谋划,它是企业经营思想的集中体现,是一系列战略决策的结果,同时又是制订企业计划的基础。企业战略这一管理理论是20世纪50年代到20世纪60年代由发达国家的企业在社会经济、技术、产品和市场竞争的推动下、在总结自己的经营管理实践经验的基础上建立起来的。

本节主要介绍创业时所需用到的宏观方法。宏观方法是指企业战略层次上的分析方法,这些方法为新创企业的经营发展在战略层面上提供了建设性的指导。本节为创业者介绍的宏观方法有PEST分析法、波特五力模型法以及SWOT分析法。

6.1.1 外部环境分析:PEST分析法

创业者在认识外部环境时,一般可以采用PEST分析法。

1. 概念

PEST分析法是企业外部环境战略分析的基本工具,它通过对政治(political)、经济(economical)、社会(social)和技术(technological)4个角度或4个方面的因素进行分析,从总体上把握企业发展的宏观环境,并评价这些因素对企业发展的影响。

(1) 政治因素

政治因素是指对企业经营活动具有实际与潜在影响的政治力量和有关法律、法规等因素。当政府对企业所经营业务的态度发生了变化,以及政府发布了对企业经营具有约束力的法律、法规时,企业的发展战略必须随之做出调整。法律环境主要包括政府制定的对企业发展具有约束力的法律、法规,如《中华人民共和国反不正当竞争法》《中华人民共和国个人所得税法》《中华人民共和国环境保护法》等,政治因素实际上是和经济密不可分的一组因素。处于竞争中的企业必须仔细研究与企业发展有关的法律、法规,同时了解与企业相关的一些国际贸易规则等。这些相关的法律和政策能够影响各个行业的运作方式和利润。

政治因素需要考虑的关键点如下。

① 政治环境是否稳定?
② 国家政策是否会改变?国家会不会增强对企业的监管力度并收取更多的税?
③ 政府所持的市场道德标准是什么?
④ 政府的经济政策是什么?
⑤ 政府是否关注文化与宗教?
⑥ 政府是否与其他组织签订过贸易协定(如欧盟、北美自由贸易区、东盟等)?

(2) 经济因素

经济因素是指一个国家的经济制度、经济结构、产业布局、资源状况、经济发展水平以及未来的经济走势等。由于企业是处于宏观环境中的微观个体,经济环境会影响其自身战略的制订。经济全球化使各个国家在经济上相互依赖,企业在各种战略的决策过程中还需要关注、搜索、预测和评估其他国家的经济状况。

经济环境因素需要考虑的关键点如下:GDP、利率水平、通货膨胀程度、失业率、居民可支配收入水平、汇率水平、能源供给成本、市场机制的完善程度、市场需求状况等。

(3) 社会因素

社会因素是指企业所在社会的民族特征、文化传统、价值观念、宗教信仰、教育水平以及风俗习惯等因素。

社会因素包括人口规模、年龄结构、种族结构、收入分布、消费结构和水平、人口流动性等。其中人口规模直接影响着一个国家或地区市场的容量,年龄结构则决定消费品的种类及推广方式。

不同的国家之间有差异,不同的民族之间同样有差异。例如,牛是藏族的吉祥动物,在西藏地区的越野车辆市场中日本丰田越野车占据着绝对的市场份额,原因是其车的标识形似牛头,广受藏族人民的喜爱。由此可见,文化有时对于战略制订的影响是巨大的。

社会因素需要考虑的关键点如下。

① 这个国家信奉人数最多的宗教是什么?
② 这个国家的人对于外国产品和服务的态度如何?

③ 语言障碍是否会影响产品的市场推广？
④ 这个国家的消费者有多少空闲时间？
⑤ 这个国家的男人和女人的角色分别是什么？
⑥ 这个国家的人长寿吗？老年阶层富裕吗？
⑦ 这个国家的人对于环保问题是如何看待的？

（4）技术因素

技术因素不仅包括那些引起革命性变化的发明，还包括与企业生产有关的新技术、新工艺、新材料。技术领域发展很快，微软、苹果、通用电气等企业的出现改变了世界和人类的生活方式。

技术因素需要考虑的关键点如下。
① 技术是否降低了产品和服务的成本并提高了质量？
② 技术是否为消费者和企业提供了更多的创新产品与服务？
③ 技术是如何改变分销渠道的？
④ 技术是否为企业提供了一种全新的与消费者沟通的渠道？

2. 价值

在分析一个新创企业发展所处背景的时候，通常是观察上述4个因素。

作为战略决策依据，PEST分析法可以从宏观角度全面地分析外部环境，此外还可以利用不同的角度，从变动的因素上探求某个行业可能的发展潜能，从而让创业者对企业的发展前景有一个大的整体把握。另外，利用PEST分析法可帮助创业者对于各方面的变动及时地作出反应，制定对应的改变策略。

新创企业通过制订正确的发展战略、遵循科学的管理流程等可发展强大。但和人一样，新创企业要先能够生存下来，然后才能更好地发展。企业发展战略的制订离不开宏观环境，而PEST分析法能从各个方面比较好地把握宏观环境的现状及变化趋势，放眼光于全局，对企业生存发展的机会加以利用，对环境可能带来的威胁及早地发现，防患于未然。

3. 应用

作为用来帮助企业分析外部宏观环境的一种方法，PEST分析法相对简单，并可通过头脑风暴法来完成。PEST分析法可运用在企业战略规划、市场规划、产品经营发展、研究报告撰写。

应用PEST分析法通常需要注意如下方面。
① 信息收集要全面。信息来源包括政府工作报告、行业协会的数据、专业论坛的观点、法律法规等。若不能分析完部信息，那就得选择重要信息进行分析。
② 对于任何企业，PEST分析法中只有某一个方面或者几个方面的影响较大，所以要抓住重点，对一个或者几个方面深入分析，其他则一概而过。
③ PEST分析法针对的是宏观环境，但不是对每一个建议都需要进行宏观环境的分析。

6.1.2 行业环境分析：波特五力模型法

1. 概念

波特五力模型是企业制订战略时经常利用的战略分析工具，可以有效地分析企业面临的竞争行业环境。

波特五力模型将5种不同的因素汇集在一起,分析一个行业的基本竞争态势。该模型中的5种主要竞争来源包括供应商的议价能力、购买者的议价能力、新进入者的威胁、替代品的威胁和同行业企业间的竞争。创业者往往就是以新进入者的身份来进行本行业竞争环境的分析,从而量身打造,制订本企业竞争战略的。

这5种竞争来源的关键点如下。

(1) 供应商的议价能力

供应商主要通过其提高投入要素价格与降低单位价值质量的能力,来影响行业中现有企业的盈利能力与产品竞争力。供应商的力量主要取决于他们提供给买主的投入要素,当供应商提供的投入要素的价值构成了买主产品总成本的较大比例或该投入要素对买主产品生产过程非常重要、严重影响买主产品的质量时,供应商应对买主讨价还价的力量就大大增强。一般来说,满足如下条件的供应商会具有比较强大的讨价还价力量。

第一,供应商具有比较稳固的市场地位且不受市场竞争的影响。这类供应商的产品买主很多,以至于单个买主不可能成为其重要客户。

第二,供应商的产品各有一定特色,以至于买主难以转换或转换成本太高,或者很难找到可与供应商企业产品相竞争的替代品。

第三,供应商能够方便地实行前向联合或一体化,而买主难以进行后向联合或一体化。

(2) 购买者的议价能力

购买者主要通过其压价与要求提供较高的产品或服务质量的能力,来影响行业中现有企业的盈利能力。一般来说,满足如下条件的购买者会具有比较强大的讨价还价力量。

第一,购买者的总数较少,而每个购买者的购买量较大,占了卖主销售量的很大比例。

第二,卖方行业由大量相对来说规模较小的企业组成。

第三,购买者购买的基本上是一种标准化产品,同时向多个卖主购买产品也完全可行。

第四,购买者有能力实现后向一体化,而卖主不可能前向一体化。

(3) 新进入者的威胁

新进入者在给行业带来新生产能力、新资源的同时,也希望自己在市场中赢得一席之地,这就有可能导致新进入者与现有企业发生原材料与市场份额的竞争,最终导致行业中现有企业的盈利水平降低,严重的话还有可能危及这些企业的生存。新进入者对现有企业造成威胁的大小取决于两方面的因素:新进入者进入新领域的障碍大小与现有企业对于进入者的反应情况。

进入障碍主要包括规模经济、产品差异、资本需要、转换成本、销售渠道开拓、政府行为与政策、不受规模支配的成本劣势、自然资源、地理环境等方面,其中有些障碍是很难借助于复制或仿造的方式来突破的。

(4) 替代品的威胁

两个企业可能会由于所生产的产品互为替代品,从而产生相互竞争行为,这种来自替代品的竞争会以各种形式影响行业中现有企业的竞争战略。

第一,现有企业产品的售价以及利润的提高,将由于存在能被买主方便接受的替代品而受到限制。

第二,替代品生产者的侵入使得现有企业必须提高产品质量,或者通过降低成本来降低售价,或者把产品做得有特色,否则其销量与利润增长的目标就有可能实现不了。

第三,来自替代品生产者的竞争压力受买主转换成本的影响。

总之,替代品价格越低、质量越好、买主转换成本越低,其所能产生的竞争压力就越大。而这种来自替代品生产者的竞争压力可以具体通过考察替代品的销售增长率、替代品生产厂家的生产能力与盈利情况来加以描述。

(5) 同行业企业间的竞争

在大部分行业中,企业之间的利益都是紧密联系在一起的,各企业竞争战略的目标都在于使得自己的企业获得相对于竞争对手的优势,所以,在实施中就必然会产生冲突与对抗,这些冲突与对抗构成了同行业企业间的竞争。同行业企业间的竞争常常表现在产品价格、产品质量、售后服务等方面,其竞争强度与许多因素有关。

一般来说,具有下述情况意味着同行业企业间的竞争较为激烈:行业进入障碍较低,势均力敌的竞争对手较多,竞争参与者的范围广泛;市场趋于成熟,产品需求增长缓慢;竞争者企图采用降价等手段促销;竞争者提供几乎相同的产品或服务,买主转换成本很低;行业退出障碍较高,即退出竞争要比继续参与竞争的代价更高。在这里,退出障碍主要受经济、社会政治关系等方面的影响,具体包括退出的固定费用、政府和社会的各种限制等。

2. 价值

波特五力模型在产业经济学与管理学之间架起了一座桥梁。该模型的意义在于,5种竞争力量的抗争中蕴含着3种企业发展战略思想,分别是成本领先战略、差异化战略、集中化(或专一化)战略。

对于一个创业企业来讲,这3种战略并不是彼此相互排斥的,企业应该根据市场环境的变化而及时进行战略调整。例如,为了竞争及生存的需要,企业往往以差异化战略打头。随后整个市场的需求动向发生变化,其他企业纷纷效仿跟进,使差异化产品逐渐丧失了差异化优势,最后变为标准产品,此时企业只有采用成本领先战略,努力降低成本,使产品产量变大,提高市场占有率来获得利润。

3. 应用

波特五力模型适用于企业制订竞争战略。创业者可以应用这个管理工具有效地分析行业环境,以揭示本企业在本产业或行业中具有何种盈利空间,从而制订合适的企业发展战略。

6.1.3 内、外条件综合分析:SWOT 分析法

SWOT 分析法是用来确定企业自身的竞争优势、竞争劣势、机会和威胁,从而让创业者将企业的战略与企业内部资源、外部环境有机地结合起来的一种科学分析方法。

1. 概念

SWOT 分析法即基于企业内、外部竞争环境将与企业密切相关的各种主要内部优势、劣势和外部的机会、威胁等通过调查列举出来,并依照矩阵形式排列,然后用系统分析的思想,把各种因素相互匹配起来加以分析,从中得出一系列相应的结论以支持科学决策,制订相应的发展战略、计划以及对策等。

S(strength)是优势,W(weakness)是劣势,O(opportunity)是机会,T(threat)是威胁。按照企业竞争战略的完整概念,战略应是企业"能够做的"(即企业的强项和弱项)和"可能做

的"(即环境的机会和威胁)的有机组合。

SWOT分析法有其形成的基础。著名的竞争战略专家迈克尔·波特(Michael Porter)提出的竞争理论从产业结构入手对一个企业"可能做的"方面进行了透彻的分析和说明,而能力学派的管理学家则运用价值链解构企业的价值创造过程,注重对企业资源和能力的分析。SWOT分析法就是在综合了前面两者的基础上,以资源学派的学者为代表,将企业的内部分析与产业竞争环境的外部分析结合起来,形成了结构化的平衡系统分析体系。

与其他的分析方法相比较,SWOT分析法从一开始就具有显著的结构化特征和系统性特征。就结构化而言,首先在形式上,SWOT分析法表现为构造SWOT结构矩阵,并对矩阵的不同区域赋予了不同分析意义;其次在内容上,SWOT分析法的主要理论基础强调从结构分析入手,对企业的外部环境和内部资源进行分析。

在适应性分析过程中,创业者应在确定内、外部各种变量的基础上,对杠杆效应、抑制性、脆弱性和问题性4个基本概念进行分析。

① 杠杆效应〔优势(S)+机会(O)〕。杠杆效应产生于内部优势与外部机会相互一致和适应时。在这种情况下,企业可以用自身内部优势撬起外部机会,使机会与优势充分结合发挥出来。然而,机会往往是稍纵即逝的,因此企业必须敏锐地捕捉机会,把握时机,以寻求更大的发展。

② 抑制性〔劣势(W)+机会(O)〕。抑制性意味着妨碍、阻止、影响与控制。当环境提供的机会与企业内部优势不适合或者不能相互重叠时,企业的优势再大也将得不到发挥。在这种情况下,企业就需要提供和追加某种资源,以促进内部劣势向优势方面转化,从而捕捉外部机会。

③ 脆弱性〔优势(S)+威胁(T)〕。脆弱性意味着内部优势的降低。当环境状况对企业内部优势构成威胁时,企业内部优势得不到充分发挥,出现优势不优的脆弱局面。在这种情况下,企业必须克服威胁,以发挥优势。

④ 问题性〔劣势(W)+威胁(T)〕。当企业内部劣势与企业外部威胁相遇时,企业就面临着严峻挑战,如果处理不当,可能导致企业的失败。

2. 价值

从整体上看,SWOT分析法可以分为两部分:第一部分为SW,主要用来分析内部条件;第二部分为OT,主要用来分析外部条件。利用这种方法可以从中找出对企业自身有利的、值得发扬的因素,以及对企业不利的、要避开的因素,发现存在的问题,找出解决办法,并明确以后的发展方向。根据这个分析,可以将问题按轻重缓急分类,明确哪些是目前急需解决的问题,哪些是可以稍微延后解决的事情,哪些属于战略目标上的障碍,哪些属于战术上的问题,并将这些研究对象列举出来,依照矩阵形式排列,然后用系统分析的思想,把各种因素相互匹配起来加以分析,从中得出一系列结论。这些结论可支持创业者作出正确的决策和规划。

3. 应用

在企业战略分析中,SWOT分析法是很常用的方法。进行SWOT分析时,主要有以下3个方面的内容。

(1) 分析环境因素

运用各种调查研究方法,分析出企业的各种环境因素,即外部环境因素和内部能力因素。外部环境因素包括机会因素和威胁因素,它们是外部环境对企业的发展直接有影响的有利和不利因素,属于客观因素。内部环境因素包括优势因素和劣势因素,它们是企业在其发展中存在的积极和消极因素,属于主动因素。在调查分析这些因素时,不仅要考虑历史与现状,而且更要考虑未来发展问题。

优势是组织机构的内部因素,具体包括有利的竞争态势、充足的资金、良好的企业形象、强大的技术力量、好的产品质量、大的市场份额、低的成本等。

劣势也是组织机构的内部因素,具体包括设备老化、管理混乱、缺少关键技术、研究开发技术落后、资金短缺、经营不善、产品积压、竞争力差等。

机会是组织机构的外部因素,具体包括新产品、新市场、新需求、外国市场壁垒解除、竞争对手失误等。

威胁也是组织机构的外部因素,具体包括新的竞争对手、替代产品增多、市场紧缩、行业政策变化、经济衰退、客户偏好改变、突发事件发生等。

作为一种系统思维,SWOT分析的优点就在于考虑问题全面,而且可以把对问题的"诊断"和"处理"紧密结合在一起,条理清楚,便于检验。

(2) 构造 SWOT 矩阵

将调查得出的各种因素根据轻重缓急或影响力大小等排序,构造 SWOT 矩阵。在此过程中,将那些对企业发展有直接、重要、久远影响的因素优先排列出来,而将那些对企业发展有间接、次要、短暂影响的因素排列在后面。

(3) 制订行动计划

在完成 SWOT 矩阵的构造后,便可以制订出相应的行动计划。

6.2 中 观 方 法

本节主要介绍 3 类创业者需要用到的中观方法(在企业经营分析时用到的科学方法)分别是竞争对手分析法、目标市场分析法以及企业全面发展分析法。

6.2.1 竞争对手分析法

企业在经营时,分析竞争对手常用的工具叫作竞争对手分析法。

1. 概念

竞争对手分析(competitor analysis)法是一个对竞争对手进行系统研究的工具,这样做的主要目的在于认识竞争对手对本企业的竞争性行动可能采取的行动,从而有效地制订自己的发展策略。

2. 价值

当某一部分顾客对某种产品和服务产生需求的时候,市场就产生了。在通常情况下,某企业看好的市场,其竞争者也会看好。企业在确定业务领域时必须对行业进行深入的宏观分析,正所谓"知彼知己,百战不殆"。使用竞争对手分析法便可以很好地对行业和竞争对手进行深入分析。

3. 应用

创业者在进行竞争对手分析时应首先分析主要竞争对手;其次获取竞争对手的情报并

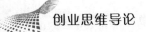
创业思维导论

建立数据库;最后分析竞争对手的策略。

(1) 分析主要竞争对手

在进行竞争对手分析时,首先需要对那些现在或将来对企业发展可能产生重大影响的主要竞争对手进行研究。这里的竞争对手通常不只包括直接竞争对手,它应是一个更大的组织群体。在很多情况下,企业未能正确识别将来可能出现的竞争对手,可能会导致其出现发展盲点。

首先,企业应该密切关注主要的直接竞争对手,尤其是那些与自己增长速度一致或比自己增长速度快的竞争对手,必须注意和深入发现其所有竞争优势的来源。对不同竞争对手需要进行不同深度的分析,对那些已经有能力对公司的核心业务产生重要影响的竞争对手尤其要密切注意和研究。其次,企业应该识别新的和潜在的进入者。现有直接竞争对手可能会因现有市场结构被破坏而损失惨重,因此企业主要的竞争威胁不一定来自它们,而可能来自新的和潜在的竞争对手。识别新的和潜在竞争对手要关注以下几种企业:进入壁垒低的企业、有明显经验效应或协同性收益的企业、前向一体化或后向一体化的企业、具有潜在技术竞争优势的企业。

(2) 获取竞争对手的情报收集并建立数据库

对竞争对手的信息进行细致的收集与分析是非常重要的。主要从以下几方面信息源进行竞争信息的收集。

① 竞争对手的年度报告、竞争产品的文献资料。这些通常是非常有用的,因为它们记录了许多详细信息,如重大任命、员工背景、业务单位描述、理念和宗旨、新产品和服务、重大战略行动等。

② 竞争对手的历史。这对了解竞争对手的企业文化、现有战略地位的基本原理以及内部系统和政策的详细信息是有用的。

③ 竞争对手的广告。从广告中可以了解竞争对手的广告主题、媒体选择、做广告的费用水平和其特定战略的时间安排。

④ 行业出版物。这对了解竞争对手的财务情况和战略、产品数据等信息是有用的。

⑤ 竞争对手高级管理者的论文和演讲。这对获得竞争对手内部程序的细节、管理理念和战略意图是有用的。

⑥ 供应商。来自供应商的报告对于评价竞争对手的行动水平和效率等是非常有用的。

⑦ 行业专家。对这些行业专家的了解是有用的,因为他们在解决问题时通常采用一种特定的模式,可以借鉴好的模式。

⑧ 雇佣的高级顾问。可以雇佣从竞争对手那里退休的管理人员作为自己的高级顾问,他们提供的有关他们以前雇主的信息,可以在特定的某些领域起到决定性作用。

在大量收集了竞争对手的资料之后,要聚焦以下几方面信息,建立完善的竞争对手分析数据库,以方便地使用这些数据。

① 竞争对手或潜在竞争对手的名字。

② 产品或服务的种类和质量。

③ 员工的数量和特征。

④ 业务单位结构的详细情况。

⑤ 产品或服务的价格。

⑥ 按顾客和地区细分的市场详情。
⑦ 沟通策略、促销活动等详情；
⑧ 销售和服务组织的详情。
⑨ 市场销售详情、顾客忠诚度和市场形象。
⑩ 重要顾客和供应商的详情。

利用这个数据库，可以分析和评价竞争对手未来的战略行动，并得到指导本企业获得和保持竞争优势的建议。

（3）分析竞争对手的策略

要评价主要竞争对手的相对优势和劣势，必须对其策略进行分析和评价。下面介绍两种分析方法。

① 职能策略分析

对竞争对手每一个业务的主要职能策略都必须明确和评价。职能策略分析主要包括以下三大类。

a. 营销策略分析

竞争对手的产品/服务策略是什么？
竞争对手采取了什么新型服务？
竞争对手在产品/服务或顾客细分市场上的定价策略是什么？
竞争对手的相对广告促销策略是什么？
竞争对手的营销目标是什么？
竞争对手对市场变化的反应速度如何？

b. 生产/作业策略分析

竞争对手的生产/作业单位的数量、规模是怎样的？
竞争对手的生产能力怎么样？

c. 研究和开发策略分析

竞争对手的研发经费是多少？
竞争对手的研究开发部门有多少人？

② 业务单位策略分析

对每个竞争对手都需要在业务单位的水平上对其进行分析和评价，以便了解竞争对手的业务单位结构。需要分析每个业务单位在竞争对手整体投资组合中的地位。

6.2.2 目标市场分析法

1. 概念

目标市场分析法也称为 STP 分析法。STP 分析法即企业根据一定的标准对整体市场进行细分后，结合市场细分（segmenting）、目标市场选择（targeting）和市场定位（positioning）3 个要素进行分析，选择一个或者多个细分市场作为自身的目标市场，并针对目标市场进行市场定位。

2. 价值

创业者运用 STP 分析法进行企业分析有如下好处。

（1）有利于选择目标市场和制订市场营销策略

市场细分后的子市场比较具体,这样比较容易了解消费者的需求。企业可以根据自己的经营思想、方针及生产技术和营销力量,确定自己的服务对象,即目标市场。针对较小的目标市场,便于制订特殊的营销策略。同时,在细分市场上,容易了解和反馈信息。一旦消费者的需求发生变化,企业可迅速改变营销策略,制订相应的对策,以适应市场需求的变化,提高企业的应变能力和竞争力。

（2）有利于发掘市场机会,开拓新市场

通过市场细分,企业可以对每一个细分市场的购买潜力、满足程度、竞争情况等进行分析对比,探索出有利于本企业的市场机会,使企业及时作出投产、异地销售等决策或根据本企业的生产技术条件制订新产品开拓计划,进行必要的产品技术储备,掌握产品更新迭代的主动权,开拓新市场,以更好适应市场的需求。

（3）有利于集中人力、物力等投入目标市场

任何一个企业的人力、物力、资金都是有限的。通过细分市场,企业可以集中人、物及资金来获取细分市场上的优势,然后占领自己的目标市场。

（4）有利于企业提高经济效益

面对自己的目标市场,企业可以生产出适销对路的产品,既能满足市场需要,又能增加企业的收入。产品适销对路可以提高商品的流转速度,降低企业的生产销售成本,提高生产工人的劳动熟练程度,提高产品质量,进而全面提高企业的经济效益。

3．应用

（1）S——segmentation（市场细分）

① 确定市场细分因素。

② 描述细分市场特征。

市场细分是指创业者通过市场调研,依据消费者的需要和欲望、购买行为和购买习惯等方面的差异,把某一产品的市场划分为若干消费者群的市场分类过程。每一个消费者群就是一个细分市场,每一个细分市场是由具有类似需求的消费者构成的群体。经过市场细分,同类产品市场上,就某一细分市场而言,消费者需求具有较多的共同性,而不同细分市场之间的需求具有较多的差异性。

（2）T——targeting（目标市场选择）

① 评价各细分市场。

② 选择目标细分市场。

选择目标市场,明确企业应为哪一类用户服务,满足用户的哪一种需求,是企业在营销活动中的一项重要策略。为什么要选择目标市场呢？因为不是所有的子市场对本企业都有吸引力,创业企业都没有足够的人力资源和资金满足整个市场的需求。只有扬长避短,找到有利于发挥本企业现有人、财、物优势的目标市场,才不至于在庞大的市场上瞎撞乱碰。太原橡胶厂是一个有1 800多名职工、以生产汽车、拖拉机轮胎为主的中型企业,曾经因产品难于销售而处于困境。20世纪90年代,该厂进行市场细分后,根据企业优势,选择省内十大运输公司作为自己的目标市场,生产适合外运晋煤的高吨位汽车载重轮胎,因此打开了产品销路。在全国轮胎普遍滞销的情况下,该人敲开了一汽的大门,为之提供高吨位汽车的配套轮胎。正确选择目标市场是太原橡胶厂进入全国优秀企业行列的有效策略之一。

选择目标市场一般运用下列3种策略。

第一，无差别性市场策略。无差别性市场策略就是企业把整个市场作为自己的目标市场，只考虑市场需求的共性，而不考虑其差异，运用一种产品、一种价格、一种推销方法，吸引尽可能多的消费者。可口可乐公司曾一直采用无差别性市场策略，生产一种口味、一种配方、一种包装的产品满足各个国家和地区的需求。采用无差别性市场策略时，产品在内在质量和外部包装上必须有独特风格，才能得到多数消费者的认可，从而保持相对的稳定性。这种策略的优点是产品单一，容易保证质量，能大批量生产，也能降低生产和销售成本。但如果同类企业也采用这种策略，那么必然会形成激烈竞争。

第二，差别性市场策略。差别性市场策略就是把整个市场细分为若干子市场，针对不同的子市场，设计不同的产品，制订不同的营销策略，满足不同的消费需求。例如，美国有的服装企业按生活方式把妇女分成3种类型：时髦型、男子气质型、朴素型。时髦型妇女喜欢把自己打扮得华贵艳丽，引人注目；男子气质型妇女喜欢打扮得超凡脱俗、卓尔不群；朴素型妇女购买服装讲求经济实惠、价格适中。服装企业根据不同类妇女的不同偏好，有针对性地设计出不同风格的服装，使产品对各类消费者更具有吸引力。差别性市场策略针对每个子市场的特点，制订不同的市场营销组合策略。这种策略的优点是能满足不同消费者的不同要求，有利于增加销售量、占领市场、提高企业声誉。其缺点是产品差异化、促销方式差异化增加了管理难度，提高了生产和销售费用。

第三，集中性市场策略。集中性市场策略就是在细分后的市场上，选择极少数细分市场作为目标市场，实行专业化生产和销售，从而在个别市场上发挥优势，提高市场占有率。采用这种策略的企业对目标市场有较深的了解。这是大部分中小型企业应当采用的策略。日本尼西奇起初是一个生产雨衣、尿布、游泳帽等多种产品的小厂，由于订货不足，面临破产。总经理多川博在一个偶然的机会，从一份人口普查表中发现，日本每年约出生250万个婴儿，如果每个婴儿每年用两条尿布，一年就需要500万条。于是，他们决定放弃尿布以外的产品，实行尿布专业化生产。一炮打响后，他们又不断研制新材料、开发新品种，不仅垄断了日本尿布市场，还将产品远销70多个国家和地区，成为闻名于世的"尿布大王"。采用集中性市场策略能集中优势力量，有利于产品适销对路，降低成本，提高企业和产品的知名度，但有较大的经营风险，因为它的目标市场范围小，品种单一。如果目标市场的消费者需求和爱好发生变化，企业就可能因应变不及时而陷入困境。同时，当强有力的竞争者打入目标市场时，企业就可能受到严重影响。因此，许多中小企业为了分散风险，仍应选择一定数量的细分市场为自己的目标市场。

3种目标市场策略各有利弊。选择目标市场时，必须考虑企业面对的各种因素和企业的条件，如企业规模和原料的供应情况、产品类似性、市场类似性、产品生命周期、竞争的目标市场等，这样企业才能扬长避短，发挥优势，把握时机，采取灵活的适应市场态势的策略，从而获取较大的利益。

（3）P——positioning（市场定位）

① 为各细分市场定位。

② 向市场传递市场定位信息。

市场定位是指企业针对潜在顾客的心理进行营销设计，建立产品、品牌或企业在目标顾客心目中的某种形象或某种个性特征，保留深刻的印象，从而取得竞争优势。

市场定位的做法：企业根据目标市场上同类产品的竞争状况，针对顾客对该类产品某些特征或属性的重视程度，为本企业产品塑造与众不同的鲜明个性，并将其精准地传递给顾客，求得顾客认同。市场定位的实质是使本企业与其他企业严格区分开来，使顾客明显感觉和认识到这种差别，从而在顾客心目中占有特殊的位置。

传统的观念认为，市场定位就是在每一个细分市场上生产不同的产品，实行产品差异化。事实上，市场定位与产品差异化尽管关系密切，但有着本质的区别。市场定位是通过为产品创立鲜明的个性，从而为产品塑造出独特的市场形象来实现的。一个产品是多个因素的综合反映，包括性能、构造、成分、包装、形状等，市场定位就是要强化或放大某些产品因素，从而形成与众不同的独特形象。产品差异化乃是实现市场定位的手段，但并不是市场定位的全部内容。市场定位不仅强调产品差异，还强调要通过产品差异建立起独特的市场形象，赢得顾客的认同。需要指出的是，市场定位中所指的产品差异化与传统的产品差异化概念有本质区别，它不是从生产者角度出发单纯追求产品变化，而是在对市场进行分析和细分的基础上，建立某种产品特色，因而它是现代市场营销观念的体现。

6.2.3 企业全面发展分析法

1. 概念

20世纪七八十年代，美国人饱受经济不景气的困扰，一直在努力寻找着发展本国企业的法宝。托马斯·彼得斯(Thomas J. Peters)和罗伯特·沃特曼(Robert H. Waterman)服务于美国著名的麦肯锡管理顾问公司，他们访问了美国企业历史悠久且很优秀的62家大公司，又以获利能力和成长的速度为准则，挑出了43家杰出的模范公司，如 IBM、德州仪器、惠普、麦当劳、柯达、杜邦等各行业中的翘楚。他们对这些企业进行了深入调查、并与商学院的教授进行讨论，以麦肯锡顾问公司研究中心设计的企业组织7要素(简称7S模型)为研究框架，总结了这些成功企业的一些共同特点。7S模型指出了企业在发展过程中必须全面考虑的各方面要素，其中既包括"硬件"要素(战略、结构和制度)，也包括"软件"要素(风格、员工、技能和共同的价值观)。

2. 价值

企业不仅要注重硬件，还要关注软件。很多创业企业在发展中忽略了软件要素，而这些因素都与企业的成败息息相关，是绝不能忽略的。所以，只有在软、硬件协调得很好的前提条件下，创业企业才能持续发展。

3. 7要素分析

(1) 硬件要素分析

① 战略

战略是企业为求得生存和长期稳定的发展，对企业发展目标、达到目标的途径和手段的总体谋划，同时又是制订企业规划和计划的基础。

1947年，美国制订发展战略的企业只有20%，而这个数字在1970年已经达到100%。美国的一项调查指出，有90%以上的企业家认为企业经营过程中最占时间、最为重要、最为困难的就是制订战略规划。可见，战略已经成为企业取得成功的重要因素，企业的经营已经进入了"战略制胜"的时代。

② 结构

战略需要依靠健全的组织结构来保证实施。组织结构是企业的组织意义和组织机制赖以生存的基础,是企业组织的构成形式,即企业各种组织要素的有效排列组合方式。组织结构是为战略服务的,不同的战略需要不同的组织结构与之对应,组织结构必须与战略相协调。

20世纪50年代末期,通用电气公司执行的是简单的事业部制,但那时公司已经开始实施大规模经营的战略。20世纪60年代,该公司的销售额大幅度提高,而行政管理却跟不上,造成多种经营失控,影响了其利润的增长。在20世纪70年代初,该公司重新设计了组织结构,采用了战略经营的单位结构,解决了行政管理滞后的问题,妥善地控制了多种经营方式,提高了利润。由此看出,企业组织结构是企业战略贯彻实施的组织保证。

③ 制度

企业的发展和战略实施需要完善的制度作为保证,而实际上各项制度又是企业精神和战略思想的具体体现。所以,在战略实施过程中,应制订与战略思想相一致的制度体系。在3M公司,一个人只要参加新产品创新的开发工作,在公司里的职位和薪酬就会随着产品的销售额而改变。这种制度极大地激发了员工创新的积极性,促进了企业发展。

(2) 软件要素分析

① 风格

杰出企业都呈现出既"中央集权"又"地方分权"的、宽严并济的管理风格。它们一方面让生产部门和产品开发部门极端自主;另一方面固执地遵守着几项流传久远的价值观。

② 员工

实践证明,人力是战略实施的关键,战略实施的成败关键在于有无适合的人员实施战略。IBM的一个重要原则就是尊重个人,并且花很多时间来执行这个原则。因为,他们坚信员工不论职位高低,都是产生效能的源泉。所以,企业在做好组织设计的同时,应注意配备符合战略思想需要的员工队伍,将他们培训好,分配给他们适当的工作,并加强宣传教育,使企业各层次人员都树立起与企业战略相适应的思想观念工作作风。例如:麦当劳的员工大多都十分有礼貌地提供微笑服务;IBM的销售工程师技术水平大多都很高,可以帮助顾客解决技术上的难题;迪斯尼员工的生活态度大多都十分乐观,他们能为顾客带来很多欢乐。

③ 技能

在执行公司战略时,需要员工掌握一定的技能,这有赖于严格、系统的培训。松下幸之助认为,每个人都要经过严格的训练,才能成为优秀的人才。例如,在运动场上大显身手的运动健将有着非常好的体质和惊人的技术,这些都不是凭空而来的,是经过长期严格训练的结果。如果不接受训练,一个人即使有非常好的天赋资质,也可能无从发挥。

④ 共同的价值观

共同的价值观念具有导向、约束、凝聚、激励作用,可以激发全体员工的热情,统一企业成员的意志,让企业成员齐心协力地为实现企业的战略目标而努力。

综上所述,在企业发展过程中,要全面考虑企业的整体情况,只有协调好7个要素,企业才能获得成功。

6.3 微观方法

本节主要介绍创业者需要用到的微观方法。微观方法是指企业在经营时遇到具体问题而采用的具体分析方法。本节介绍的微观方法有决策、计划、财务方面的科学方法。

6.3.1 决策管理分析:3 种决策方法

1. 集体决策方法

(1) 头脑风暴法

① 概念

头脑风暴法出自"头脑风暴"(brain storming)一词。头脑风暴最早是精神病理学上的用语,指精神病患者的精神错乱状态,如今转而为无限制的自由联想和讨论,其目的在于产生新观念或激发创新设想。

头脑风暴法又称智力激励法、BS 法。它是由美国创造学家亚历克斯·奥斯本(Alex Faickney Osborn)首次提出的一种激发创造性思维的方法。它能通过小型会议的组织形式,让所有与会者在自由愉快、畅所欲言的气氛中,自由交换想法或点子,并以此激发与会者的创意及灵感,使各种设想相互碰撞。

② 价值

在群体决策中,由于各成员的相互影响,许多成员易屈于权威或大多数人意见,形成所谓的"群体思维"。群体思维削弱了群体的批判力和创造力,降低了决策的质量。为了保证群体决策的创造性,提高决策质量,需发展一系列有助于群体决策的方法,头脑风暴法就是很典型、很常用的一个科学方法。

③ 应用

头脑风暴法应遵守如下原则:

- 庭外判决原则(延迟评判原则)。对各种意见、方案的评判必须放到最后阶段,此前不能评价别人的意见。认真对待任何一种设想,而不管其是否适当和可行。严格遵循这个规则,是头脑风暴法获得成功的关键。
- 自由畅想原则。欢迎各抒己见,创造一种自由、活跃的气氛,引导与会者提出各种想法,哪怕是荒诞的想法,使与会者思想放松。
- 以量求质原则。想法越多,产生好意见的可能性就越大。
- 综合改善原则。鼓励与会者对他人已经提出的设想进行补充、改进和综合,强调相互启发、相互补充和相互完善。

(2) 名义小组法

① 概念

名义小组法是决策管理中的一种定性分析方法。随着决策理论的不断发展,人们在决策中所采用的方法也不断在完善。名义小组技术是指在决策过程中对小组成员的讨论或沟通加以限制,但小组成员是独立思考的。像召开传统会议一样,小组成员都出席会议,但小组成员首先进行个体决策。

② 价值

在集体决策中,如对问题的性质了解透彻且意见分歧严重,则可采用名义小组法。在这种方法下,小组成员不在一起讨论、协商,小组只是名义上的。这种名义上的小组可以有效地激发个人的创造力和想象力。

③ 应用

名义小组法并不需要经过很长时间的讨论,总的来看,这个方法适合于需要大家参与但对决策质量要求不高、时间不太富裕的情况。具体来说,如果存在以下情况,建议使用名义小组法。

- 一些小组成员与其他成员相比更加健谈(这是很常见的情况)。
- 一些小组成员在安静时思考效果更好。
- 有小组成员不能出席会议。
- 小组很难得到大量新颖的想法。
- 对于问题有争议或有矛盾。

管理者先选择一些对要解决的问题有研究或者有经验的人作为小组成员,并向他们提供与决策问题相关的信息。小组成员各自先不沟通,独立思考,要求每个人尽可能把自己的备选方案和意见写下来。然后按次序让他们一个接一个地陈述自己的方案和意见。在此基础上,由小组成员对提出的全部备选方案进行投票,根据投票结果,赞成人数最多的备选方案为所要的方案,当然,管理者最后仍有权决定是接受还是拒绝这一方案。

该方法的要求如下。

- 需要事先做好充分的准备,活动过程中要组织得当。
- 对任务的陈述要准确、清楚,并且要将任务写在纸上以便所有人员都能够看见。
- 认真完成每一个步骤,以避免减弱该方法的使用效果。
- 监督每个讨论小组在规定的时间内完成每一个步骤。
- 整个活动过程要坚持公正平等的原则。
- 确保活动参加者在讨论过程中提出的各项建议是积极而富有建设意义的。

(3) 德尔菲法

① 概念

德尔菲法是决策学中的一种方法。德尔菲这一名称起源于古希腊有关太阳神阿波罗的神话。传说中阿波罗具有预见未来的能力,因此这种预测方法被命名为德尔菲法。1946年,兰德公司首次用这种方法用来进行预测,后来该方法被迅速广泛采用。

德尔菲法也称专家调查法,将所需解决的问题单独发送给各个专家,征询他们的意见,然后回收汇总全部专家的意见,并整理出综合意见。随后再一次将该综合意见和问题分别反馈给专家,征询专家的意见(各专家依据综合意见修改自己原有的意见),最后将意见再一次回收汇总。这样经过多次反复,逐步取得比较一致的解决方案。

德尔菲法依据系统的程序,采用匿名发表意见的方式,即各位专家不得互相讨论,不发生横向联系,只能与调查人员联系。多次调查专家对所提问题的看法,经过反复征询、归纳、修改,最后汇总专家基本一致的看法,将其作为最终的解决方案。这种方法具有广泛的代表性,较为可靠。

② 价值

德尔菲法的优点如下。

a. 能发挥专家会议法的优点。
- 能充分发挥各位专家的作用，结果的准确性高。
- 能把各位专家意见的分歧点表达出来，取各家之长，避各家之短。

b. 能避免专家会议法的缺点。
- 能避免权威人士的意见影响他人的意见。
- 能避免有些专家碍于情面，不愿意发表与其他人不同的意见。
- 能避免专家因自尊心太强而不愿意修改自己原来不全面的意见。

③ 应用

德尔菲法的步骤如下。
- 根据问题的特点，选择和邀请做过相关研究或有相关经验的专家。
- 将与问题有关的信息分别提供给专家，请他们各自独立发表自己的意见，并将意见写成书面材料。
- 管理者收集并综合各位专家的意见后，将综合意见反馈给各位专家，请他们再次发表意见。如果各位专家的分歧很大，可以开会集中讨论；否则，单独与各位专家联络。
- 如此反复多次，最后形成代表专家组意见的解决方案。

例如，某书刊经销商采用德尔菲法对某一专著销售量进行预测。该经销商首先选择若干个书店经理、书评家、读者、编审、销售代表和海外公司的经理组成专家小组。将该专著和一些相应的背景材料发送给各位专家，要求大家给出该专著最低销售量、最可能销售量和最高销售量3个数字，同时说明自己作出判断的主要理由。将各位专家的意见收集起来，归纳整理后将其返回给各位专家，然后要求专家们参考他人的意见对自己给出的预测结果重新考虑。除书店经理B以外，其他专家在第二次预测中都做了不同程度的修改。在第三次预测中，大多数专家又一次修改了自己的意见。第四次预测时，所有专家都不再修改自己的意见。因此，专家意见收集过程在第四次以后停止，得到最终预测结果。

2. 基于产品的决策方法

下面介绍一种常用的基于产品的决策方法——波士顿矩阵法。

① 概念

波士顿矩阵法由美国著名的管理学家、波士顿咨询公司创始人布鲁斯·亨德森（Bruce Henderson）于1970年首创。其又称波士顿咨询集团法、四象限分析法、产品系列结构管理法等。

波士顿矩阵法认为决定产品结构的基本因素有两个：即外部的市场引力与内部的企业实力。市场引力包括企业销售增长率、竞争对手的实力及利润等，其中最主要的是销售增长率。企业实力包括市场占有率、技术、设备、资金利用能力等，其中市场占有率是关键。

销售增长率与市场占有率既相互影响，又互为条件。这两个内、外因素相互作用，会出现4种不同性质的产品类型，形成不同的产品及其业务发展前景：a. 销售增长率和市场占有率"双高"的产品（"明星类"产品）；b. 销售增长率和市场占有率"双低"的产品（"瘦狗类"产品）；c. 销售增长率高、市场占有率低的产品（"问题类"产品）；d. 销售增长率低、市场占有率高的产品（"金牛类"产品）。波士顿矩阵如图6-1所示。

第 6 章 工具思维

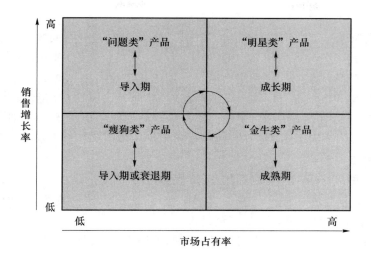

图 6-1 波士顿矩阵图示

② 价值

通过波士顿矩阵分析，企业可以明确产品定位及其业务发展方向，解决如何让企业产品适合市场需求变化等问题，这对于企业投资决策与发展具有举足轻重的作用。

③ 应用

应用波士顿矩阵分析，企业可以辨识 4 种不同类型的产品，并制订相应的业务发展对策。

a."明星类"产品。它是指处于高销售增长率、高市场占有率象限内的产品，这类产品可能成为企业的"金牛类"产品，需要加大投资以支持其迅速发展。对于"明星类"产品，可以采用的业务发展策略是：积极扩大经济规模和市场机会，以长远利益为目标，提高其市场占有率，巩固其竞争地位。"明星类"产品的管理与组织最好采用事业部形式，由对生产技术和销售两方面都很在行的经营者负责。

b."金牛类"产品。"金牛类"产品又称厚利产品。它是指处于低销售增长率、高市场占有率象限内的产品。"金牛类"产品已进入成熟期，其财务特点是产品销售量大，利润率高，负债比率低，可以为企业提供资金。而且由于其销售增长率低，因此无须对其增大投资。"金牛类"产品是企业回收资金，得到的资金可用于投资支持其他类产品。对于"金牛类"产品，可以采用的业务发展策略是：把设备投资和其他投资尽量压缩；采用"榨油式"方法，争取在短时间内获取更多利润，为其他产品提供资金。对于这一象限内的销售增长率仍有所增长的产品，应进一步进行市场细分，维持现存市场增长率或延缓其下降速度。对于"金牛类"产品，适合于用事业部制进行管理，其经营者最好是市场营销型人物。

c."问题类"产品。它是处于高销售增长率、低市场占有率象限内的产品。高销售增长率说明产品的市场机会大、前景好，而低市场占有率则说明产品在市场营销上存在问题。其特点是利润率较低，所需资金不足，负债比率高。例如，在产品生命周期中处于导入期和因种种原因未能开拓市场局面的新产品就属于此类产品。对"问题类"产品应采取选择性投资策略。因此，对"问题类"产品的改进与扶持方案一般应列入企业长期发展计划中。对"问题类"产品的业务管理组织最好采取"智囊团"或项目组织等，应选拔有规划能力、敢于冒风险、有才干的人负责该类产品。

d."瘦狗类"产品。"瘦狗类"产品也称衰退类产品。它是处在低增长率、低市场占有率象限内的产品。其财务特点是利润率低,处于保本或亏损状态,负债比率高,无法为企业带来收益。对这类产品及其业务应采用撤退策略:首先应减少产量,将其逐渐从市场中撤退,对那些销售增长率和市场占有率均极低的产品应立即淘汰;其次应将剩余资源向其他产品转移;最后应整顿产品系列,最好将"瘦狗类"产品与其他产品合并,统一管理。

充分了解了 4 种产品及其业务的特点后,还须进一步明确各个产品在公司中的地位,从而进一步明确其战略目标。

通常以下 4 种战略目标可分别适用于不同的产品业务。

发展:以提高企业的相对市场占有率为目标,甚至不惜放弃短期收益。要使"问题类"产品尽快成为"明星类"产品,就要增加资金投入。

保持:投资维持现状,目标是保持产品现有的市场份额。对于一些"金牛类"产品可以此为目标,以使它们产生更多的收益。

收割:这种战略的目标是在短期内尽可能地得到最多的收益。对处境不佳的"金牛类"产品、没有发展前途的"问题类"产品和"瘦狗类"产品应视具体情况采取这种策略。

放弃:目标在于清理和撤销某些产品业务,减轻企业负担,以便将有限的资源用于效益较高的产品。这种目标适用于利润率低的"瘦狗类"产品和"问题类"产品。一个企业必须对其产品业务加以调整,以使其投资组合趋于合理。

3. 确定活动方案的决策方法

(1) 确定型决策方法——线性规划

① 概念

线性规划(Linear Programming,LP)是运筹学中研究较早、发展较快、应用较广泛、方法较成熟的一个重要分支,它是辅助人们进行科学管理的一种数学方法。该方法广泛应用于军事作战、经济分析、经营管理和工程技术等方面,有利于合理地利用有限的人力、物力、财力等资源,可为作出最优决策提供科学的依据。

② 价值

线性规划是在满足企业内、外部的条件下,实现管理目标和极值(极小值和极大值)问题,即以尽可能少的资源输入来实现更多社会需要的产品的产出。它的分析内容可归纳为两个方面:一是系统的任务已定,如何合理筹划、精细安排,用最少的资源(人力、物力和财力)实现这个任务;二是资源的数量已定,如何合理利用、调配资源,使完成任务的最多。前者是求极小,后者是求极大。

③ 应用

在企业的各项管理活动中存在各种问题,如计划、生产、运输、技术等问题,线性规划可从各种限制条件的组合中,选择出最为合理的计算方法,建立线性规划模型从而求得最佳解决方案。

(2) 风险型决策方法——决策树分析法

① 概念

决策树分析法是一种运用图论中的树概念对决策中的不同方案进行比较,从而获得最优方案的风险型决策方法。图论中的树是连通且无回路的有向图,入度为 0 的点称为树根,出度为0的点称为树叶,树叶以外的点称为内点。决策树由树根(决策节点)、其他内点(方案节点、状态节点)、树叶(终点)、树枝(方案枝、概率枝)、概率值、损益值(收益值或损失值)组成。

决策树一般都是自上而下来生成的。每个决策或事件(即自然状态)都可能引出两个或多个事件,导致不同的结果。把这种决策分支画成图形可以看出,其很像一棵树的枝干,故把它称为决策树。

决策树将决策过程各个阶段之间的结构绘制成一幅图,如图6-2所示。

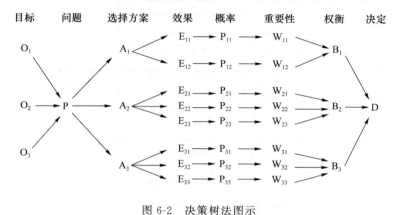

图 6-2 决策树法图示

② 价值

决策树分析法利用了概率论的原理,并且利用一种树形图作为分析工具。其基本原理是用决策点代表决策问题,用方案分枝代表可供选择的方案,用概率分枝代表方案可能出现的各种结果,经过对各种方案在各种结果条件下损益值的计算比较,为决策者提供决策依据。

决策树分析法是随机决策模型中最常见、最普及的一种规策模式和方法,可以有效地控制决策带来的风险,已被广泛地应用于企业的决策之中。

③ 应用

决策树分析法是常用的风险分析决策方法。如果一棵决策树只在树的根部有一个决策点,则称为单级决策;若一棵决策树不仅在树的根部有决策点,还在树的中间也有决策点,则称为多级决策。

在企业管理实践中,分析企业内、外部环境时,大部分条件是已知的,但还存在部分的未知条件。每个方案都可能出现几种执行结果,各种结果的出现都有一定的概率,企业决策存在着一定的风险。这时,决策的标准只能是期望值,即各种状态下的加权平均值。

针对上述问题,用决策树分析法来帮助科学决策不失为一种好的选择。应用决策树分析法必须具备以下条件:

- 具有决策者期望达到的明确目标;
- 存在决策者可以选择的两个以上的可行备选方案;
- 存在着决策者无法控制的两种以上的自然状态(如气候变化、市场行情、经济发展动向等);
- 可以计算出来不同方案在不同自然状态下的收益值或损失值;

- 决策者能估计出不同的自然状态发生概率。

6.3.2 计划管理分析:鱼骨图分析法

1. 概念

鱼骨图分析法是企业在解决问题时,经常采用的一种因果分析法。鱼骨图的结构如图 6-3 所示。

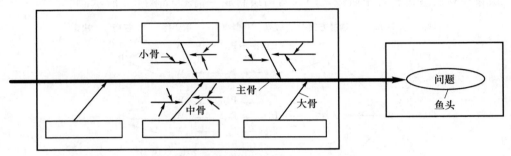

图 6-3 鱼骨图的结构

对作为问题的特征(结果)和所有对其影响的因素(原因)进行整理,将其汇总成鱼骨状的图形,这种图就是鱼骨图。鱼骨图是由日本管理大师石川馨发明的,故又称为石川图,也可以称为因果图。

鱼骨图是一种发现问题根本原因的方法。其特点是简捷实用,深入直观。在鱼骨图中,问题标在"鱼头"处。在"鱼骨"上按出现概率大小列出产生问题的可能原因,有助于说明各个原因之间是如何相互影响的。

2. 价值

鱼骨图分析法提供了一个很好的问题分析框架。例如,它把可能造成问题的原因归集为人、机、料、法、环 5 个方面。

人的原因包括人员数量、人员结构、人员能力、人员意识、人员行为等方面的问题。

机的原因包括使用的机器设备、工装工具、信息系统等方面的问题。

料的原因包括用于服务的各种物料在质量、数量、成本、及时性等方面的问题。

法的原因包括流程、制度、操作规范、工作机制和工作方法在科学性、规范性、系统性等方面的问题。

环的原因包括办公场所等硬环境和企业文化等软环境存在的问题。

应用鱼骨图分析法,企业可以采用结构化的方法,直观简便地透过现象看本质,有效地发现问题和解决问题。

3. 应用

(1) 绘制鱼骨图的过程

绘制鱼骨图前需要分析问题原因/结构。

① 针对问题,选择分析类别(如人、机、料、法、环等)。

② 使用头脑风暴法发现各类别中所有可能原因(因素)。

③ 将找出的各因素进行归类、整理,明确其从属关系。

④ 分析选取重要因素。

⑤ 检查各因素的描述方法,确保语句简洁、意思明确。

鱼骨图由鱼头、主骨、大骨、中骨和小骨组成,这些组件构成一个完整的鱼骨架。在绘制鱼骨图时采用以下步骤。

① 第一步是绘制鱼头。鱼头部分用来表示你所要分析的问题。例如,在问题框中你可以填写"满意度低于期望值5个百分点""A级率低于95%"等问题。

② 第二步是绘制主骨。主骨是指向问题的一个水平箭头,一般选择粗线来绘制。

③ 第三步是绘制大骨。大骨与主骨保持一定的夹角,共有5根大骨。5根大骨分别代表人、机、料、法、环5个方面的问题原因。在大骨箭头的尾端方框中分别用文字标示出人、机、料、法、环5个方面的原因。

④ 第四步是绘制中骨。中骨是指向大骨的箭头,其方向与主骨保持水平。中骨用来表示在人、机、料、法、环等方面导致问题发生的原因。例如,对于满意度不达标问题,在人的方面有可能是新员工能力不足、员工服务意识差等原因,在法的方面有可能是服务流程不合理、服务不够细致等原因。这些原因需要在中骨箭头上进行文字说明。

⑤ 第五步是绘制小骨。小骨是指向中骨的箭头,其方向与中骨保持60°的夹角。小骨用来表示更深层的原因。例如,新员工能力不足有可能是因为对新员工的培训不够、新员工主动学习的意识差等。这些原因要通过文字标示在小骨箭头上。需要说明的一点是,若问题的原因分析拆解到小骨上还不够,可以继续在小骨上绘制"小小骨",甚至"小小小骨"。例如,对新员工培训不够的原因有可能是新员工没有时间参加培训、培训讲师不够、缺少培训费用、没有现成的培训课件等,这些原因都可以作为"小小骨"在图中绘制出来。

(2) 使用鱼骨图分析法的注意事项

① 为了不影响团队士气,在讨论导致问题的原因时尽量不要让整个团队的讨论偏离主题。

② 当没有新的想法时可以应用主要原因类别作为催化剂。

③ 用尽可能少的文字标识原因。

④ 保证每个人对所列出的原因都能达成共识。

(3) 鱼骨图分析法的常用工具——头脑风暴法和5W法

① 利用头脑风暴法列出所有可能的原因。

在进行问题原因分析时可以多找几个人,然后应用头脑风暴法把所有能想到的原因都列出来。

② 使用5W法找出问题的根本原因。

5W法本身没有太多的技巧,只是连续地追问下去。因为每一次的回答都会导出另一个问题,所以在反复追问下可以能找到根本原因。

这种方法特别适用于分析具有以下特征的问题。

第一,不需要做大量数据分析的问题。

第二,因果关系不明朗的问题。

举例说明如下。

问题:一个员工未完成某个方案。

- 为什么未完成方案要?——该员工没有办法做出这个方案。
- 为什么没有办法做出这个方案?——因为该员工不了解有关部门A的内容。

- 为什么不了解有关部门 A 的内容？——因为该员工没有部门 A 的相关信息。
- 为什么没有部门 A 的相关信息？——因为该员工没有去问他们。
- 为什么没有去问他们？——因为该员工不想去问。
- 为什么不想去问？——因为该员工跟部门 A 的经理关系不好。

在工作中,人的因素往往很关键而又隐藏得很深。只看表象没有办法找到真正的原因,更无从得到解决方法。在这个例子中,该员工和其他部门经理的关系不好才是影响工作的真正原因,而不是信息的缺乏。

当然,在运用 5W 法的时候无须太过教条。5 个问题只是推荐的数目,如果能找到原因,更多或更少的问题都可以。

再来看一个例子。

问题:客户抱怨在午饭时间要等很长时间才能联系上接线员。

原因分析如下。

- 为什么会出现这样的问题？——后备接线员要花更长的时间才能接进客户的电话。
- 为什么后备接线员花的时间要长？——后备接线员对工作的熟练度不如正式接线员。
- 为什么后备接线员不熟悉这项工作？——后备接线员没有经过专门的培训。
- 为什么没有进行专门的培训和指导？——过去大家没有意识到后备接线员的培训需求。
- 为什么没有意识到这样的需求？——因为公司没有建立识别培训需求的机制。

相信很多人都分析过类似的问题,一般人可能会问 3 个为什么。在问 3 个为什么之后,得到的问题原因就是"后备接线员没有进行专门的培训"。如果得到的是这样的结论,那么很显然,这时制订的解决方案一定是对后备接线员加强培训。应该说这个解决方案也没有错,它至少解决了当前这个问题。但是,如果能够再多问两个为什么,就会发现,原来导致问题的更深层次的原因是"公司没有建立起识别培训需求的机制"。针对这个原因,更有效的解决方案就应该是建立起这样的机制。如果能够建立识别培训需求的机制,不但当前的问题可以得到解决,而且今后类似的问题也可以被杜绝,这就很好地起到预防的作用。

显然,在多问了两个为什么之后,可以得到了一种更彻底的解决方案。或许多问的这两个为什么,就是成功者与平庸者真正的差别。

应用鱼骨图分析法时,如果配合使用 5W 法则能更加有效,鱼骨图保证了原因分析的全面性,而 5W 法则确保了原因分析的深度。针对鱼骨图的中骨所列出的每个原因,都可以反复追问,直至找到问题的根本原因。

6.3.3 财务管理分析:杜邦分析法

1. 概念

杜邦分析法最早由美国杜邦公司使用,故称为杜邦分析法。该方法就是利用几种主要的财务比率之间的关系来综合地分析企业的财务状况。具体来说,它是一种用来评价企业盈利能力和股东权益回报水平,以及从财务角度评价企业绩效的一种经典方法。其基本思想是将企业净资产收益率逐级分解为多项财务比率乘积,从而深入分析比较企业经营业绩。

2. 价值

杜邦分析法的价值如下。

① 通过分析了解企业财务状况的全貌以及各项财务分析指标之间的结构关系,查明各项财务指标的影响因素及其存在的问题,可以为进一步采取具体措施指明方向。

② 可以为企业决策者优化经营结构和财务管理结构、提高企业偿债能力和经营效益提供基本思路。

3. 应用

(1) 杜邦分析法的基本思路

杜邦分析法的基本思路如下。

① 权益净利率也称权益报酬率,是一个综合性最强的财务分析指标,是杜邦分析法的核心。

② 资产净利率是影响权益净利率的最重要指标,具有很强的综合性,而资产净利率又取决于资金周转率和销售净利率的高低。资金周转率反映资金的周转速度。对资金周转率的分析,需要对影响资金周转的各因素进行分析,以判明影响资金周转的主要问题。销售净利率反映销售收入的水平。增加销售收入、降低成本费用是提高企业销售利润率的根本途径,而增加销售收入同时也是提高资金周转率的必要条件和途径。

③ 权益乘数表示企业的负债多少,反映了企业利用财务杠杆进行经营活动的多少。资产负债率高,权益乘数就大,这说明企业负债多,有较多的杠杆利益,但风险也高;反之,资产负债率低,权益乘数就小,这说明企业负债少,只有较少的杠杆利益,但相应所承担的风险也低。

杜邦分析法可以为分析者全面仔细地了解企业的经营和盈利状况提供方便,有助于企业管理层清晰地看到权益基本收益率的决定因素,以及销售净利润与总资产周转率、债务比率之间的相互关联关系,有助于管理层明晰地考察企业资产管理效率和股东投资回报是否最大化。

(2) 杜邦分析法的不足

从企业绩效评价的角度来看,杜邦分析法只包括财务方面的信息,不能全面反映企业的实力,有很大的局限性,主要表现在如下方面。

① 对短期财务结果过分重视,有可能让企业管理层只关注企业当前的价值增长,忽略企业长期的价值创造。

② 财务指标反映的是企业过去的经营业绩,衡量的是工业时代的企业能够满足的要求。但在现在处于信息时代,顾客、供应商、雇员、技术创新等因素对企业经营业绩的影响越来越大,而杜邦分析法在这些方面是无能为力的。

③ 在目前的市场环境中,企业的无形知识资产对提高企业长期竞争力至关重要,杜邦分析法不能解决无形资产的估值问题。

6.4 基础方法

基础方法是指企业在任何层面的管理工作中都可以使用的普适性方法,本节主要介绍两种方法:思维导图法和六项思考帽法。

6.4.1 思维导图法

1. 概念

思维导图法是由英国心理学家东尼·博赞(Tony Buzan)提出的一种全球流行的全脑式思考方法,它将各种点子、想法以及它们之间的关联性以图像的方式直观呈现。它能够将一些核心概念、事物与另一些核心概念、事物形象地组织起来。它允许对复杂的概念、信息、数据进行组织加工,以更形象、易懂的形式展现。

思维导图法是全面调动分析能力和创造能力的一种思考方法。

2. 价值

思维导图法的作用主要包括以下方面。

- 可以形象化人们的信息交换活动(如工作组、项目会议、头脑风暴会以及战略研讨会)。
- 可以对收集起来的信息进行组织、重组以及过滤。
- 可以分析信息,实现信息结构化,并辨识出信息所包含的关键要点之间的联系。
- 可以以最佳的方式生成和展示信息。
- 可以更好地管理讨论、调查研究等各种活动产生的信息。

该方法贯穿于管理活动的准备、执行和后续等各个阶段。

3. 应用

在会议交流或培训期间,可以手工绘制思维导图,也可以通过软件来绘制。越来越多的领域通过专业的绘制思维导图的软件为相关活动提供支持。思维导图法的应用有以下两个层次。

① 个人用途:提高个人创造力。
② 团队用途:提高团队的创造力。

思维导图法是描绘设想的项目方法体系的一个行之有效的方式,需先在纸上画出框架或在脑海中进行构思,然后汇总所有想法进行综合考虑。图 6-4 是一个典型的思维导图框架。可以用这种方式设计整个思考体系。

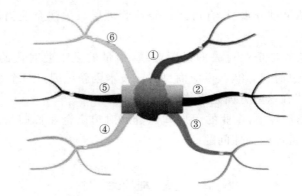

图 6-4 思维导图框架示例

使用思维导图法时应注意如下方面。

① 思维导图只有一个中心主题。

② 思维导图有主题的分支,这些分支由中心主题这个核心延伸而出。
③ 各个分枝包含关键词,并且相互连接。
④ 所有分支汇集在一起,形成所需的解决方案。

6.4.2 六顶思考帽法

1. 概念

六顶思考帽法是英国学者爱德华·德·博诺(Edward de Bono)博士开发的一种思维技术,也可以说是一个全面思考问题的模型。它提供了"平行思维"的工具,强调的是"能够成为什么",而非"本身是什么"。运用六顶思考帽法,可以将混乱的思维变得更清晰,使团体中无意义的争论变成集思广益的创造,使每个人变得富有创造力。

六顶思考帽法是管理思维的工具、可加强团队沟通的有效方法。这个工具能在如下方面帮助企业。

- 可增加建设性产出。
- 有利于充分研究每一种情况和问题,提出超常规的解决方案。
- 可使用"平行"思考方法替代对抗型和垂直型思考方法。
- 可提高企业员工的协作能力,让团队的潜能发挥到极限。

任何人都可以拥有 6 种基本思维,这 6 种思维功能可用 6 顶颜色不同的帽子来做比喻。但人们往往不知道什么时候该戴哪顶帽子。一个团队的成员常常在同一时刻戴着不同颜色的帽子,导致大家思想混乱、相互争吵,最终决策错误。

六顶思考帽法将思考的不同层面分开,这样可以依次对问题的不同层面给予足够的重视和充分的考虑,最终得到全方位的思考。

六顶思考帽法具有 3 个规则。

第一,同一时间只能戴一顶帽子思考,保证进行充分思考。

第二,可以换帽子思考,保证进行全面思考。

第三,每顶帽子戴的时间是有限的,一般是 3~5 分钟(红帽子除外,它一般只需要戴 30 秒),如果时间不够,可以再戴 3~5 分钟继续思考。有时间限制一方面可以保证思考的效率;另一方面可以激发思考的积极性。

(1) 黄色思考帽

黄色代表阳光和乐观,代表事物合乎逻辑性、积极性的一面,黄帽思维追求的是利益和价值,寻求的是解决问题的可能性。在使用黄帽思维时,要时刻想到以下问题:有哪些积极因素?存在哪些有价值的方面?这个理念有没有什么特别吸引人的地方?……

思考的真谛:黄帽思维关注的问题是"优点是什么"或"利益是什么"。通过黄帽思维的帮助,可以让我们做到深思熟虑,强化创造性和新的思维方向。当说明为什么一个主意是有价值的或者是可行的时候,需要尽可能给出理由。

(2) 黑色思考帽

黑色象征逻辑上的否定,象征着谨慎、批评以及对于风险的评估,使用黑帽思维的主要目的有两个:发现缺点,做出评价。黑帽思维有许多检查的功能,我们可以用它来查看证据、逻辑、可能性、影响和缺点等。

思考的真谛:黑帽思维问的是"有什么困难或问题"。借助于黑帽思维可以做出最佳决策,指出遇到的困难,对所有的问题给出合乎逻辑的理由。当黑帽思维用在黄帽思维之后时,它是一个强效有力的评估工具。在黑帽思维之后使用绿帽思维,可以提供改进和解决问题的方法。

(3) 白色思考帽

白色是中立而客观的,代表信息、事实和数据,努力发现信息和增强信息基础是白色思维的关键部分。使用白帽思维时将注意力集中在平行地排列信息上,要牢记3个问题:我们现在有什么信息?我们还需要什么信息?我们怎么得到所需要的信息?这些信息包括确凿的事实、需要验证的问题,也包括坊间的传闻以及个人的观点等。如果出现了意见不一致的情况,可以简单地将不同的观点平行排列在一起。如果说这个有冲突的问题尤其重要,也可以对它进行检验。

思考的真谛:白帽思维关注的问题是"事实是什么"。白帽思维可以帮助思考者做到像计算机那样提出事实和数据;用事实和数据支持一种观点;为某种观点搜寻事实和数据;信任事实和检验事实;处理两种观点提供的信息冲突问题;评估信息的相关性和准确性;区分事实和推论;明确弥补事实和推论两者差距所需的行为。

(4) 红色思考帽

红帽思维是对某种事或某种观点的预感、直觉和印象。它既不是事实也不是逻辑思考,与不偏不倚、客观、不带感情色彩的白帽思维相反。红帽思维就像一面镜子,反映人们的一切感受。

思考的真谛:红帽思维关注的问题是"我对此的感觉是什么"。使用红帽思维时无须给出证明,无须提出理由和依据。红帽思维可以帮思考者做到我的情感与直觉是什么样,我就怎么样将它们表达出来。在使用红帽思维时,需将思考时间限制在30秒,30秒后必须给出答案。

(5) 绿色思考帽

绿色是充满生机的颜色,绿帽思维不需要以逻辑性为基础,允许人们做出多种假设。使用绿帽思维时,要时刻想到下列问题:我们还有其他方法来做这件事吗?我们还能做什么其他事情吗?有什么可能发生的事情吗?什么方法可以帮助我们克服遇到的困难?……绿帽思维可以帮助寻求新方案和备选方案,去除现存方法的错误,为创造行为提供时间和空间。

思考的真谛:绿帽思维提出的问题是"我们有什么方法"。通过使用绿帽思维,我们可以寻找各种可供选择的方案以及新颖的念头。与绿帽思维密切相关的概念就是可能性。可能性是思维领域中很重要的词语。可能性为人类感知的形成、观点与信息的排列提供了一个框架,体现了不确定性。可能性也允许想象力的充分发挥。

(6) 蓝色思考帽

蓝帽思维是"控制帽",掌握思维过程本身,被视为"过程控制"。可以用蓝帽思维来确定目的、制订思维计划、观察和下结论。使用蓝帽思维时,要时刻想到下列问题:我们的议程是怎样的?我们下一步怎么办?我们怎样总结现有的讨论?我们的决定是什么?……

思考的真谛:蓝帽思维关注的问题是"思考主题是什么""需要什么样的思维""结论是什么"。蓝帽思维可以指出不合适的意见,按需求对思考进行总结,促ံ团队做出决策。

颜色不同的帽子分别代表着不同的思考真谛,企业家要学会在不同的时间带上不同颜色的帽子进行思考。创新创业的关键在于独立思考,使用6项思考帽从多角度思考问题,有利于产生新想法,有利于评估和发展新想法。

2．价值

六项思考帽法具有许多实用价值,所以被世界上许多企业采用。

① 它区别于批判性、辩论性、对立性的方法,是一种具有建设性、设计性和创新性的思维管理工具。

② 它可使思考者克服情绪感染,避免思维的混乱,摆脱习惯思维枷锁的束缚,以更高效率的方式进行思考。

③ 它用6种颜色的帽子这种形象化的手段使人们非常容易驾驭这种复杂性的思维。

④ 面对似乎无法解决的问题时,它能给出一个崭新的解决契机。

⑤ 它能使各种不同的想法和观点很和谐地组织在一起,避免人与人之间的冲突。

⑥ 它能避免片面性,几乎涵盖了思维的整个过程,既可以有效地支持个人的行为,也可以帮助团队成员激发创意灵感。

六项思考帽法可作用于企业的决策和沟通,很多企业都认为六项思考帽法的推行极大地提高了企业的管理效能。

3．应用

在多数团队中,团队成员被迫接受团队既定的思维模式,限制了个人和团队的配合度,不能有效解决某些问题。运用六项思考帽法,团队成员不再局限于某一种单一思维模式,而且思考帽代表的是角色分类,是一种思考要求,而不是代表扮演者本人。

下面重点强调绿色思考帽对创业者的应用价值。绿色思考帽的6个主要用途如下。

(1) 考察

白色思考帽用可获得的信息来考察情况,而绿色思考帽则用概念、建议和可能性来考察情况。

(2) 提出建议

绿色思考帽用来提出建议,这些建议未必一定是新的创意。它们可以是行动的建议、解决问题的方案、可能的决定。戴上绿色思考帽,可以进行各种积极活跃的思考。当没有人知道该怎么办的时候,就该戴上绿色思考帽进行思考。这是一种积极主动的思考,而不是仅仅对事物做出被动反应。与戴上黄色和黑色思考帽不同,戴上绿色思考帽的人不必为自己的建议或主意提供逻辑理由,只要提出建议以供进一步检验就足够了。

(3) 寻找其他的选择

如果已经给出了一个解释或者已经讨论了行动的方案,那么这时可以要求大家戴上绿色思考帽进行进一步的解释或者做出其他的选择。在采取行动之前,绿色帽子旨在拓宽选择的范围。至于对这些选择进行评估,那就是黄色思考帽和黑色思考帽的任务了。

(4) 提出新的创意

当需要完全崭新的创意,或者没有可行的办法来解决问题时,就需要进行真正的创造性思考或水平思考了,这种思考正是绿色思考帽所扮演的基本角色。如果要求某个人对某件事进行绿帽思考,那么就是要求他超越既定范围,提出新的创意,至少要做出尝试。

(5) 激发

戴上绿色思考帽,可以帮助人们提出各种试验性的主意,还可以帮助人们激发创意灵感,即脱离常规的思考轨道,以不同的角度重新看待事物。

(6) 带来行动力和活力

戴上绿色帽子意味着行动力强和有活力。当一个画家站在一块空白的画布前时,最重要的事情就是开始行动。没有头绪的时候需要进行绿帽思考,出现因循守旧或停滞的情况也需要进行绿帽思考。

下面是一个应用六项思考帽法进行方案评估的典型过程。

① 陈述问题(白色帽子)。

② 提出解决问题的方案(绿帽子)。

③ 评估该方案的优点(黄帽子)。

④ 列举该方案的缺点(黑帽子)。

⑤ 对该方案进行直觉判断(红帽子)。

⑥ 总结陈述,做出决策(蓝帽子)。

本章重点内容小结

1. 创业者可以从宏观方法、中观方法、微观方法以及基础方法4个方面了解和学习各种具体的科学管理分析工具。

2. 宏观方法是企业战略层次上的分析方法;中观方法是指企业在经营分析时所用的一些方法;微观方法是指企业在经营时遇到各种管理问题时可以采用的分析方法;基础方法是指企业在各个发展层面、发展阶段中都普遍适用的科学方法。

思 考 题

1. 什么是工具思维?

2. 什么是宏观方法、中观方法、微观方法、基础方法?列举各个方法中涉及的具体工具。

3. 如何应用SWOT分析法进行环境分析进而决策?

4. 如何使用六项思考帽法思考问题?

综合案例

六项思考帽法被企业广泛使用

作为思维工具,六项思考帽法已被美国、日本、英国、澳大利亚等50多个国家设为教育领域内的教学课程,也已被世界上许多著名企业采纳使用。这些企业包括微软、IBM、西门子、施乐、爱立信、波音、松下、杜邦、J.P.摩根以及麦当劳等。

西门子曾有37万人学习六项思考帽思维课程,随之产品的开发时间比以前减少了30%。

英国一个电视台的员工在参加了六项思考帽思维培训后,在两天内得到的新想法比过去六个月里得到的总和还要多。

施乐反映,通过使用六项思考帽法,企业员工仅用不到一天的时间就完成了过去需一周才能完成的工作。

J. P. 摩根通过使用六顶思考帽法,将会议时间减少80%。

麦当劳的日本公司让员工参加六顶思考帽思维训练,取得了显著成效——员工更有激情,坦白交流减少了黑色思考帽的消极作用。

在杜邦的创新中心,大家广泛运用六顶思考帽法。

思考:

为什么六顶思考帽法会被许多大企业广泛使用?受此启发,创业者可以应用六顶思考帽法解决创业中的哪些问题?

第 7 章 商业思维

> 商业模式能让你全面实事求是地理解如何赚钱。
>
> ——拉姆·查兰（Ram Charan）

本章阐述商业思维，商业思维是关于企业如何生存与发展的系统思维。新创企业若要存活下去，首先得考虑如何赢利的问题。资不抵债、入不敷出的企业最终只有一条路，即宣告破产，退出市场。本章首先揭示商业思维中常见的认识误区（创业者必须引以为戒），接下来分析商业模式、商业模式画布等。

学习目标

1. 了解商业模式对企业发展的意义。
2. 理解商业模式的概念和商业模式画布的结构和内涵。
3. 掌握设计企业商业模式的管理方法。

7.1 思维误区

如何赚钱以图生存的商业思维误区具体体现在以下 4 个方面：产品或服务界面的思维误区、资产管理界面的思维误区、客户界面的思维误区以及财务界面的思维误区。

1. 产品与服务界面的思维误区

产品与服务界面主要指产品的价值主张。虽然价值主张是决定企业兴衰成败的关键要素，但若只注重价值主张，企业不会长久。

汤臣一品：冰火两重天

在上海市滨江大道边，主打价值主张"献给巅峰世界的杰出人物"的汤臣一品的 4 幢楼房高高耸立，吸引着很多人的目光。它的对面是外滩万国建筑群，背后是金茂大厦和环球金融中心，可以说，汤臣一品处于一个具有象征意义的地理位置，这个位置是名副其实的黄金地带。据说其看似普通的建筑外墙采用的是日本三菱的高科技纳米技术，并且三菱单独为汤臣一品设计外墙颜色，将其注册为"汤臣 color"。单单是屋顶造型就改造了 36 次，做工之精细，可以说近乎极致。

> 然而,汤臣一品自 2005 年 10 月盛大开盘以来,两年仅售出 3 套,这样的销售业绩令人唏嘘不已。定位高端的汤臣一品并没有引爆销售热点。

汤臣一品曾因"天价房价"被人诟病。确实,在 2005 年,高达 11 万元/平方米的房子价格着实让人接受不了。就算房子质量再好,这样高的价格也吓跑了很多人。所以,一个企业只考虑价值主张是远远不够的,需着眼于各个方面。客户细分、渠道通路等都是关乎企业命运兴衰的关键点。

2. 资产管理界面的思维误区

资产管理界面主要是指企业所拥有的资产。

(1) 核心资源过度开发

> **丰田汽车召回事件**
>
> 如果你问某些企业家,如何才能做到不贪得无厌,大部分企业家都会说,不要丧失作为一个商人的商业道德,不能过度追求利润而生产不良产品,要诚实经营,真诚对待客户;或者投资要有限度,不能过度投资,让企业资不抵债等。但是,大部分企业家都忽略了一个问题,那就是为了公司前途而进行的过度技术开发也是一个不容忽视的问题。
>
> 丰田汽车公司在技术开发上投入大量资金,却因产品设计不成熟,出现产品质量问题。虽然丰田汽车公司的产品在日本一直受消费者信赖,但是在美国市场,丰田汽车的普锐斯系列和卡罗拉系列却因出现严重问题而饱受美国人的指责。
>
> 2009 年,丰田新型车普锐斯系列的刹车问题层出不穷,这在日本、美国引起热议,一度成为新闻和坊间议论的焦点。最后,丰田汽车公司召开记者见面会,对"刹车门"事件做了解释并决定召回问题汽车。这是由丰田汽车公司过度技术开发导致的产品问题。

视产品质量为生命的丰田汽车公司陷入"刹车门"事件的原因是什么?归根结底,还是因为其核心资源(即技术)开发过度,从而导致产品质量出现严重问题。

(2) 只注重重要合作

> **沦落为银行奴隶的企业——Urban Corporation 株式会社**
>
> 美国思想家、诗人拉尔夫·沃尔多·爱默生(Ralph Waldo Emerson)曾说过:"负债就像成为奴隶一样。"这话对负债的企业来说是很适用的。
>
> 日本 Urban Corporation 株式会社在 1990 年 5 月成立,目标直指房地产中介业务。公司成立初期主要以公寓规划销售以及公司开发的"都市景观"公寓分期销售为主业,并由此开始扩大收益。
>
> Urban Corporation 株式会社的经济活动分离成两种形态同时进行:第一种是从银行借贷,然后购买土地建房子并进行卖房交易;第二种是从银行借贷,然后重新装修或者改造旧房子,从而赋予旧房子新的附加值,最后将其进行转卖,通过差额获利。
>
> 就在销售额急速增加的时候,Urban Corporation 株式会社为了确保有资金进行房产再开发,开始追加融资数额,这样导致的后果便是在 2008 年 3 月份企业的负债额高达

4 078亿日元。负债额的增加对 Urban Corporation 株式会社的资产评估起了消极作用。雪上加霜的是,周围经营环境也开始恶化,Urban Corporation 株式会社的交易量下降,股票价格急剧下跌。结果就是,Urban Corporation 株式会社背负着多达 2 588.32 亿日元的负债额,宣告破产。

虽然 Urban Corporation 株式会社刚开始与银行合作,可以通过借贷资金达到发展的目的。但是以借贷经营来提高收益,并不能称其为真正意义上的扩大收益,反而会使利益减少,仅留下债务。一个企业要从长远出发,不能只注重重要合作这一方面,而忽略了企业的成本结构以及收入来源等关乎企业独立发展的关键因素。

(3) 只注重关键业务

倘若企业只注重关键业务,不注重客户细分、收入来源等方面,同样会失败。

3. 客户界面的思维误区

客户界面指企业与外界的关系往来,包括客户细分、渠道通路、客户关系。

(1) 只注重客户细分

以老人福利事业为梦想——博爱会

位于日本兵库县的医疗机构博爱会是 1954 年 9 月由安田医院和平野医院建立的,成立之初是结核病患者的疗养院。1968 年,为了开展脑卒中后遗症的治疗,博爱会增建了治疗老人脑卒中后遗症的病房。20 世纪 70 年代中期,由于周边住宅激增,博爱会确立了以治疗和看护老人为中心的医院治疗方针。

阪神大地震后博爱会取消了结核病病房,新建了为老人做物理治疗和人工透析的病房,这与日本进入老龄化社会的步调一致。2008 年 4 月,面向老人的平野医院花园楼开业了。通过建设医院和老人福利设施,博爱会在 2009 年 3 月增长了 25.4 亿日元的利润。

从表面上看,博爱会似乎取得了高利润,但是建设平野医院花园楼以及增添新设备等过度投资造成企业负债累累,博爱会陷入负债 2.5 亿日元的资不抵债的境地。后来,负债总额达到 48.18 亿日元的博爱会只得申请破产。

博爱会将市场定位于老年人,在老龄化现象严重的日本,这是无可厚非的。博爱会只注重客户细分,却不注重企业的成本结构,过度投资,最终让企业失败。

(2) 只注重渠道通路

钟薛高面临品质质疑

根据上海市黄浦区市场监督管理局的行政处罚决定,2018 年 9 月,钟薛高在官网发布的产品介绍中存在虚假宣传。其销售产品酿红提·雪糕页面宣传"不含一粒蔗糖或代糖,果糖带来更馥郁的香气,只选用吐鲁番地核心葡萄种植区特级红提,零添加,清甜不腻"的内容。而产品检验报告显示该红葡萄干的规格等级为散装/一级,构成虚假宣传,因此钟薛高被罚款。

> 而在上海市嘉定区市场监督管理局下发的一张处罚决定书中也表示,自2019年3月起,钟薛高在天猫网上销售的一款轻牛乳冰激凌产品网页宣传"不加一滴水、纯纯牛乳香"等内容,经核实,该款冰激凌产品配料表中明确含有饮用水成分,其宣传内容和实际情况不符,系引人误解的虚假宣传。
>
> 雪糕产品品质是否配得上它的高价格成为网友热议的话题。钟薛高是近年崛起的中式雪糕品牌,被称为"雪糕界的爱马仕"。有网友表示,价格可以贵,但是要真材实料,拒绝虚假宣传。

对一个企业而言,广告宣传是必不可少的。但是若只顾及宣传,甚至进行虚假宣传,不在乎企业的产品质量,那么这样的企业是很容易出问题的。

（3）只注重客户关系

> 某企业成立后不久,销售业绩良好,前途光明。也正因如此,该企业拥有了几个大客户,为企业的发展带来了不少的收益。但是在2008年受到经济危机的影响,该企业效益下滑,客户渐渐流失。该企业老板一想到当年好不容易拉到的大客户要奔向竞争对手,心中难免不甘。于是,为了留着这几个大客户,该企业使出浑身解数,不惜拿钱补贴各客户,心想过了这关,总会好起来的。结果时间一长,该企业入不敷出,不得已以破产告终。

客户关系管理对提升企业竞争力、降低企业成本等都有至关重要的作用,但是只关注这一方面,忽视企业的价值主张、收入来源等方面是万万不可的。

4. 财务界面的思维误区

财务界面包括两个方面:成本和收入。两者共同决定了企业的盈利情况,但过于关注盈利,企业又会怎样?

> **2008年风投的第一大悲剧:ITAT服装连锁**
>
> 2006年11月,ITAT服装连锁吸引了蓝山中国风险投资公司的5 000万美元投资。2007年3月又火速赢得蓝山中国、摩根士丹利等风险投资公司高达7 000万美元的投资。然而,2008年,ITAT服装连锁上市失败。
>
> ITAT服装连锁开创性地采取了零场租、零库存的"双零模式",使得在降低自身成本与风险的同时可以实现快速扩张。ITAT服装连锁找到商业地产商和服装生产商洽谈,通过商定的分成模式,达成合作。其通过这一战略联盟实现了和服装生产商以及商业地产公司的高效组合。
>
> ITAT服装连锁这么好的商业模式为什么最终没有获得成功?这是因为其在运营过程中的执行上出现了问题。为了实现"双零模式"革命性地降低连锁零售的成本,ITAT服装连锁所寻找的前期供应商往往是二流的,而寻找的前期物流地产也是二流的,如此一来,无法形成迅速增长。一方面,这使得自身业绩无法及时体现;另一方面,服装生产商、商业地产商拿不到分成回报,导致"双零模式"的可持续发展存在问题。

企业关注成本和收入是非常重要的,但是如果过于控制成本,忽略提升产品各方面的质量,便会错失良机,难以为继。

由上述思维误区可见,企业持续发展需要系统思维,需要兼顾发展的各个方面。

7.2 商业模式

简单地说,商业思维就是企业特有的生存与发展的思维,就是企业关于创造价值、传递价值和获取价值的思维方式。商业模式思维是现代商业思维中典型、突出的科学思维方式。

1960年,加德纳·琼斯(Gardner M. Jones)使用了"business model"一词来表示商业模式,标志着商业模式相关研究的开始。商业模式被认为是企业获取利润的生产函数,是产品、市场、生产方法、生产材料的组合。随着信息经济时代的到来,互联网技术带来了创新的机遇,商业模式创新为越来越多的企业带来了持续的竞争优势。

不同时代赋予商业模式的意义是不同的。同一企业所处的发展阶段不同,其商业模式也会有所区别。

7.2.1 商业模式的定义

1. 各种观点

学术界和企业界对商业模式有多元化的理解。

亚历山大·奥斯特瓦德(Alexander Osterwalder)(《商业模式新生代》的作者之一)认为,商业模式指的是一个组织在财务上维持自给自足的方式,简而言之就是企业维持生存的方式。

查立(乾龙创投的创始人)认为,商业模式就是想清楚如何赚钱:第一,谁付给企业钱(客户);第二,企业给客户什么好处(价值);第三,企业如何让客户掏钱(营销);第四,企业如何将价值送达客户(渠道);第五,企业如何做(主要任务);第六,企业缺少什么(资源);第七,谁能帮助企业(合作伙伴);第八,企业有多少种赚钱方式(产品线);第九,企业需要花费多少才能赚到钱(成本结构)。

周鸿祎(奇虎360公司创始人、天使投资人)认为,很多充满激情的创业者一上来就讲自己的商业模式,一讲商业模式就是未来三年能赚多少钱,其实,这些创业者对什么是商业模式都没有搞懂,以为商业模式就是赚钱模式。商业模式并不是赚钱模式,它至少包含了4方面内容:产品模式、用户模式、推广模式、收入模式(怎么去赚钱)。商业模式包括以下方面:企业能提供一个什么样的产品?企业给什么样用户创造什么样的价值?在创造用户价值的过程中,企业用什么样的方法获得商业价值?

哈佛商学院教授克莱顿·克里斯坦森(Clayton M. Christensen)认为,商业模式就是创造和传递客户价值以及公司价值的系统。它包括4个方面:客户价值主张、盈利模式、关键资源和关键流程。通俗地讲就是,第一,企业能给客户带来什么价值?第二,给客户带来价值之后企业怎么赚钱?第三,企业有什么资源和能力实现前两点?第四,企业如何实现前两点?因此,商业模式是一个整体、系统的概念,就是企业把资金流、物流、信息流高度整合,形成一个完整高效、具有独特核心竞争力的运营系统,通过最优实现形式满足客户需求、实现客户价值最大化,同时使系统达到持续盈利目标的整体解决方案。

在学术界,大多数人认为,商业模式是指把能使企业运行的内、外部要素整合起来,形成一个完整、高效率、具有独特核心竞争力的运行系统,并通过最优实现形式满足客户需求、实现客户价值最大化,同时使系统达成持续盈利目标的整体解决方案。其中"高效率""系统""核心竞争力"是基础或先决条件,"整合"是手段,"客户价值最大化"是主观目的,"持续盈利"是客观结果,也是检验一个商业模式是成功的唯一外在标准。

对商业模式最通俗的理解是:商业模式是系统描述企业如何通过运作来实现其生存与发展的"故事",它涉及企业做什么、怎么做、怎么赢利的问题,是商业规律在企业经营中的具体应用。

2. 6种错误认识

关于商业模式,需要避免6种错误认识。

(1) 商业模式就是企业家或创业者脑子里的创意

在一些人看来,商业模式并不是真实存在的、具有严谨结构的东西,而是企业家或创业家的奇思妙想、经验、直觉或第六感之类的精神突破。按照这种认识,商业模式的创新经常是这样的图景:某人在长期的思考、冥想之后,突然想通了所有的环节,然后双眼睁圆,并惊呼"我想到了,我成功了"。

商业模式不是企业家或创业者脑子里的创意,不管这个创意事后被证明有多么伟大。一个伟大的创意有可能成为促成创新型商业模式的起点,但仅仅是起点。把可能仅仅是起点的事物视为结果,这个认识导致的后果通常就是企业不可能有意识地、系统地推动商业模式的构建和优化。

(2) 商业模式就是赚钱的新门道、新方式

现实中,很多创业者会把商业模式视为赚钱的一种新门道、新方式。互联网时代产生了大量商业模式创新的机会或者条件。在用户问题的解决方案由于互联网的出现而变得很多以后,盈利来源也必然变得多样化。简单点说,盈利点只是商业模式的一个组成部分,它建立在用户问题解决方案的基础之上,并且需要相应业务的协助。把商业模式仅仅视为赚钱的新门道、新方式,未免过于简单粗暴。

(3) 商业模式就是财务模式

商业模式就是财务模式,这是一些有财务知识、对企业财务较为敏感的人喜欢的定义。他们甚至会用一些财务比率指标等来衡量一家企业的商业模式。实际上,财务模式和财务状况都只是一种既定的商业模式带来的结果或表现,他们本身并不是商业模式。

(4) 商业模式就是基于新技术的新市场开发模式

商业模式就是基于新技术的新市场开发模式,这是那些有科技背景的创业者倾向于接受的一种错误认识。为什么这样说呢?每当一种新技术出现,其市场化情景应用就随之产生。其中,一部分新技术的应用能取得成功,而更多的是走向失败。

每当出现一种新的技术应用方式时,总有人将其视为一种新的商业模式。但是,这种技术应用方式本身并不是一种新的商业模式。

从逻辑上讲,同样的应用可以有无穷种不同的商业模式;从现实经验上讲,这种新技术在某个确定领域的应用通常会出现若干种不同的商业模式。应用仅仅提供了一个方向,并不代表这个方向上的具体商业模式。

(5) 商业模式就是企业战略

商业模式就是企业战略,这是一些熟悉企业战略的创业者可能会对商业模式下的定义。的确,在关于商业模式的各种定义中,把它归结为"企业战略"是最为接近的了。但是,这并

不是一个正确的认识。

企业战略和商业模式有着本质的区别：企业战略是对企业未来的经营活动进行的具体安排；商业模式则是对企业的某些顶层问题做出的定位选择，这种选择构成了企业战略得以开展的环境或条件。

简单地讲，企业战略是行动安排，商业模式则是规则制定。商业模式决定了企业的直接环境，并影响企业潜力的大小；企业战略则是在给定环境里对具体经营活动和策略进行安排，并决定企业的实际业绩。

(6) 商业模式就是一个名目而已

商业模式就是一个名目而已，往往是一些财经评论家、媒体人士持有的观点。这种认识把原来完全可以避免的"鸡与蛋"难题，加在商业模式的头上。其具体表现为：到底是企业先做成事业，然后给成功的事业加上一个商业模式的标签，还是先有商业模式（尽管任何一家企业的商业模式本身并不是一成不变的，而是不断进化的），然后才有成功的事业。

7.2.2 商业模式的特点

1. 整体性

创业者基于商业模式进行创业管理，能够实现企业的"整体大于部分之和"的整合管理效益。企业的商业模式之所以是独特的，是因为商业模式中隐含构成要素集成的概念。经过有效的商业模式管理，各构成要素有机整合在一起，产生一种协同作用，商业模式的整体功能得以显现。商业模式的所有构成要素单独改变并不能完成这一改变，即使是所有构成要素都发生同样的变化，没有经由商业模式的集成，也达不到整体功能所达到的效果。

2. 相关性

商业模式是一个复杂的系统，通过改变商业模式的构成要素实现商业模式的变革时，需要考虑构成要素之间的相关性。这种相关性有时是同步发生的，有时是存在时滞的。创业者在实际的创业管理工作中，要注意这一同步或滞后的变化。

商业模式各构成要素之间的相关性不是静态的，而是动态的，会随着时间的变化不断变化。在动态中认识商业模式中各构成要素之间的关系、各构成要素与商业模式的整体关系是认识和把握商业模式的关键。

3. 目的多样性

商业模式实现的企业目标是多样的。商业模式通过价值识别来确定目标体系，通过内部要素之间的协调实现预先设定的目标。

4. 环境适应性

不论面对的环境是可控的还是不可控的，企业都必须变被动为主动，适应环境的变化。商业模式因拥有与外界环境联系的"多触角"，通过有效的界面管理可以更好地适应环境变化。

7.2.3 商业模式的重要性

当今企业之间的竞争不是产品之间的竞争,而是商业模式之间的竞争。

——现代"管理学之父",彼得·德鲁克

好的商业模式可以举重若轻,化繁为简,在赢得顾客、吸引投资者和创造利润等方面形成良性循环,使企业经营达到事半功倍的效果。不同的商业模式决定了不同的企业结局。

成功的创业有各种成功的理由,而失败的创业最重要的原因之一就是商业模式落后。已经有许多创业者、企业家认识到商业模式的作用,以及这种模式对企业生存与发展的重要性。在企业的实际经营中,掌握企业商业模式的创业者会利用他们的系统认知提高战略技巧,将企业发展带入新的层次。而那些没有掌握企业商业模式的创业者会在市场竞争中败北,而且与成功者的差距越来越大。

可以说,商业模式的创新是企业经营的核心问题。

7.3 商业模式画布

7.3.1 商业模式画布的九大构造模块

通常商业模式的构成以商业模式画布的方式呈现,商业模式画布分为4个主要方面,这4个主要方面涵盖九大构造模块(九大构成要素),分别为客户细分、价值主张、渠道通路、客户关系、收入来源、核心资源、关键业务、重要合作以及成本结构,如图7-1所示。

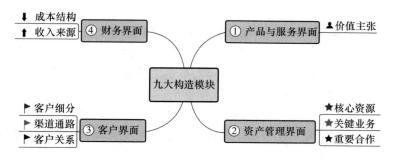

图 7-1 商业模式画布的九大构造模块

商业模式画布是一款简洁、实用的商业模式可视化工具,以九大构造模块来理解商业模式的构成要素及其相互关系,如图7-2所示。

创业者应用商业模式画布来思考其企业的商业模式时,需要按照一定的逻辑程序开展:首先了解目标用户,再确定他们的需求(即价值主张),想好通过何种渠道接触到他们,怎么赢利,凭借什么实现盈利,在这个过程中谁可能帮到你,以及如何根据综合成本定价。九大构造模块中的每个构造模块都存在成千上万种可能,创业者要做的就是建构最适合自己企业的那一种商业模式。

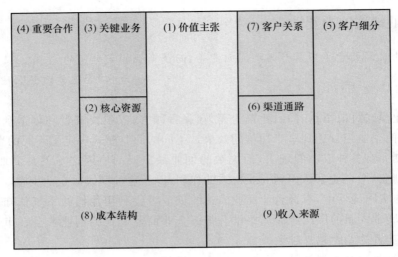

图 7-2　商业模式画布示意图

1. 产品与服务界面

在产品与服务界面,主要考虑的是价值主张,价值主张决定了企业生产什么样的产品与提供什么样的服务。

（1）价值主张的内涵

价值主张（value proposition）构造模块用来描绘为特定细分客户创造价值的系列产品和服务。价值主张是客户专注某一个企业而非另一个企业的原因,它解决了困扰客户的问题或者满足了客户的需求。每个价值主张都包含可选择的系列产品或服务,以迎合特定客户细分群体的需求。在这个意义上,价值主张是企业提供给客户的受益集合或受益系列。

（2）价值主张的类型

有的价值主张可能是新颖的,表现为一个全新的提供物（产品或服务）；而有的价值主张可能与现存市场提供物（产品或服务）类似,只是增加了功能和特性。那么,创业者需要提供什么样的产品和服务才能够达到企业要传递的价值主张呢？下面分析一些简单的价值主张类型,有助于创业者为客户提供更好的产品和服务。

① 新颖

有些价值主张能满足客户从未感受和体验过的全新需求,因为以前从来没有类似的产品或服务。这通常不总是与技术有关,举例来说,移动电话围绕移动通信技术开创了一个全新的行业,而社会责任投资基金的产品与新技术关系甚微。从新颖的角度来看,提供一种用户没有体验过的产品或服务,可以极大地满足用户的猎奇心理。

② 性能

改善产品和服务的性能是一个传统意义上创造价值的普遍方法。但性能的改善似乎也有它的局限。例如,近几年更大的磁盘存储空间和更清晰的图形显示等都未能在用户需求方面促成对应的增长。

③ 定制化

定制产品和服务通过满足个别客户或客户细分群体的特定需求来创造价值。近年来,私人定制和客户参与制作的概念突然引起大家的注意。这个方法可以定制化产品和服务,同时还可以利用规模经济优势。

④ 把事情做好

可以通过帮客户把某些事情做好而更好地服务于客户,罗尔斯-罗伊斯公司很清楚这一点。罗尔斯-罗伊斯航空公司的客户完全依赖罗尔斯-罗伊斯所制造的引擎发动机,这样他们就可以把业务焦点放在航线运营上。作为回报,罗尔斯-罗伊斯公司的客户按引擎用时向其支付费用。

⑤ 设计

设计是一个重要但又很难衡量的要素。产品可以因为优秀的设计脱颖而出,在时尚和消费电子产品行业,设计是价值主张中一个特别重要的部分,同时也是企业产品区别于其他产品的因素。

佳能通过突破产品技术,创造了新型的小型复印机,改变了企业的商业模式。1982年,佳能成功研制出了超小型PPC、小型复印机PC-10和PC-20。此后,佳能一飞冲天,一改施乐基于NP-1100机型的商业模式,在"顾客和价值提供""盈利方式"以及"竞争力"方面都做出了相应变革。

⑥ 品牌/身份地位

客户可以通过使用和显示某一特定品牌而发现价值。

⑦ 价格

以更低的价格提供同质化的价值是满足价格敏感客户细分群体的通常做法,低价价值主张对于商业模式的其余部分有更重要的含义。经济航空公司(如西南航空公司、易捷航空公司和瑞安航空公司)都设计了全新的商业模式,以便使低价航空旅行成为可能。印度塔塔集团设计和制造的NANO新型汽车也是一个基于低价价值主张的例子。它以令人惊叹的低价使印度全民都买得起汽车。免费产品和服务正开始越来越多地渗透到各行各业。免费提供产品和服务的范围很广,如免费报纸、免费电子邮件、免费移动电话服务等。

⑧ 成本削减

帮助客户削减成本是创造价值的重要方法。例如,Salesforce公司向客户销售在线的客户关系管理系统的应用,这项服务减少了购买者的开销并免除了用户自行购买、安装和管理软件的麻烦。

⑨ 风险抑制

当客户购买产品和服务的时候,帮助客户抑制风险也可以创造客户价值。对二手汽车买家来说,为期一年的服务担保规避了在购买后发生故障的风险。而服务品质级别担保书(service-level guarantee)降低了由买方承担外包IT服务时所要承担的风险。

⑩ 可达性

把产品和服务提供给以前接触不到的客户也是一个创造价值的方法。这既可能是商业模式创新的结果,也可能是新技术的结果,或者兼而有之。例如,奈特捷航空公司以普及私人飞机拥有权概念而著称。通过应用创新的商业模式,奈特捷航空公司提供私人及企业拥有私人飞机的权限,在此之前这项服务对绝大部分客户来说都很难支付得起。

⑪ 便利性/可用性

让用户使用某些产品时更方便可创造可观的价值。苹果公司的iPod和iTunes为用户提供了在搜索、购买、下载和收听数字音乐方面前所未有的便捷体验。现在,苹果公司已经占领了很大的市场。

2. 资产管理界面

核心资源、关键业务、重要合作都属于企业的资产,是实现客户价值以及企业自身价值的基础。

(1) 核心资源

核心资源用来描绘商业模式有效运转所必需的重要因素。每个商业模式都需要核心资源,这些资源使得企业组织能够创造和提供价值主张、接触市场、与客户细分群体建立关系以及获取收入。不同的商业模式需要的核心资源有所不同。芯片制造商需要资本集约型的生产设施,而芯片设计商则需要更加关注人力资源。

核心资源可以分为实体资产、知识资产、人力资源或金融资产4类。核心资源既可以是自有的,也可以是公司租借的或从重要合作伙伴那里获得的。

① 实体资产

实体资产包括实体的资产,诸如生产设施、不动产、汽车、机器、系统和分销网络等。沃尔玛和亚马逊等零售企业的核心资产就是实体资产,且均为资本集约型资产。沃尔玛拥有庞大的全球店面网络和与之配套的物流基础设施。亚马逊拥有大规模的IT系统、仓库和物流体系。

② 知识资产

知识资产包括品牌、专有知识、专利和版权、合作关系和客户数据库等,这类资产日益成为强健商业模式中的重要组成部分。知识资产的开发很难,但成功建立后可以带来巨大价值。

快速消费品企业(如耐克公司)主要以品牌为其核心资源。微软和SAP依靠通过多年开发获得的软件和相关的知识产权。宽带移动设备芯片设计商和供应商高通是围绕芯片设计专利来构建其商业模式的,这些核心资源为该公司带来了大量的授权收入。

③ 人力资源

任何一家企业都需要人力资源,但是在某些商业模式中,人力资源更加重要。例如,在知识密集产业和创意产业中人力资源是至关重要的。例如,诺华公司在很大程度上依赖人力资源,其商业模式基于一批经验丰富的科学家和一个专业的销售队伍。

④ 金融资产

有些商业模式需要金融资源或财务担保,如现金、信贷额度或用来雇用关键雇员的股票期权池。电信设备制造商爱立信提供了一个在商业模式中利用金融资产的案例。爱立信可以选择从银行和资本市场筹资,然后使用其中的一部分为其设备客户提供卖方融资服务,以确保爱立信赢得客户订单。

(2) 关键业务

关键业务构造模块用来描绘为了确保其商业模式可行,企业必须做的最重要的事情。任何商业模式都需要多种关键业务活动。这些业务是企业得以成功运营所必须实施的最重要的活动。正如核心资源一样,关键业务也是企业创造和提供价值主张、接触市场、维系客户关系和获取收入的基础,即可以为企业创造价值。而关键业务也会因商业模式的不同而有所区别。例如:对微软等软件制造商而言,其关键业务包括软件开发;对戴尔等计算机制造商而言,其关键业务包括供应链管理;对麦肯锡等咨询企业而言,其关键业务包含问题求解服务。

关键业务主要可以分为3种:制造产品业务、问题解决业务、平台/网络业务。

① 设计、制造产品业务

这类业务涉及生产一定数量或满足一定质量的产品,与设计、制造产品有关。设计、制造产品是企业商业模式的核心。

② 问题解决业务

这类业务指的是为个别客户的问题提供新的解决方案。咨询公司、医院和其他服务机构的关键业务是问题解决。它们的商业模式需要知识管理和持续培训等业务。

③ 与平台/网络业务相关的业务

对于以平台为核心资源的商业模式,其关键业务都是与平台或网络相关的业务。网络服务、交易平台、软件,甚至品牌都可以看成平台。eBay 的商业模式决定了公司需要持续地发展和维护其平台 eBay.com 网站。而 Visa 的商业模式需要为商业客户、消费者和银行服务,Visa 信用卡交易平台提供相关的业务活动,此类商业模式的关键业务与平台管理、服务提供和平台推广相关。

(3) 重要合作

重要合作构造模块用来描述让商业模式有效运作所需的供应商与合作伙伴的网络。企业会基于多种原因打造合作关系,合作关系正日益成为许多商业模式的基石。很多公司通过创建联盟来优化其商业模式、降低风险和获取资源。我们可以把合作关系分为以下4种类型:非竞争者之间的战略联盟关系;竞争者之间的战略合作关系(竞合);为开发新业务而构建的合资关系;为确保可靠供应的购买方-供应商关系。

有助于创建合作关系的动机可以归纳为3种:商业模式的优化和规模经济的运用、风险的降低和不确定性的减小、特定资源和业务的获取。

① 商业模式的优化和规模经济的运用

设计伙伴关系或购买方-供应商关系最基本功能,是为了优化资源和业务的配置。企业拥有所有资源或自己执行每项业务活动是不合逻辑的,优化的伙伴关系和规模经济的伙伴关系通常会降低成本,而且往往涉及服务外包或基础设施共享。

② 风险的降低和不确定性的减小

伙伴关系可以帮助降低以不确定性为特征的竞争环境的风险。竞争对手在某一领域形成战略联盟而在另一个领域开展竞争的现象很常见。例如,蓝光(一种光盘格式技术)由多个团体联合开发,该联合团体合作把蓝光技术推向市场,但团体成员之间又在竞争销售自己的蓝光产品。

③ 特定资源和业务的获取

很少有企业拥有所有的资源或执行所有其商业模式所要求的业务活动。有的企业依靠其他企业提供的特定资源或执行的某些业务活动来扩展自身能力。这种伙伴关系可以帮助企业主动地获取知识或接触客户。例如:移动电话制造商可以使用其他企业开发的操作系统而不用自己开发;保险公司可以选择依靠独立经纪人销售其保险,而不是发展自己的销售队伍。

3. 客户界面

> 企业目标始于外部客户……正是客户决定了企业的业务、生产的产品能否取得成功。
> ——现代"管理学之父",彼得·德鲁克

客户不局限于使用企业提供的产品与服务的顾客,还包括上、下游的厂商等一切与企业有关的人或企业。

(1) 客户细分

客户细分构造模块用来描绘一个企业想要接触和服务的不同人群或组织。客户是任何一个商业模式的核心选择,没有客户,企业的长久存活也就无从谈起。为了更好地满足客户,企业可将客户划分为不同的细分区隔,每个细分区隔中的客户都有共同的需求、共同的行为或其他共同的属性。而一个企业的商业模式可以定义在一个或多个客户细分群体内,企业必须做出的合理决策,如应该服务于哪些特定的细分群体以及应该忽略哪些细分群体。

客户群体体现为独立的客户细分群体,有如下特点:

- 需要提供明显不同的产品与服务来满足客户群体的需求;
- 客户群体需要通过不同的分销渠道来接触;
- 客户群体需要不同类型的关系;
- 客户群体的盈利能力有本质的区别;
- 客户群体愿意为所提供的产品与服务的不同方面进行付费。

客户与市场是密不可分的,什么样的客户决定了什么样的市场,客户细分群体的类型又表现为市场的类型。常见的市场类型有大众市场、利基市场、区隔化市场、多元化市场、多边市场。

① 大众市场

大众市场的客户群体之间没有多大的区别,这种市场是为大多数人服务的,而聚焦于大众市场的商业模式在不同的客户细分之间也没有多大的区别,其价值主张、渠道通路、客户关系全都聚焦于一个大范围的客户群组,在这个群组中,客户具有大致相同的需求和问题,这类商业模式通常可以在消费类电子行业中找到。

② 利基市场

利基市场宽泛地说是指被市场中有绝对优势的企业忽略的某些细分市场。菲利普·科特勒在《营销管理》中给利基下的定义为:利基是更窄地确定某些群体,这是一个小市场并且它的需求没有被满足,这个小市场有获取利益的基础。通过对市场的细分,企业集中力量于某个特定的目标市场,或严格针对一个细分市场,或重点经营一个产品和一项服务,创造出产品和服务优势。

理想的利基市场有 5 个基本特征:第一,具有一定规模和购买力,能够赢利;第二,具备持续发展的潜力;第三,市场狭窄,差异性较大,以至于强大的竞争者对该市场不屑一顾;第四,企业具备必要的能力和资源以对这个市场提供优质服务;第五,企业有实力在自己看中的市场中迅速建立品牌优势,以对付强大外敌的入侵。

以利基市场为目标的商业模式迎合特定的细分群体。价值主张、渠道通路、客户关系都

针对某一利基市场的特定需求定制。这样的商业模式常常可以在供应商与采购商的关系中找到。例如,很多汽车零部件厂商的订单大部分都来自汽车生产工厂的采购订单。

> **西南航空的"缝隙"之旅**
>
> 美国西南航空公司定位于经营短途航班,航班飞行距离少于750英里(1英里=1.60千米)。这使得西南航空每天能让更多的飞机投入运营,吸引更多的乘客,从而能够大大降低运营成本,使其有能力与竞争对手开展低价竞争。西南航空公司以向顾客提供最便宜的机票而著称。例如,从纳什维尔到新奥尔良的单程机票只要56美元,而其他航空公司的同等票价却要100美元,甚至更多。现在美国西南航空公司已经成长为全美较大、投资者很追捧的民航公司。但该公司并未抛弃创业时期就一直奉行的利基战略。

③ 区隔化市场

所谓区隔化市场就是指同时满足目标客户群体略有差异的需求。以阿里云为例,阿里云既能满足大企业的海量数据储存和分析需求,也能满足新创公司服务器架设的需求。

有些商业模式在不同的客户细分群体间会有所区别,即有些商业模式基于区隔化的市场。例如,对于瑞士信贷的银行零售业务,拥有超过10万美元资产的大客户群体与拥有超过50万美元资产的更为富有的大客户群体之间的市场区隔就有所不同。这些客户细分有很多相似之处,但又有不同的需求和问题。这样的客户细分群体影响了瑞士信贷的商业模式。瑞士微型精密系统公司专门提供外包微型机械设计和生产解决方案业务,服务于3个不同的客户细分群体——钟表行业、医疗行业和工业自动化行业,且为这些行业分别提供不同的价值主张。

④ 多元化市场

多元化市场即同时服务两个具有不同需求和问题的客户群体,C2C平台就是最典型的例子,其既可以满足购物的客户需求,也能满足想开店做生意的客户需求。

具有多元化客户商业模式的企业可以服务于两个具有不同需求和问题的客户细分群体。例如,2006年,亚马逊决定通过销售云计算服务使其零售业务多样化:在线存储空间业务与按需服务器使用业务。因此亚马逊开始以完全不同的价值主张迎合完全不同的客户细分群体。这个策略可以实施的根本原因是亚马逊强大的IT基础设施经营的多样化,其基础设施能被零售业务运营和新的云计算服务共享。

⑤ 多边市场

多边市场连接两个或多个相互依赖的客户群体。支付宝和微信支付就是这种典型,它们既需要开通支付服务的客户,也需要支持该支付方式的商家。有些企业服务于多个相互依赖的客户细分群体。例如,信用卡公司需要很多的信用卡持有者,同时也需要很多可以接受那些信用卡的商家。同样,企业提供的免费报纸需要大量的读者以吸引广告商,还需要广告商为其产品及分销提供资金。这需要多边客户细分群体才能让这个商业模式运转起来。

(2) 渠道通路

渠道通路构造模块用来描绘企业是如何沟通、接触其客户细分群体而传递其价值主张的。

沟通、分销和销售这些渠道构成了企业相对客户的接口界面。渠道通路是客户接触点,

它在客户体验中扮演着重要角色。

渠道通路包括以下功能：
- 提升企业产品和服务在客户中的认可度；
- 帮助客户评估企业价值主张；
- 协助客户购买特定产品和服务；
- 向客户传递价值主张；
- 提供售后客户支持。

渠道具有5个不同的阶段：认知、评估、购买、传递、售后。每个渠道都能经历部分或全部阶段。其中，广告属于上述的传递阶段，并且对绝大多数的企业来说，广告属于渠道通路，但是对广告公司而言，广告便是其关键业务。渠道可以分为直销渠道与非直销渠道两种，也可以分为自有渠道和合作伙伴渠道两种。

创业者在把价值主张推向市场期间，发现接触客户的正确渠道是至关重要的。

创业者可以选择通过其自有渠道、合作伙伴渠道来接触客户。自有渠道可以是直销的，如内部销售团队或网站，也可以是间接的，如团体组织拥有或运营的零售商店渠道。合作伙伴渠道是间接的，同时可供选择的范围很大，如分销批发、零售或者合作伙伴的网站。虽然合作伙伴渠道导致更低的利润，但允许企业凭借合作伙伴的强项，扩展企业接触客户的范围和增加企业获得的利润。虽然自有渠道有更高的利润，但是其建立和运营成本都很高。渠道管理的诀窍是在不同类型渠道之间找到适当的平衡，并通过整合它们来创造令人满意的客户体验，同时实现企业收入最大化。

（3）客户关系

客户关系构造模块用来描绘公司与特定客户细分群体建立的关系类型。

创业者应该弄清楚希望和每个客户细分群体建立的关系类型。客户关系范围可以从个人服务到自动化服务。客户关系可以被以下几个动机所驱动：
- 客户获取；
- 客户维系；
- 提升销售额。

可以把客户关系分成以下几种情况，这些客户关系可能共存于企业与特定客户细分群体之间。

① 个人助理

这种关系类型基于人与人之间的互动。在销售或者售后阶段，客户可以与客户代表交流并获取帮助。

② 专用个人助理

这种关系类型包含了为单一客户安排的专门的客户代表。它是层次最深、最亲密的关系类型，通常需要较长的时间来建立。例如，私人银行服务会指派银行经理向重要客户提供服务。在其他商业领域也能看到类似的关系类型，客户经理与重要客户保持着私人联系。

③ 自动化服务

这种关系类型整合了精细的自动化过程，用于实现客户的自助服务。例如，客户可以通过在线档案来定制个性化服务。自动化服务可以识别不同客户及其特点，并提供与客户订单或交易相关的信息。在最佳情况下，良好的自动化服务可以模拟个人助理服务的体验。

④ 社区

目前越来越多的企业利用社区与客户建立更为深入的联系,并促进社区成员之间的互动。许多企业都建立了在线社区,让其用户交流知识和经验,解决彼此的问题。社区还可以帮助公司更好地理解客户需求。

4. 财务界面

成本和收入是决定创业成败的两个关键要素,企业要做的就是增加收入、减少成本。

(1) 成本结构

成本结构构造模块用来描绘运营一个商业模式所需要的所有成本。创建价值和提供价值、维系客户关系以及产生收入都会引发成本。这些成本在确定关键资源、关键业务与重要合作后可以相对容易地计算出来。

① 成本结构的类型

商业模式的成本结构类型一般分为两种:成本驱动和价值驱动。

a. 成本驱动

成本驱动的商业模式侧重于在每个方面尽可能地降低成本。这种做法的目的是创造和维持最经济的成本结构,采用低价的价值主张。廉价航空公司(如美国西南航空公司、英国易捷航空公司和瑞安航空公司)就是完全围绕低成本结构来构建其商业模式的。

b. 价值驱动

有些公司不太关注特定商业模式设计对成本的影响,而是专注于创造价值。增值型的价值主张和高度个性化的服务通常是以价值驱动型商业模式为特征的。豪华酒店的商业模式就属于这一类。

② 成本结构的特点

成本结构有以下 4 个特点。

a. 固定成本

固定成本指不受产品或服务产出业务量变动影响而能保持不变的成本,如薪金、租金、实体制造设施。有些企业(如一些制造业企业)是以高比例固定成本为特征的。

b. 可变成本

可变成本指伴随商品和服务产出业务量而按比例变化的成本。有些业务(如音乐节)是以高比例可变成本为特征的。

c. 规模经济

企业享有产量扩充所带来的成本优势。例如,规模较大的公司从更低的大宗购买费用中受益。随着产量的提升,这个因素和其他因素一起,可以引发平均单位成本下降。

d. 范围经济

企业由于享有较大经营范围而具有的成本优势。例如,在大型企业,同样的营销活动或渠道通路可支持多种产品。

(2) 收入来源

收入来源构造模块用来描绘公司从每个客户群体中获取的收入。如果说客户是商业模式的心脏,那么收入来源就是商业模式的动脉。创业者必须问自己:什么样的价值能够让客户细分群体真正愿意付款？只有回答了这个问题,企业才能在各客户细分群体上发掘一个或多个收入来源。每个收入来源的定价机制可能不同,有固定标价、谈判议价、拍卖定价、市

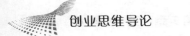

场定价、数量定价或收益管理定价等。

① 收入来源

一个商业模式可以包含两种不同类型的收入来源。

- 客户一次性支付的费用。
- 客户为获得价值主张与售后服务而持续支付的费用。

② 获取收入的方式

以下是一些可以获取收入的方式。

- 销售实体产品

最为人熟悉的获取收入的方式是销售实体产品。

- 使用收费

使用收费是指通过特定的服务收费。客户使用的服务越多,付费越多。例如:电信运营商可以按照客户通话时长来计费;旅馆可以按照客户入住天数来计费;快递公司可以按照运送地点的距离来计费。

- 订阅收费

订阅收费是指销售重复使用的服务。一家健身房可以按月或按年以会员制订阅的方式来销售健身设备的使用权。在线魔兽世界(一款大型多人在线的角色扮演游戏)允许用户使用按月订阅的付费方式。

- 租赁收费

对出借方而言,租赁收费可以带来经常性收入的优势。另外,租用方或承租方可以仅支付限时租期内的费用,而无须承担购买所有权的全部费用。Zipcar 就是一个很好的例证。该企业可以让客户在北美各大城市按小时租车。Zipcar 的服务导致许多消费者决定租赁汽车而不再购买汽车。

- 授权收费

授权收费是指将受保护的知识产权授权给客户使用,并换取授权费用。授权方式可以让版权持有者不必将产品制造出来或者将服务商业化,仅靠知识产权本身即可产生收入。授权方式在媒体行业非常普遍,内容所有者保留版权,但是可以将使用权销售给第三方。同样,在技术行业,专利持有人可授权其他公司使用专利技术,并收取授权费作为回报。

- 经纪收费

这种收入是指提供中介服务而收取的佣金。例如,信用卡提供商作为信用卡商户和顾客的中间人,从每笔销售交易中抽取一定比例的金额作为佣金。同样,股票经纪人和房地产经纪人通过成功匹配卖家和买家来赚取佣金。

- 广告收费

这种收入是为特定的产品、服务或品牌提供广告宣传服务而得到的收入。传统媒体行业和会展行业均以此作为主要收入来源。近年来,其他行业(包括软件和服务行业)也开始逐渐尝试广告收费的方式。

7.3.2 典型案例分析——支付宝

支付宝的商业模式早在 2008 年就获得了中国最佳商业模式奖。一个良好的商业模式必然是随着内部环境和外部环境的变化而不断调整的。

第7章 商业思维

1. 第三方支付的发展现状

第三方支付起源于20世纪80年代美国的ISO(Independent Sales Organization,独立销售组织)制度。ISO制度是银行卡收单机构和交易处理商委托ISO进行中小商户的拓展、服务和管理工作的一种机制。1996年,美国诞生全球首家第三方支付公司,随后Yahoo、Amazon Payment和PayPal等相继成立。

中国的第三方支付平台首信易支付(Pay Ease)于1998年开始运行,成立之初它的功能仅限于把用户的支付需求转接到银行的网上支付页面。2003年,淘宝设立支付宝业务部,开始推行担保交易。2004年,支付宝正式独立上线运营。随之,2006年,腾讯旗下的支付公司"财付通"成立。同年,全球影响力非常大的支付公司PayPal进入中国。

经过短短二十多年的发展,第三方支付已经成为金融支付体系中重要的组成部分。

2. 支付宝的历史起源

支付宝最初是淘宝为了解决网络交易安全所建立的一个财务工具,目的是为了解决电商中的信用问题。

2003年,淘宝网首次推出支付宝服务。很快,阿里巴巴管理层认识到支付宝在解决淘宝信用瓶颈后,不应该只是淘宝网的一个附属工具,而应该是能够成为所有电子商务网站的一个基础服务。

2004年,支付宝网站上线,并更名为浙江支付宝网络科技有限公司,宣告支付宝从淘宝网的第三方担保平台向独立支付平台发展。

2006年年底,使用支付宝作为支付工具的非淘宝网商家(如数码通信、游戏点卡等企业)已经达到30万家,支付宝独立支付平台的身份也开始被外界所接受。

截至2020年,支付宝注册用户数量已经超过10亿。

无论是从用户数量、市场份额还是业务能力来看,支付宝都俨然已经成为中国第三方支付企业里的领头羊。

3. 支付宝的商业模式画布

为了更好地理解支付宝的商业模式,下面基于商业模式画布模型对支付宝的商业模式进行解构,详细分析其商业模式的组成部分,如图7-3所示。

(4) 重要合作 淘宝、阿里巴巴、蚂蚁金服	(3) 关键业务 平台的开发和维护	(1) 价值主张 个人业务:第三方支付功能、转账功能、线下收单功能、理财功能、信贷功能、生活便民功能、"朋友"功能 商户业务:收款服务、付款服务、无线服务、增值服务、贷款服务	(7) 客户关系 个人助理、专用个人助理、自动化服务、社区	(5) 客户细分 个人、商户
	(2) 核心资源 品牌、客户、后台技术保障、人力资源、交易数据资产		(6) 渠道通路 线上通道:互联网、移动端 线下通道:地推	
(8) 成本结构 平台成本、业务成本、行政成本、促销成本			(9) 收入来源 支付手续费、服务费、广告费	

图7-3 支付宝的商业模式画布

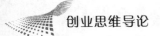

(1) 支付宝的产品与服务界面——价值主张

价值主张用来描绘为特定客户细分群体创造价值的系列产品和服务,支付宝对个人与商户提供了不同的服务。

① 个人业务

第三方支付功能。支付宝的第三方支付包括两种形式:一种是担保交易;另一种是即时到账。担保交易功能是支付宝首创,它有效地解决了电子商务交易中的信用问题。

- 转账功能。转账功能里的细分功能有向多人转账、转到支付宝、转到银行卡等。
- 线下收单功能。支付宝线下收单的主要实现形式是扫码支付。
- 理财功能。目前开放的理财功能主要有余额宝、招财宝。
- 信贷功能。2015年支付宝开通了"借呗"和"花呗"功能。
- 生活便民功能。此功能主要是接入许多与生活息息相关的缴费入口,如充值中心、支付宝校园卡、生活缴费等。
- "朋友"功能。该功能将个人与个人、企业与个人联系起来了。

② 商户业务

- 收款服务。
- 付款服务。主要是批量付款到支付宝账户,可一次性给多个不同的支付宝账户打款,转账资金即时到账,快捷便利。
- 无线服务。无线服务包括手机网站支付和移动支付。
- 增值服务。增值服务主要包括数据罗盘、会员管理、快捷登录、海关报关中心等功能。
- O2O(Online to Offline)服务。目前支付宝提供了关于多个行业场景的O2O解决方案,包括商超、酒店、教育等。
- 贷款服务。

(2) 支付宝的资产管理界面

① 核心资源

核心资源用来描绘商业模式有效运转所必需的最重要因素。支付宝的核心资源主要有以下几方面。

- 品牌。支付宝的品牌价值已经成为支付宝的重要价值组成。
- 客户。
- 交易平台。支付宝在PC端和移动端均能实现交易。
- 后台技术保障——蚂蚁金融云。
- 人力资源。
- 交易数据资产。

② 关键业务

关键业务构造模块用来描绘为了确保其商业模式可行,企业必须做的最重要的事情。支付宝作为第三方支付平台,其关键业务是平台的开发和维护。

③ 重要合作

重要合作是商业模式有效运转所需的供应商和合作伙伴网络。支付宝的重要合作如下:

- 淘宝；
- 阿里巴巴；
- 蚂蚁金服。

(3) 支付宝的客户界面

① 客户细分

支付宝作为一个以支付平台为基础的企业，其客户分为个人和商户。

② 渠道通路

渠道通路是产品接触消费者的管道，支付宝的渠道通路涵盖了线上及线下，主要包括以下两个方面。

- 线上通道。线上通道包括PC端和移动端。PC端通道主要依靠为各大电商提供支付服务完成。移动端则随着智能手机的普及成为新的渠道通路。
- 线下通道。支付宝有自己的地推人员，线下通道的拓展主要依靠他们实现。

③ 客户关系

客户关系指企业为达到其经营目标，主动与客户建立起的某种联系。支付宝的客户细分群体不同，其客户关系也存在着差异。客户关系主要有个人助理、专用个人助理、自动化服务、社区等。

(4) 支付宝的财务界面

① 成本结构

成本结构指特定的商业模式运作下引发的最重要的成本。支付宝的成本主要包括以下4方面。

- 平台成本。其包括平台使用费、软件技术服务费等。
- 业务成本。
- 行政成本。其包括员工雇用成本等。
- 促销成本。支付宝为了拓展业务范围、增加客户黏性，经常利用各类节目或活动以打折、发红包等形式进行促销。

② 收入来源

收入来源描绘公司从每个客户细分群体中获得的收入，支付宝的收入来源有以下3方面。

- 支付手续费

一是商户收单手续费；二是信用卡支付收费。

- 服务费

一是商户增值服务费；二是基金支付技术服务费。

- 广告费

支付宝通过投放的各种广告获得利润，广告服务是淘宝网官方宣布的第一个盈利模式，也是支付宝的重要盈利来源。

7.4 商业模式的类型

创业者需要了解以下5种商业模式类型。

7.4.1 非绑定式商业模式

约翰·哈格尔(John Hagel)和马克·辛格(Marc Singer)提出了"非绑定式企业"的概念,他们认为"非绑定式企业"是由具有不同经济驱动因素、竞争驱动因素和文化驱动因素等完全不同类型的业务组成的。因此,在"非绑定式企业"的概念中,存在3种不同的基本业务类型:产品创新型业务、客户关系型业务和基础设施型业务,如表7-1所示。每种类型都包括不同的经济驱动因素、竞争驱动因素和文化驱动因素。这3种类型可能同时存在于一家企业里,但是理论上这3种业务"分离"成独立的实体,以便避免冲突。

表7-1　3种基本业务类型

因素	产品创新型业务	客户关系型业务	基础设施型业务
经济驱动因素	更早地进入市场可以保证索要溢价价格,并获取巨大的市场份额;速度是关键	获取客户的高昂成本决定了必须获取大规模的客户份额;范围经济是关键	高昂的固定成本决定了大规模生产以降低单位成本的必要性;规模是关键
竞争驱动因素	针对人才而竞争;进入门槛低;许多小企业繁荣兴旺	针对范围而竞争;快速巩固;大企业占领市场	针对规模而竞争;快速巩固;大企业占领市场
文化驱动因素	以员工为中心;鼓励创新人才	高度面向服务;拥有客户至上心态	关注成本;统一标准;可预测和有效性

私人银行:3种业务合一

瑞士的私人银行可为非常富有的人提供银行服务,私人银行一直以来都被认为是一个保守、缺乏活力的行业。然而过去十年间,瑞士的私人银行行业发生了翻天覆地的变化。从传统意义上来讲,私人银行结构都是垂直整合的,且工作范围涵盖资产管理、投资和金融产品设计等。选择紧密垂直整合的方式是有充足理由的,因为外包的成本很高,且出于保密性考虑,私人银行宁愿将所有的业务都放在自己的体系内部。

但是行业环境正在发生着变化。瑞士私人银行业的运作方式已不再是个秘密,保密不再是大问题。由于特殊服务提供商的涌现而导致银行价值链的分裂,外包变得越来越有吸引力,这些特殊服务的提供商包括交易银行和金融产品专营机构。交易银行专注于处理银行交易,而金融产品供应商则专注于设计新的金融产品。

总部位于苏黎世的私人银行机构 Maerki Baumann 就是采用非绑定式商业模式的典范。该银行机构将面向交易的平台业务交给一个叫作 InCore Bank 的独立实体,从而为其他银行和证券商提供银行服务。现在,Maerki Baumann 本身则仅专注于建立良好的客户关系,并提供咨询服务。

7.4.2 长尾式商业模式

"长尾"这一概念最早由克里斯·安德森(Chris Anderson)提出,所谓"长尾"指的是著名的帕累托分布(如图7-4所示)的后半段。安德森用这个概念描述了媒体行业的一个大转变。以前媒体行业只面向大量用户销售少数的热门产品,现在转而销售数量庞大的利基产品,而每种利基产品都只有较少的销售量。有趣的是一系列较少销售量所产生的销售总额有时甚至可以超过热门产品的销售收入。

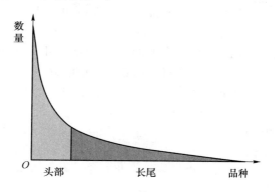

图 7-4　帕累托分布示意图

长尾式商业模式的核心是多样少量:他们专注于为利基市场提供大量产品,每种产品相对而言卖得很少。利基产品的销售总额可以与凭借少量畅销产品产生绝大多数销售额的传统模式相媲美。长尾式商业模式需要低库存成本和强大的平台,并使得利基产品对兴趣买家来说容易获得。

互联网时代下的长尾式商业模式在价值主张、价值创造、价值传递和价值实现的过程中更为关注以下 3 个要素。

1. 宽泛的非拳头产品

长尾式商业模式的价值主张就是提供宽泛的非拳头产品,这些非拳头产品可以和拳头产品共存。

2. 独特的、不易被模仿的核心资源

互联网时代下采用长尾式商业模式的企业更倾向于将平台作为其核心资源,这里所说的平台不仅包括交易平台本身,还包括与平台相关的网络服务、软件,甚至品牌等,因为只有具备了平台,才能够吸引并且聚合对产品有兴趣的客户。

3. 便捷的渠道通路

便捷的渠道通路是实施长尾式商业模式的保障。在互联网时代,企业在进行渠道布局时更加关注线上渠道和线下渠道的整合。客户不论通过哪种渠道选择企业的产品与服务,都应获得一致性的购物体验。如果某一种渠道给客户带来的体验较差,如使用困难或者退换货服务流程烦琐等,不仅会降低客户对企业渠道的认同,还会降低客户对企业品牌的认可度,对企业造成一定的损害。

7.4.3　多边平台式商业模式

> 在传统经济时代,企业的方向用一句话概括就是"做大做强"。但是在互联网时代,这个口号应该审慎考虑。因为互联网时代不是"做大做强",而更应该是做平台型企业。
> ——海尔集团,张瑞敏

多边平台将两个或者多个有明显区别但又相互依赖的客户群体集合在一起。只有相关客户群体同时存在的时候,这样的平台才具有价值。多边平台通过促进各方客户群体之间的互动来创造价值。多边平台需要提升其价值,直到达到可以吸引大量客户的程度,这种现象被称为网络效应。

多边平台的运营商必须要问自己几个关键问题:能否为平台各边吸引到足够数量的客户?哪边客户对价格更加敏感?能够通过补贴吸引对价格敏感的那一边客户吗?是否可以产生充足的收入来支付这些补贴?……

7.4.4 免费式商业模式

> 互联网行业从来不打价格战,它们一上来就免费。传统企业向互联网转型,必须深刻理解"免费"背后的商业逻辑的精髓到底是什么。
>
> ——小米科技创始人,雷军

在免费式商业模式中,至少有一个庞大的客户细分群体可以享受持续的免费服务。免费服务可以来自多种模式。例如,商业模式中的付费客户细分群体给免费客户细分群体提供财务支持。这种免费式商业模式可能仅持续一段时间,也可能永久保持。免费客户细分群体要数量庞大,这样才能成为吸引付费客户细分群体。

图 7-5 所示为一些产品的免费式商业模式。

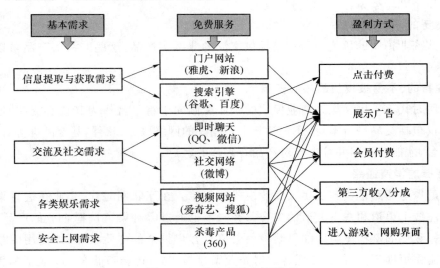

图 7-5 一些产品的免费模式

7.4.5 开放式商业模式

所谓开放式商业模式是指企业在技术研发及其商业化的过程中,在跨越企业自身边界与外部合作伙伴开展技术、创意、知识等各类资源的共享、交易的协同行为基础上,构建的能够提升企业价值创造、价值传递和价值实现能力的商业模式。其中外部合作伙伴的范围非常广泛,不仅包括价值网络中的供应商、顾客,还包括价值网络中的竞争对手、互补厂商、投资者、知识产权专家、协会或中介、政府主管部门等。

开放式商业模式适用于那些通过与外部合作伙伴系统性合作来创造价值的企业。这种模式可以是"由外到内",将外部合作伙伴的创意引入企业内部,也可以是"由内到外",将企业内部闲置的创意和资产提供给外部合作伙伴。

表7-2对比了封闭式创新和开放式创新。该表说明了企业应越来越多地利用外部人才和外部技术来开展创新。

表7-2 封闭式创新和开放式创新的比较

封闭式创新	开放式创新
让处于本企业的人才为我们工作	与企业内、外部的人才一起工作
为了从研发中获益,必须自己调研、开发和销售	外部的研发可以创造巨大的价值,内部的研发需要成为这种价值中的一部分
必须本企业研究出新技术、新产品	不必从头开始研究,坐享其成即可
如果想出了行业内绝大多数最好的创意,就会取得成功	如果能更好地利用内、外部的创意,就会取得成功
需要对自己的创新过程进行管理,避免竞争对手从我们的创意中获益	应该从其他组织使用我们的创新中获益,并且无论何时,只要其他组织的知识产权可以增加我们的利益,就应该把它购买过来

IBM 成功的开放式商业模式

IBM是开放式商业模式的成功代表,IBM通过与其他企业以及研究机构进行合作研发,拥有了在市场上领先的半导体技术。同时,IBM又将内部的专利和技术向外授权,并且提供技术咨询服务。2005年,其900亿美元的收入中超过一半来源于其技术授权和全球咨询服务事业。

IBM拥有的知识产权资产能够对PC界的霸主(如戴尔和联想)产生重大的影响。IBM将其知识产权资产以长期合同的方式向戴尔提供多种IT服务,每年可以获得数以千万美元的收益。而IBM每年在从联想获得数十亿美元收益的同时,也拓展了其在中国的IT服务业务。

开放式的免费软件系统无法使IBM直接赢利,但借助于开放式软件系统,IBM可将自身的众多产品和其他相关企业的软、硬件产品深度整合,提升了众多互补性产品线的价值,同时使其对企业IT技术的宏观发展方向更具发言权和对企业IT发展方向更具掌控力。

7.5 商业模式的创新

所谓的商业模式创新就是指通过一定的流程最大限度地激发企业整体的创造潜能来调整、改进现有的商业模式,或者设计和验证全新的商业模式。

在充满不确定性的市场中,创业者必须做好面对各种问题的准备,创建最契合现状的商业模式原型,并在市场中试验,不断反复应用这种创新思维,才能创造出具有竞争力的新商业模式。

设计和验证全新的商业模式的过程可以分为5个阶段来理解。

1. 阶段1：收集信息、组建团队等准备

不管做任何事，最重要的就是前期准备工作。在第一阶段必须收集信息、制订方案的目标、检验最初的商业模式点子、制订方案计划以及组建团队等。在独自设计商业模式时，最好也有一个搜集信息和提供建议的虚拟团队。

在第一个阶段组建团队并掌握正确信息尤为重要。在此阶段要设法找到具备丰富行业经验、能提供大量点子且人脉很广的人组成团队，或者找这样的人作顾问。

和上述准备工作同样重要的，便是向拥有决定权的人报告即将进行的重大计划，让方案顺利地进行。一般说来，一个方案往往会涉及多个组织，因此有必要事先和企业管理层进行沟通，从而获得必要的协助。最好的方法就是在初期便让最高管理层直接参与其中。

在企业中，并非所有人都对改革商业模式感兴趣。因此，在说明时不能一味强调新商业模式的概念，而必须说明其在实务上的优势。此外，在方案实施的过程中，事前与相关部门协调，迅速解决问题，规避风险也相当重要。阶段1如表7-3所示。

表7-3 阶段1

必要的行动	第一，收集信息 第二，制定方案的目标 第三，检验最初的商业模式点子 第四，制订方案计划 第五，组建团队
成功要因	第一，具有合适的成员 第二，具有各方面的经验和知识
注意事项	不能过度评价最初商业模式点子的可能性

2. 阶段2：调查与分析

如表7-4所示，在第二阶段，必须对设计商业模式时所需的要素进行深入的调查、分析。在这个阶段中，关键在于对行业常规和现有商业模式持怀疑态度。

商业模式的背景调查包括调查市场、分析客户、访问该行业专家、调查其他竞争对手的商业模式等。通过描绘出竞争对手的商业模式画布，不仅有助于商业模式创新，还能将其运用于传统商业模式的改革。

近年来，除了同行业的竞争对手外，企业也不能忽略其他相关行业的竞争对手。例如，网上银行的竞争对手不仅仅局限于传统银行，还涉及便利商店、大型网购平台以及物流公司等潜在对手。

为加深对行业的了解，必须将来自客户与专家的大量信息整理汇总。在设计商业模式时，应准备多种不同的模型，或者利用评论评估各种不同的情况。同时，除了考虑原有的顾客群外，还应该尽早检验新商业模式的方向。讨论会就是用来设想商业模式实际执行过程中可能遇到的偶发状况的。邀请具有不同背景与实践经历的人来参加讨论会，常常会有新的发现。

但是,如果过分注重分析,可能会让管理层感到效率低下,进而打消支持新方案的念头,那样就本末倒置了。因此,要注意适时将调查所得的成果向管理层报告。

表 7-4 阶段 2

必要的行动	第一,调查市场 第二,分析客户 第三,访问行业专家 第四,调查其他竞争对手的商业模式 第五,分析失败案例 第六,搜集新点子
成功要因	第一,对现有市场提出质疑 第二,对潜在市场加深理解 第三,对目标市场进行定位
注意事项	第一,不能过于注重调查,背离了原本的调查目的 第二,不能在调查时先入为主

3. 阶段 3:创建商业模式原型

如表 7-5 所示,在第三阶段,思考和评估商业模式中的各种选项,并从中做出最佳选择。想要产生大胆创新的点子,不仅要跳出传统商业模式原型的局限,还要利用充分的时间来探索更多的点子,征求专家与潜在客户的意见,从而对这些商业模式原型进行必要的修正与变更。根据实际商业模式原型的需求,有时还需要进行市场测试。例如,通过监测调查或提供测试版的方式来听取潜在客户的意见,或请身边的家人或朋友给出更为直率的建议。尽可能从贴近客户的角度进行市场测试,这样可以增加团队对下一步工作的信心。

想要逃脱固有概念,探索不同商业模式的可能性,就必须让设计团队保持思路开放。邀请来自不同部门、具有不同背景的成员组成开放式团队往往更为理想。即便出现反对意见,也有助于规避实践时可能遇到的障碍。

另外,在这个阶段容易遇到的问题是团队提出的点子偏向于在短期内就能获得利润。尤其是在大型企业中,总是"习惯"采纳短期内便可创造盈利的商业模式。但在探索新的商业模式时,必须从长远考虑,这样才不会错失未来发展的良机。乍看一下无利可图的商业模式,如果考虑长远发展,可能会有极大的发展空间。为了避免错失良机,就需要在这个阶段做好充分的检验工作,测试新商业模式的实效性。

表 7-5 阶段 3

必要的行动	第一,进行头脑风暴 第二,创建商业模式原型 第三,测试、评估商业模式 第四,选择最合适的商业模式
成功要因	第一,具有跨组织的成员结构 第二,具有不为现状所局限的想法 第三,具有足以摸索多种商业模式的时间
注意事项	第一,应排除突发奇想的点子 第二,不能草率地认定某个点子不错

4. 阶段4：执行商业模式原型

如表7-6所示，第四阶段就是执行商业模式原型。如果已经完成商业模式原型的设计，就需要制订执行商业模式原型的方案。需要从预算、规划等方面入手为商业模式原型的执行做准备。

表7-6 阶段4

需要的活动	第一，通过交流扩大业务规模 第二，执行方案
成功要因	第一，进行方案管理 第二，让商业模式迅速适应现状
注意事项	应意识到若产品的用户增长势头变弱，那么该产品将可能逐渐淡出

在执行过程中，时常会有风险或收益与预期不符的情况。此时，关键就是要将预期的数字与实际结果进行对比，根据市场的反馈迅速调整商业模式，从而适应市场需要。例如，在遇到新服务用户量剧增的情况时，如果不能及时地应对用户的投诉与建议，用户的不满情绪便会爆发出来。诸如此类迅速应对各种问题的机制也必须事先予以考虑。

在创建新的商业模式时，一开始就采取开放式方法组建专家团队最为有效。开放式方法在商业模式原型的执行阶段同样有用。此外，当商业模式原型的执行逐渐进入正轨时，就必须制订适合商业模式原型的组织结构。另外，为了正确传递商业模式理念并顺利获得协助，用于提升企业知名度和认可度的宣传活动也必不可少。

5. 阶段5：管理商业模式

如表7-7所示，在第五阶段，必须根据市场的反馈意见来调整商业模式。一个成功的企业往往需要对商业模式进行不断的创新，并对现有商业模式进行持续的思考。在管理阶段，为了了解市场环境与顾客等外部因素对今后商业活动的影响及其应对方法，需要持续不断地评估和调查市场环境。

表7-7 阶段5

必要的行动	第一，调查市场环境 第二，持续评估商业模式 第三，调整商业模式并重新审视 第四，管理商业模式间的协作与竞争
成功要因	第一，目光长远 第二，抢得先机 第三，统筹管理商业模式
注意事项	第一，不能受制于固定观念 第二，尽快适应市场

商场上瞬息万变，顾客的需求也在不断发生变化，有时甚至需要回到第一个阶段重新制订商业模式。

为了对商业模式进行评估,需要建立一个跨组织的团队,定期开展讨论会进行评估验证。这将有助于判断商业模式是否需要进行调整和再评估。

随着市场的成熟,积极处理问题的重要性也越发凸显。如果能用"组合法"管理商业模式,事先准备多种不同的方案,便能更为迅速地应对各种变化。换言之,理想的商业模式要求具有灵活性,能让团队根据市场变化迅速将其调整为兼具安全性与高收益率的商业模式。

现在,成功的商业模式的生命周期越来越短,不断修正商业模式也就显得越发重要。除了管理商业模式的生命周期外,还需要思考市场未来的发展模式,这样才能适时地转移投资到下一个商业模式,实现企业的经营战略。

本章重点内容小结

1. 简单地说,商业思维是企业用于赚钱、生存和发展的思维,也是关于创造价值、传递价值和获取价值的思维。商业模式思维是现代商业思维中最典型的系统科学思维。

2. 掌握企业商业模式的创业者会利用他们的系统思维,将企业发展带入新的层次。并且商业模式可以指导一个企业如何争取利润、如何进行经营策略的选择等。

3. 商业模式的创新过程分为5个阶段。

① 准备阶段:为一个成功的商业模式创新项目做好准备工作。
② 理解阶段:研究和分析商业模式创新所需要的元素。
③ 设计阶段:构建和测试可行的商业模式可选方案,并挑选最佳的方案。
④ 执行阶段:在实际环境中执行商业模式原型。
⑤ 管理阶段:结合市场反馈来调整和修改商业模式。

思考题

1. 什么是商业模式?
2. 关于商业模式,有哪几种错误认识?
3. 商业模式有什么特点?
4. 为什么要学习商业模式?
5. 试分析苹果公司的价值主张。
6. 什么是商业模式画布?如何绘制商业模式画布?
7. 资产管理界面分别包括哪些内容?
8. 商业模式分为哪几种类型?
9. 请简述长尾式商业模式。
10. 试举出几家商业模式为多平台式商业模式的企业。
11. 如何设计企业的商业模式?
12. 试选择一个企业,分析其商业模式。

综合案例

亚马逊的商业模式创新

亚马逊公司成立于1994年,是电子商务的成功代表。亚马逊销售的第一种商品是图书。

当时,互联网虽然刚刚起步,可是互联网的用户数量每年都在快速增长。亚马逊创始人杰夫·贝索斯(Jeff Bezos)设想:"网络不只是介绍与陈列书籍的地方,还可以是一个读书的场地,我何不把书店嫁接到网络上。"于是,他利用西雅图技术人才丰富和拥有几个大型图书经销商的优势,在这里开始创业。

当然,对于这样一种新型模式,人们还需要一个消费习惯的培养过程。因此,亚马逊当时的商业活动主要表现为营销活动和服务活动,他工作的重心就是要吸引顾客购买他的商品,同时树立企业良好的形象。亚马逊有一种叫作"转介绍"的营销方式,这种方式就是把"口耳相传"的营销模式转移到网络上。如果你拥有网站,就可以在网站中加上亚马逊网站的链接,如果有人通过你网站的链接进入亚马逊网站并消费,你就可以获得消费额的3%到7%作为介绍奖金。这种方式对你而言成本不高,也不会有任何损失。

为了吸引顾客购买,亚马逊非常关注用户体验的愉悦性。亚马逊非常容易浏览,搜索很简单,并且它会智能化地将顾客观看的网页加以个性化,网页上会突出顾客以前购买过的那类产品,系统会自动记录顾客的购物习惯或浏览轨迹,并且在今后为其推送针对其喜好的商品。如今亚马逊的后台会自动匹配消费者可能感兴趣的商品。亚马逊还展示了很多由消费者撰写的产品点评,顾客可以根据点评来选购产品。

亚马逊在顾客第一次购物时,将购物者的收件地址、刷卡付费等资料记录下来,等顾客再次购物时,所有资料填写全部由服务器完成。一旦客户在亚马逊网站上下单,亚马逊就会给客户发电子邮件,告诉客户将在什么时间处理他的订单,什么时候发货,并且在货物运到之前,客户不用多费口舌就可以取消订单。顾客在亚马逊购物基本上都可在预定时间准时收到货物。

当然,用户体验的愉悦性不是空喊出来的,它需要很多的投入,如仓储、物流和IT系统以及设备,这些都需要很大的投资,这导致亚马逊在很长时间里难以实现盈利。不过现在亚马逊最终以开放的商业平台及创新的技术,成为全球互联网销售的领头羊。

随着亚马逊的发展,其业务逐渐从图书发展到服装、礼品、儿童玩具、家用电器等多个类别。这些产品有的是亚马逊自己经营的,也有的是其他电子商务企业经营的,这就好比一个百货商店中既有自己的柜台也有厂家直接负责的租赁柜台。和百货商店不同的是,亚马逊租赁柜台的营业面积可以无限大。对于各种大小商店,它们既可以通过自己打广告做生意,也可以在亚马逊上租一个柜台。

当然亚马逊为了防止其他在线书店和它自己的核心业务竞争,对于卖自己商店里没有的商品(如电器)的商家,收费非常低,而对于卖自己商店里已经有的商品(如书)的商家,收费非常高,以此来鼓励那些补充他自己商业覆盖面的商店进驻。

在亚马逊开"商店",所有的交易必须通过亚马逊完成。例如,一个消费者来佳能购买照相机,在他看好货以后,将钱付给亚马逊,亚马逊通知佳能发货。佳能除了知道顾客的地址外,不知道任何顾客支付信息,如信用卡号等。佳能发货后,亚马逊将钱(扣除手续费后)付给佳能,如果顾客在亚马逊规定的时间内没有收到商品,他可以告诉亚马逊,亚马逊会退钱给顾客(当然亚马逊也会从商家那里把钱要回来)。亚马逊还规定了每种商品的最高邮费,避免了一些商家以低价格吸引顾客,然后收取高额邮费谋利的做法。

思考:

1. 试归纳亚马逊商业模式的成功之处。
2. 亚马逊的价值主张是什么?
3. 如果你是亚马逊的新 CEO,你对改进其商业模式有什么新点子?

参 考 文 献

[1] 德鲁克.创新和企业家精神[M].北京:企业管理出版社,1989.
[2] 贝赞特,蒂德.创新与创业管理[M].牛芳,池军,等译.2版.北京:机械工业出版社,2020.
[3] 陈中.复盘:对过去的事情做思维演练[M].北京:机械工业出版社,2013.
[4] 奥斯特瓦德,皮尼厄.商业模式新生代[M].黄涛,郁婧,译.北京:机械工业出版社,2016.
[5] 李东.商业模式构建——互联网+时代的顶层布局路线图[M].北京:北京联合出版公司,2020.
[6] 今津美树.获利世代:商业模式实战演练入门[M].陆青,译.北京:机械工业出版社,2015.
[7] 司春林.商业模式创新[M].北京:清华大学出版社,2013.
[8] 望月实,花房幸范,三木孝则.世界500强商业模式[M].范丹,译.北京:北京时代华文书局,2015.
[9] 布朗.IDEO,设计改变一切[M].侯婷,何瑞菁,译.杭州:浙江教育出版社,2019.
[10] 凯利 T,凯利 D.创新自信力[M].赖丽薇,译.北京:中信出版社,2014.
[11] 杜绍基.设计思维玩转创业[M].北京:机械工业出版社,2016.
[12] 张凌燕.设计思维——右脑时代必备创新思考力[M].北京:人民邮电出版社,2015.
[13] 卡罗尔,尼尔逊.新产品开发从入门到精通实战指南[M].冯丽丽,廖永贵,钟丽,等译.北京:人民邮电出版社,2015.
[14] 闫荣.神一样的产品经理:基于移动与互联网产品实践[M].北京:电子工业出版社,2012.
[15] 苏杰.人人都是产品经理(纪念本)[M].北京:电子工业出版社,2017.
[16] 龚焱.精益创业方法论:新创企业的成长模式[M].北京:机械工业出版社,2015.
[17] 蒂尔,马斯特斯.从0到1:开启商业与未来的秘密[M].高玉芳,译.北京:中信出版社,2015.
[18] 龚荒.创业管理——过程·理论·实务[M].北京:清华大学出版社,2011.
[19] 内克,格林,布拉什.如何教创业:基于实践的百森教学法[M].薛红志,李华晶,张慧玉,等译.北京:机械工业出版社,2015.
[20] 胡剑锋,彭学兵.创业管理:理论、流程与实践[M].北京:高等教育出版社.2012.

[21] 饶扬德,刘万元,邓辅玉.创业学[M].北京:中国人民大学出版社,2016.
[22] 陈向东.做最好的创业团队[M].北京:中信出版社,2016.
[23] 周剑熙.创业者要懂的24堂团队管理课[M].北京:人民邮电出版社,2016.
[24] 李时椿.创业管理[M].北京:清华大学出版社,2010.
[25] 阳飞扬.从零开始学创业大全集[M].北京:中国华侨出版社,2011.
[26] 明托.金字塔原理[M].王德忠,张询,译.北京:民主与建设出版社,2006.
[27] 刘宇.现代质量管理[M].北京:社会科学文献出版社,2009.
[28] 阿姆斯特朗,科特勒.市场营销学[M].赵占波,译.11版.北京:机械工业出版社,2013.
[29] 周三多,陈传明,刘子馨,等.管理学——原理与方法[M].7版.上海:复旦大学出版社,2021.
[30] 冯志强.企业战略管理[M].北京:清华大学出版社,2015.
[31] 勒威克,林克,利弗.设计思维手册:斯坦福创新方法论[M].高馨颖,译.北京:机械工业出版社,2019.
[32] 张玉利,薛红志,陈寒松,等.创业管理[M].5版.北京:机械工业出版社,2020.
[33] 陈劲.创新与创业管理(第24辑)[M].北京:科学出版社,2021.
[34] 卜慧.支付宝商业模式研究——基于商业模式要素的画布模型[D].海口:海南大学,2016.